# テニス
# ダブルス
# 神レッスン



『ともやんテニスch』
ともやん、MJ

KADOKAWA

# 基本的な技術から戦術まで レベルアップするための 練習方法を紹介！

このたび、本書『テニスダブルス 神レッスン』を手に取っていただき、ありがとうございます。日頃から、僕たちのYouTubeチャンネル「ともやんテニスch」をご覧になっていただいている方も多いと思いますが、本書で初めて僕たちのことを知ってくださった方もいらっしゃるのではないでしょうか。いずれにしても、趣味として日常的にテニスを楽しんでいる、あるいはこれからテニスを始めてみたいという方ばかりのはずです。

　本書では、みなさんが取り組む機会の多いテニスのダブルスを取り上げ、基本的な技術から戦術、レベルアップするための練習方法などを紹介しています。すべては僕たちが学生テニスや社会人テニスを経験して得たノウハウです。現在はコーチとしても活動していますので、そうした経験や知識も踏まえて解説します。

　主に初級レベルの内容ではありますが、中級以上の方にも学生の方にもきっと参考になるはずです。自分のテニスをレベルアップさせたい、試合に勝ちたいという方には、ぴったりの内容となっています。

　さぁ、テニス用具を準備したら、『テニスダブルス 神レッスン』もバッグに詰めて、さっそくテニスコートに向かいましょう！

# ダブルスのポイント

## 雁《がん》行《こう》陣《じん》から始め目指すは平行陣

ダブルスの基本フォーメーションは雁行陣です。雁行陣とは1人がネット側に付き（前衛）、もう1人がベースラインに付きます（後衛）。雁行陣を基本としてまずは覚えていただき、段階的に平行陣にレベルアップするイメージです。平行陣は2人ともにネット側に付く、より攻撃的な布陣と言えます。最終的には相手も平行陣となり、平行陣同士で勝負していくことになります。

## 試合に勝つために配球を考える

テニスには攻撃を仕掛けていく場面と守備でしのいでいく場面があります。相手に攻め込まれているときにどのように対処するのか。逆にチャンスをどうモノにするのか。これらを配球で勝負していくことが大切です。相手の苦手なところを突いたり、相手を大きく動かすボールを打つことで、自分たちの優位な状況に持ち込みます。試合で勝つためには配球を考えましょう。

## ポイントを取りに行く王道となるショット

雁行陣の場合は後衛がゲームを作り、前衛がポーチに入ってポイントを取る攻め方が基本です。しかし後衛もポイントを取るショットはあります。ストレートアタックなどは王道とも呼べる攻め方です。基本がありつつも別の攻め方でもポイントが取れるのがダブルスの面白いところです。配球やショットのレベルが上がれば、様々な攻撃を仕掛けることができるようになります。

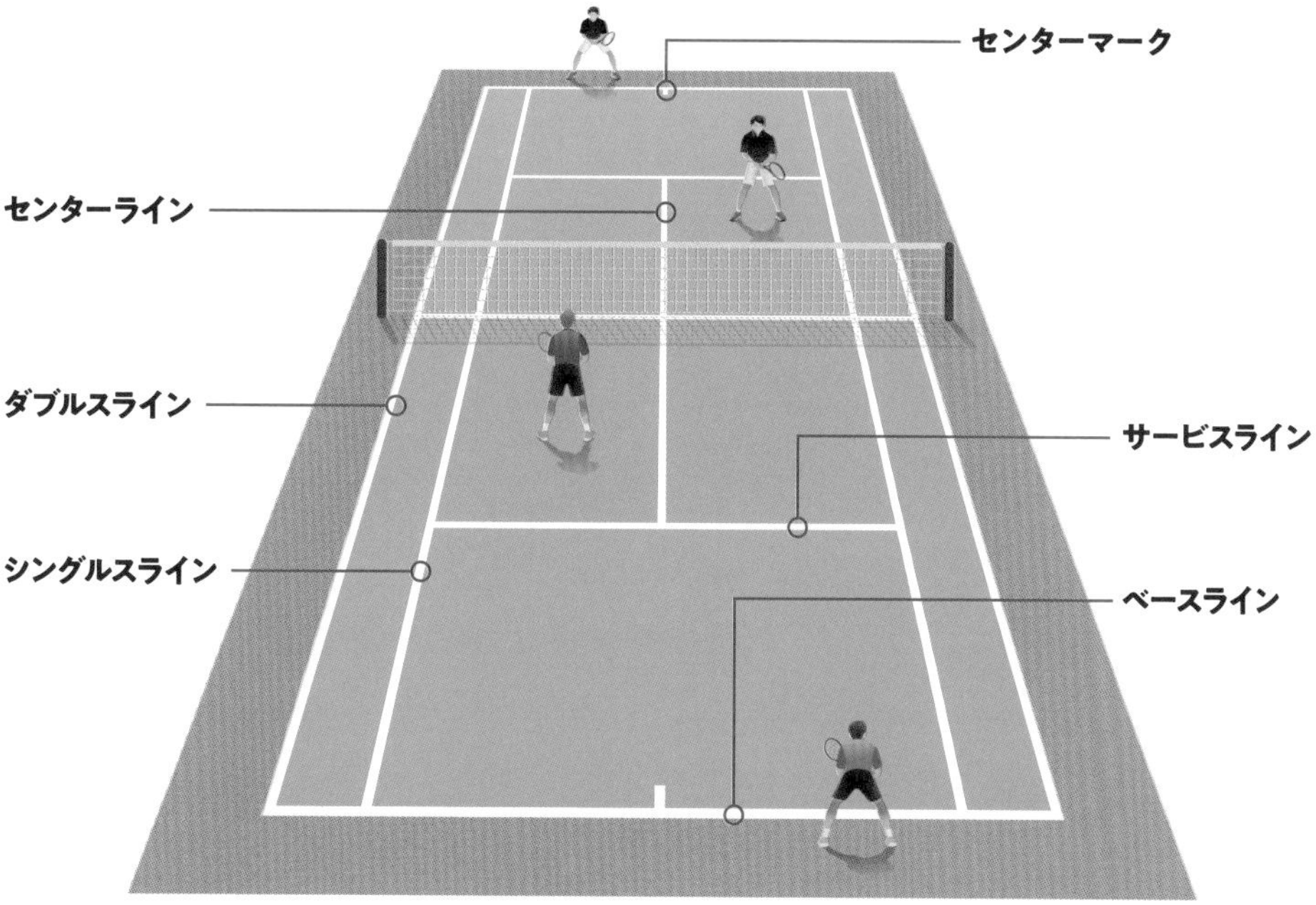
センターマーク
センターライン
ダブルスライン
サービスライン
シングルスライン
ベースライン

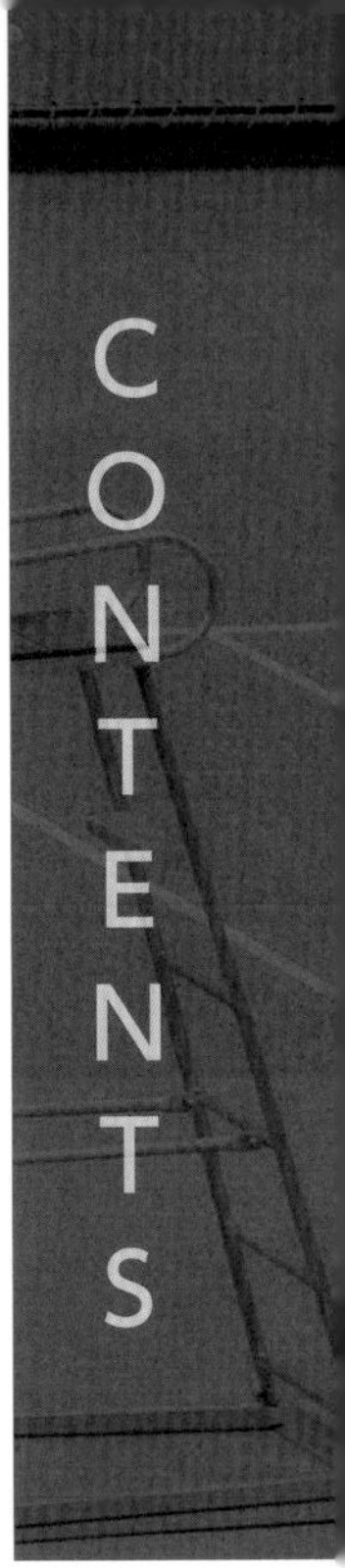

# CONTENTS

本書の特徴と使い方

# ダブルスの戦術と配球、ポジショニングが分かる!

## PART 1 ダブルスの戦術&ポジショニング

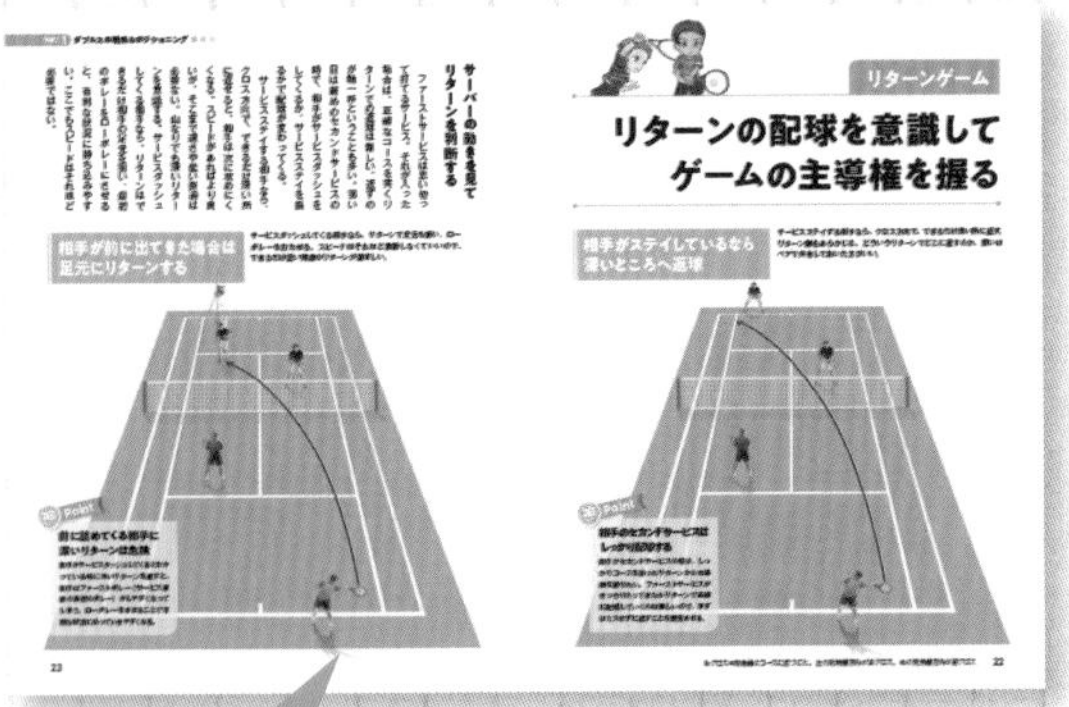


PART 1では、基本布陣のレディポジションやサービスの配球、リターンの配球、雁行陣と平行陣の戦術など、ダブルスの戦術や攻守における配球やポジショニングを解説しています。

## PART 2 実戦で使えるショット

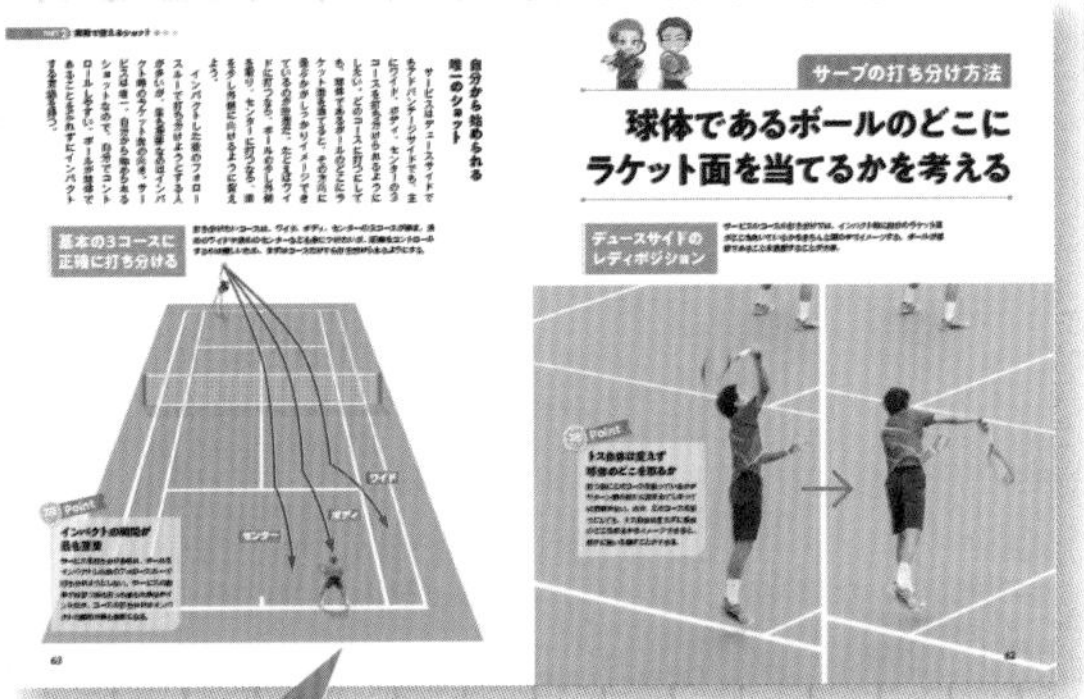


PART 2では、ダブルスの戦いで必須となるサービスの打ち分けや球種の使い分け、様々なボレーやショットの技術を解説しています。これらの技術を身につければレベルアップ間違いなし。

## PART 3 ダブルスのワンランク上の戦術

ダブルスで勝利をつかむためには基本戦術に加えて高いレベルの戦術も習得しましょう。ここではゲームの展開方法や相手が平行陣の場合の攻略方法、ショットの緩急や配球のコツを解説します。

## PART 4 ダブルスの練習法

ダブルスで攻撃パターンを確実なものにするには日頃の練習が重要です。ショットの練習に終わることなく戦術的な練習も取り入れましょう。ここではおすすめの実践練習法を紹介します。

# PART 1 ダブルスの戦術 &ポジショニング

雁行陣の基本ポジション

# 後衛はフォア側を少し空けて フォア重視で戦う

## デュースサイドのレディポジション

後衛の基本ポジションは、シングルスラインとベースラインが交わる所。１歩内側に立ってフォア側を少し空ける。前衛はネットとサービスラインの中間のライン上で、シングルスラインとセンターラインを半分に割った所をまたぐように立つ。

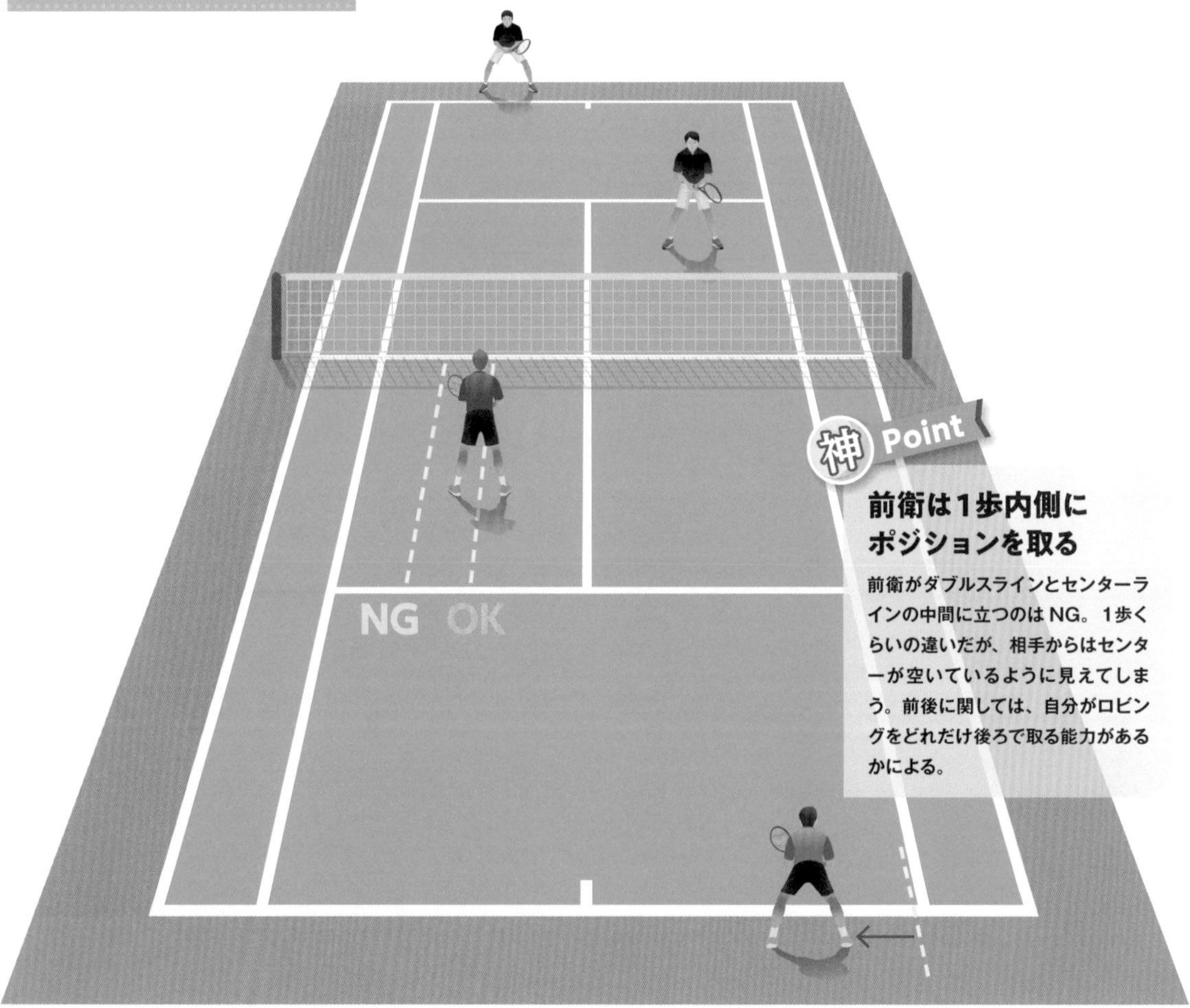


神 Point

### 前衛は1歩内側にポジションを取る

前衛がダブルスラインとセンターラインの中間に立つのはNG。１歩くらいの違いだが、相手からはセンターが空いているように見えてしまう。前後に関しては、自分がロビングをどれだけ後ろで取る能力があるかによる。

※デュースサイド・アドバンテージサイド＝ネットに向かって立った時に右側がデュースサイド、左側がアドバンテージサイド

## 相手の力量で立ち位置を微調整

雁行陣はネット近くでプレーする前衛とベースラインの後衛がプレーする陣形。後衛はシングルスラインとベースラインが交わる所で、相手後衛と対角線で向かい合うように立つ。デュースサイドでは、1歩内側に立ってフォア側を少し空けることで、フォアハンド重視で戦っていけるポジションになる。アドバンテージサイドでは、シングルスライン（もしくはその延長線上）をまたぐように立つと、フォアハンドを多めに使っていける。ただし、立ち位置の前後に関しては、相手のタイプやポテンシャルによって調整が必要になる。前衛は、サービス・ボックスのど真ん中が基本ポジション。ネットとサービスラインの中間のライン上で、シングルスラインとセンターラインを半分に割った所をまたぐように立つ。

### アドバンテージサイドのレディポジション

後衛のよくあるNGは、バックが苦手でフォアを打ちたいからと、ダブルスラインあたりまで寄ってしまう立ち方。これではセンターが広く空いてしまい、相手に打ち込まれやすくなる。

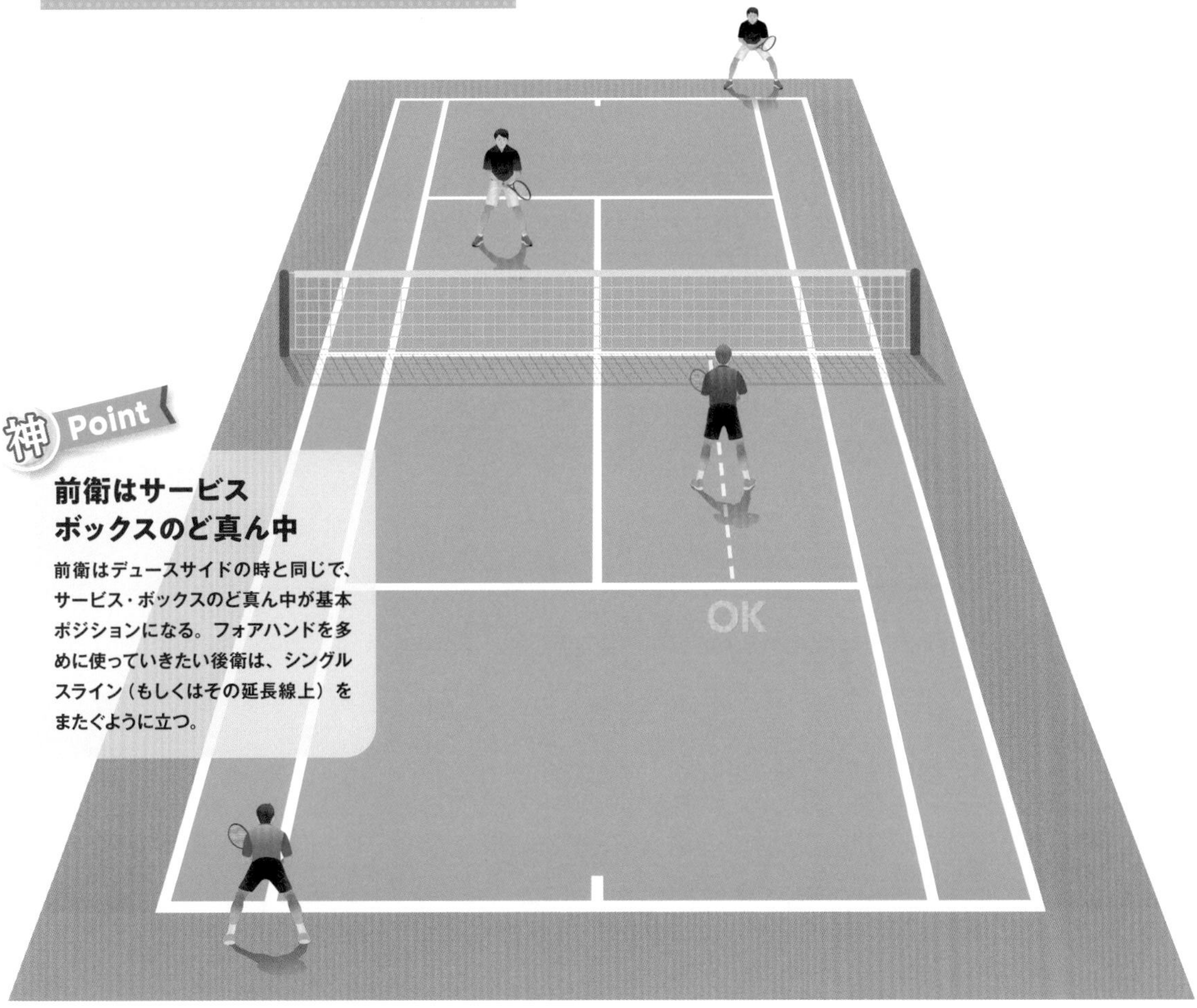


神 Point

**前衛はサービスボックスのど真ん中**

前衛はデュースサイドの時と同じで、サービス・ボックスのど真ん中が基本ポジションになる。フォアハンドを多めに使っていきたい後衛は、シングルスライン（もしくはその延長線上）をまたぐように立つ。

※ロビング＝弾道の高いボール。ロブとも言う

## 平行陣の基本ポジション

# 2人が横並びではなく1人が1歩程前に出る

### デュースサイドのレディポジション

後衛がレディポジションを取る時、体を真正面に向けて、顔だけ相手の後衛に向ける立ち方はNG。体自体をきちんとクロス方向に向けて、後衛同士、お互いが正面に向くように立つ。

神 Point

**前衛は後衛より1歩前に立つ**

後衛の立ち位置は、ネットのセンターベルトと、シングルスラインとベースラインの接点の２点を結んだ延長線上。前衛は後衛より1歩前に、シングルスラインとセンターラインを半分に割った所をまたぐように立つ。

## 端に寄りすぎず センターを抑える

平行陣はペアがともにネット近くでプレーする陣形だが、2人が横並びではなく、1人がペアよりも1歩程度前に出る。

後衛は、ネットのセンターベルトと、シングルスラインとベースラインの接点の2点を結んだ延長線上に立つ。前後は身長やポテンシャルによって変わるが、サービスラインからラケット1～2本分ぐらい前で、体の向きを相手後衛に向ける。前衛は後衛より1歩前で、雁行陣の前衛と同じく、シングルスラインとセンターラインを半分に割った所をまたぐように立つ。

2人が端に寄りすぎると、センターを抜かれやすくなる。端からは狙えるコースが広がるので、相手には端に打たせ、センターを抑えるようなポジション取りを意識する。

### アドバンテージサイドのレディポジション

2人の前後に大きく差ができてしまう立ち方はNG。前衛はネットの近くにいないといけないと思いがちだが、それではロビングを打たせる隙を与え、相手に楽をさせてしまう。

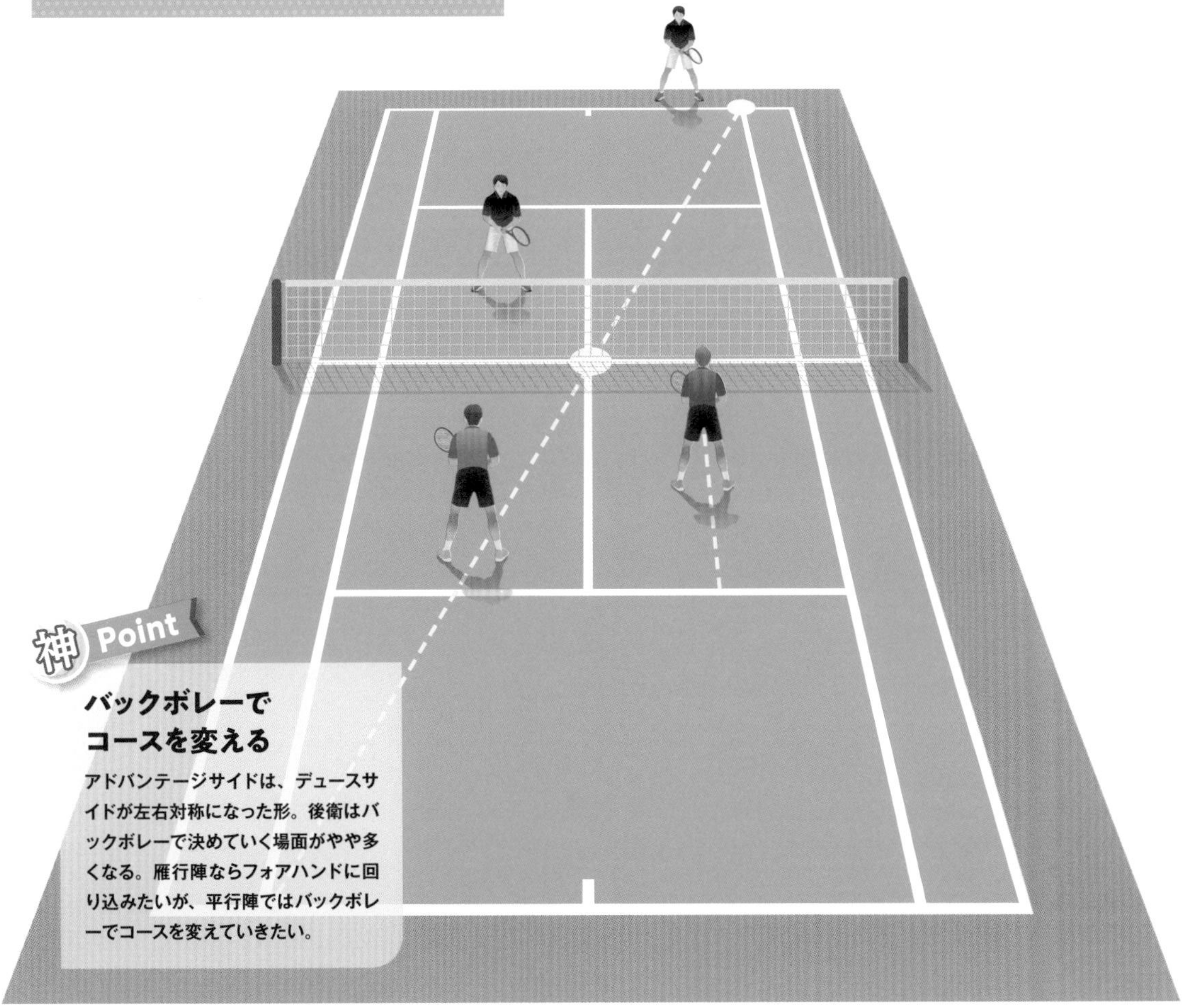

神 Point

**バックボレーでコースを変える**

アドバンテージサイドは、デュースサイドが左右対称になった形。後衛はバックボレーで決めていく場面がやや多くなる。雁行陣ならフォアハンドに回り込みたいが、平行陣ではバックボレーでコースを変えていきたい。

※ボレー＝ノーバウンドでボールを打つこと。高さによってロー、ミドル、ハイがある

# サービスの配球を駆使して優位な展開を作る

## センターを狙うことを第一に考える

レシーバーが右利きの場合、デュースサイドでもアドバンテージサイドでもセンターを狙う。センターを狙うことで相手がバックのリターンになり前衛がポーチをしやすくなる。

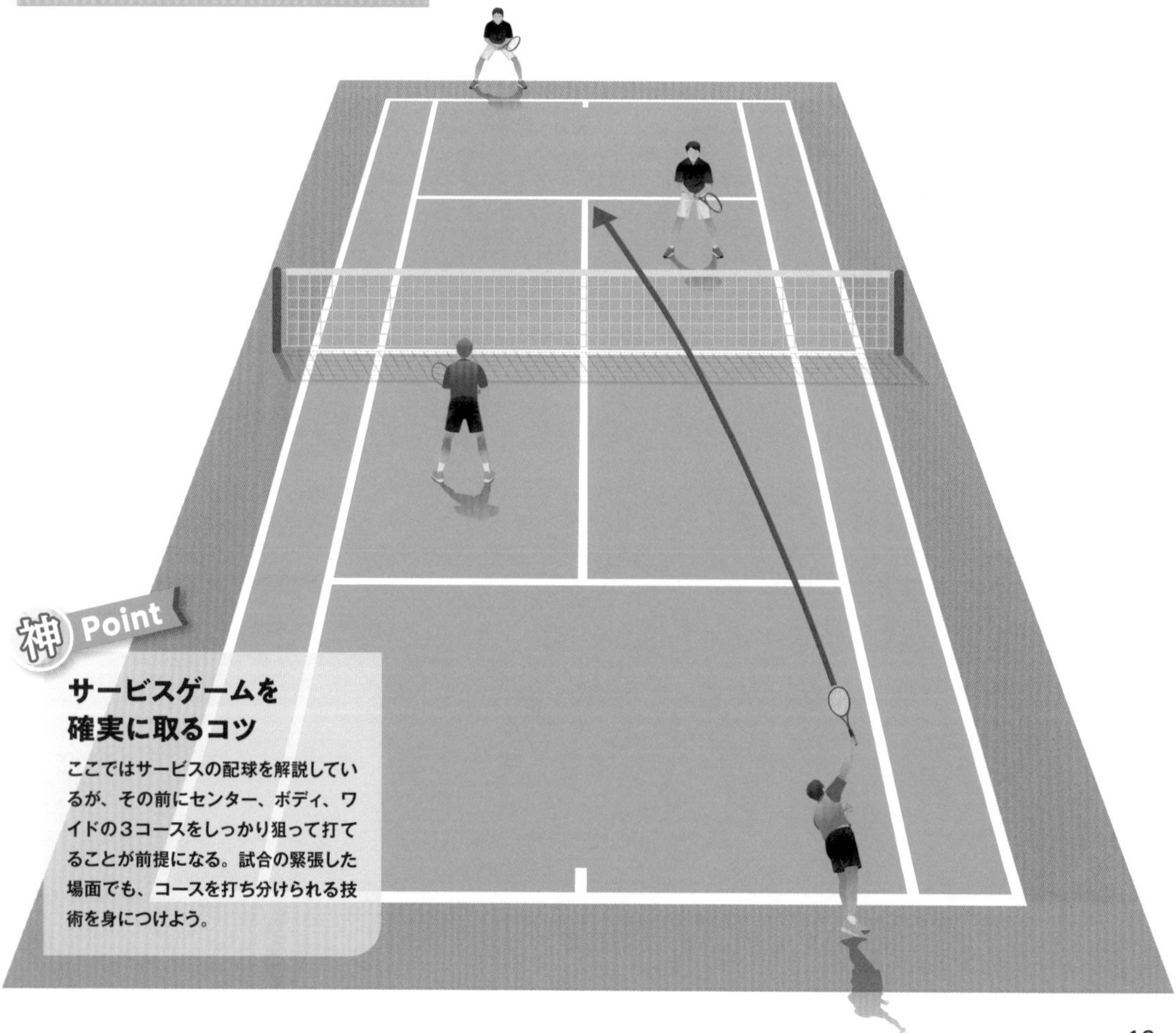

神 Point

### サービスゲームを確実に取るコツ

ここではサービスの配球を解説しているが、その前にセンター、ボディ、ワイドの3コースをしっかり狙って打てることが前提になる。試合の緊張した場面でも、コースを打ち分けられる技術を身につけよう。

# ダブルスのサービスは
# センター狙いが基本

サービスのコースは大きく分けて、センターラインを狙う「センター」、相手の体を狙って相手にフォアで打つかバックで打つかを一瞬迷わせる「ボディ」、シングルスラインを狙う「ワイド」の3コースがある。

ダブルスでは基本的にセンターを狙う。デュースサイドでは、相手が右利きだとバックでリターンを行う。そうするとセンターマーク付近から扇が広がるようなコースに返球してくるため、味方の前衛がポーチを狙いやすくなるからだ。相手が左利きの場合は、まずワイドを突いてバックでリターンをさせる。フォアよりバックの方が苦手な人が多いので、ここではセンターセオリーは考えなくてよい。相手のバックの力量を見極めてからさらにバックを突くか、他のコースを狙う。

## 相手が左利きの場合の対策

相手が左利きの場合はデュースサイドではワイドを突き、アドバンテージサイドではセンターを狙い、いずれもバックを攻めていく。相手がバックを苦にしないレベルなら、それらのコースにこだわる必要はない。

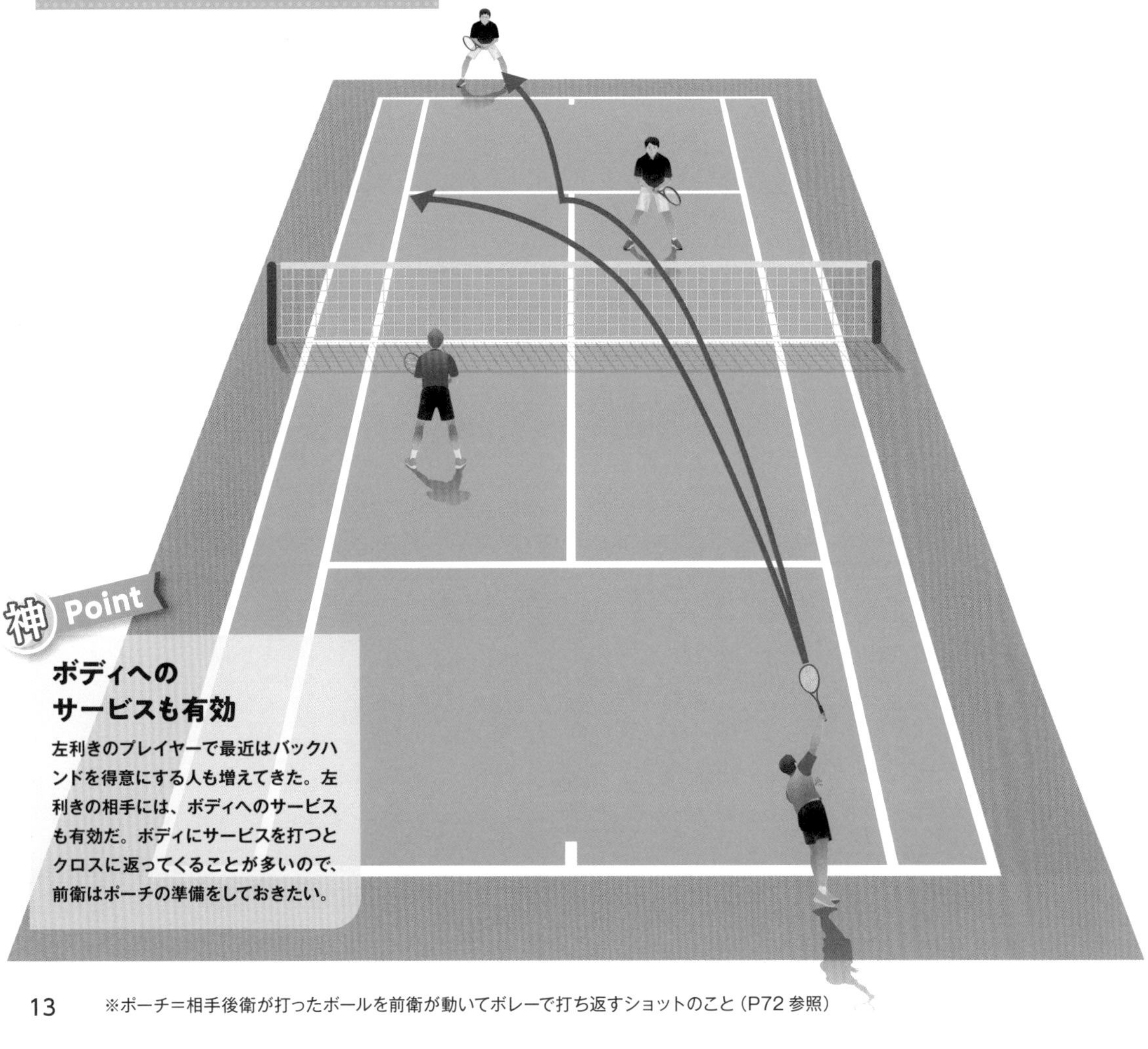

神 Point

### ボディへのサービスも有効

左利きのプレイヤーで最近はバックハンドを得意にする人も増えてきた。左利きの相手には、ボディへのサービスも有効だ。ボディにサービスを打つとクロスに返ってくることが多いので、前衛はポーチの準備をしておきたい。

※ポーチ＝相手後衛が打ったボールを前衛が動いてボレーで打ち返すショットのこと（P72 参照）

# ワイドやボディサーブは応用として活用する

サービスは、レシーバーが角度をつけた返球をしづらく、ペアの前衛が的を絞りやすくなるセンター狙いが基本。ワイドやボディへのサービスは応用として活用する。

### 神 Point

**ポイントが欲しい場面で効果的**

ワイドやボディを狙うサービスは、あまり多用しすぎても効果が薄い。「絶対に次の1ポイントがほしい」という重要な場面のファーストサービスで、きっちり入れてポイントに結びつけたい。

回転をかけて打てると相手はさらに取りにくくなるぞ
相手が苦しそうな体勢ならプレッシャーを

## ここぞという場面でワイドやボディを狙う

デュースサイドでは基本的にセンターを狙うサービス。では、どういう場面でボディやワイドを狙っていくか。たとえば30－30でポイントがほしい、40－15で次のポイントを取ればゲーム獲得という時など、ここぞという場面でセンターを含め、2つの選択肢を持っておくことが効果的だ。試合の流れやその時の空気感にもよるが、勝負の分かれ目にはなりづらい、たとえば15－15のような時にボディやワイドを狙うことは少ない。

アドバンテージサイドでは、レシーバーの相手が右利きでも左利きでも基本的にセンターを狙う。右利きのレシーバーに対して右利きが打つサービスは、やや左に曲がっていく軌道を描き、レシーバーから遠ざかって対応しにくくなる。

# アドバンテージサイドでもセンター狙いがセオリー

アドバンテージサイドでも基本はセンター狙い。ただ、相手に明らかな弱点があれば、そこを狙うのも手だ。球種も織り交ぜると、さらにポイントを取りやすくなる。

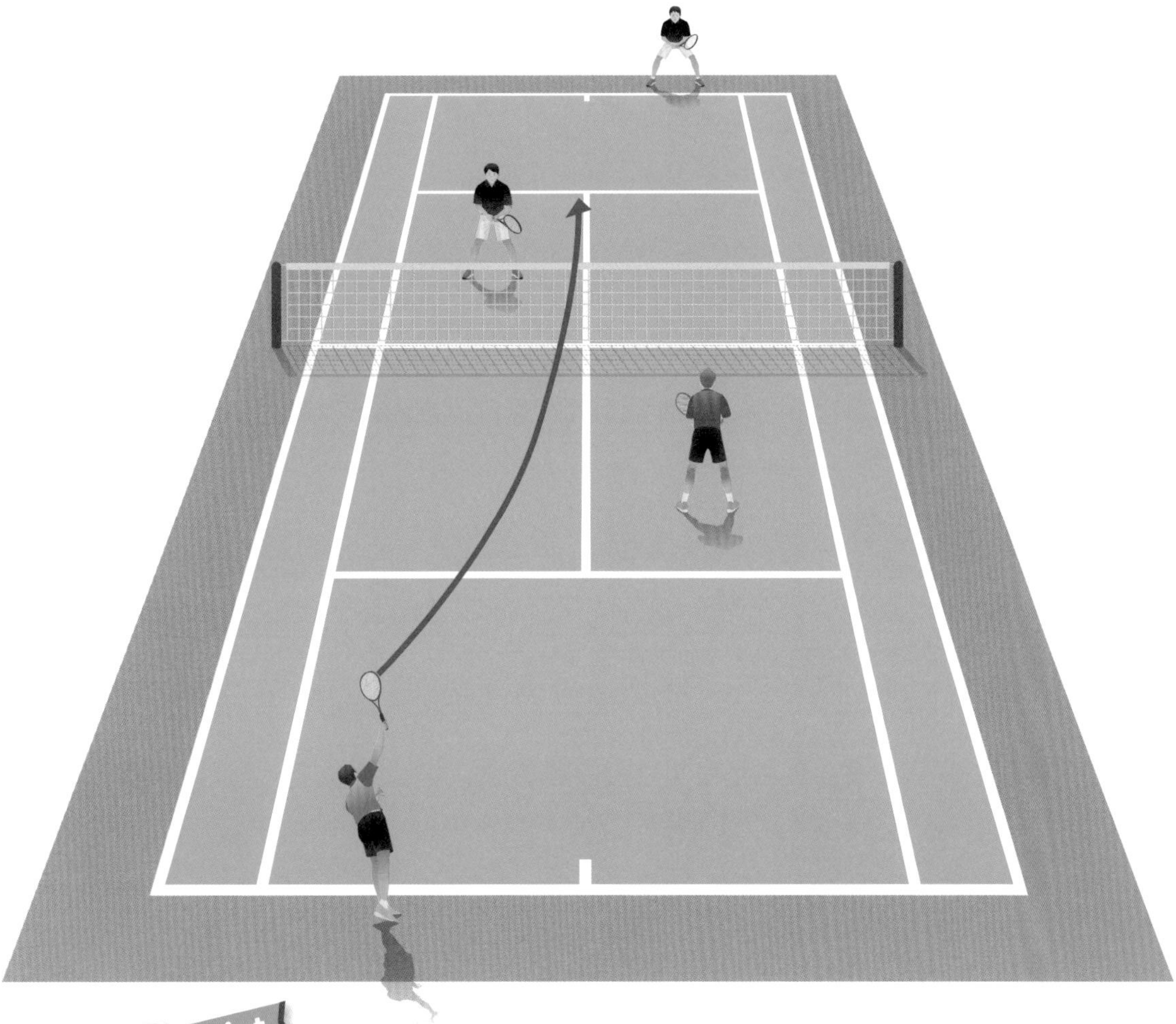

神 Point

## センターに入れて相手の力量を見る

アドバンテージサイドにおいて、ワイドサービスで相手のバックを狙う考え方もあるが、距離が長くなるため不得意な人が多い。それでコースが甘くなってしまうなら、最初からセンターに入れて相手の力量を見る方がリスクは少ない。

# サービスの配球によって ポジショニングを変えていく

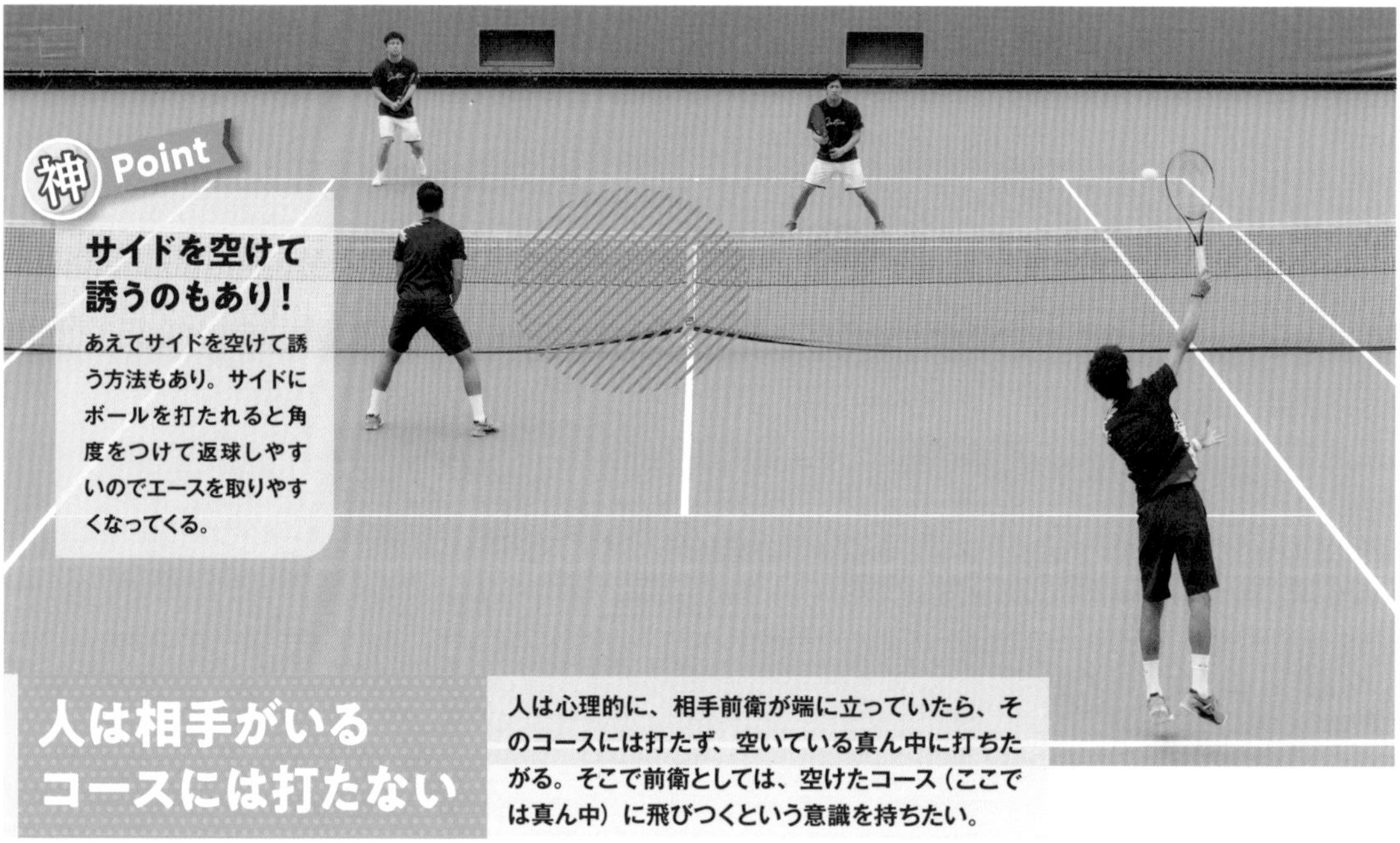

神 Point

**サイドを空けて誘うのもあり！**

あえてサイドを空けて誘う方法もあり。サイドにボールを打たれると角度をつけて返球しやすいのでエースを取りやすくなってくる。

**人は相手がいるコースには打たない**

人は心理的に、相手前衛が端に立っていたら、そのコースには打たず、空いている真ん中に打ちたがる。そこで前衛としては、空けたコース（ここでは真ん中）に飛びつくという意識を持ちたい。

## 左右に寄って詰めるか そのまま前に詰める

サービス側の前衛は、ペアが打つサービスのコースによってポジショニングを変えていく。主に、「センターに寄りながら1歩前に詰める」、「そのまま1歩前に詰める」、「コートの端に寄りながら1歩前に詰める」という3パターンだ。前衛は、パートナーがどのコースにサービスを打つか、あらかじめ知っておいた方が良い。もちろん、確実にそのコースに打てる技術が必要になるが、サービスが打たれた瞬間の音や相手がリターンするタイミングに合わせてポジショニングをすると先手を取りやすい。

アドバンテージサイドでも前衛のポジションの考え方はデュースサイドの場合と変わらない。サービスが入った場所によって、どちら側の前に1歩詰めるかが決まってくる。

## センターに入ったら1歩中に寄る

サービスがセンターに入った時は、相手のリターンは扇形の角度で返ってくることが多い。前衛はコートのセンターに寄りながら1歩前に踏み出す。

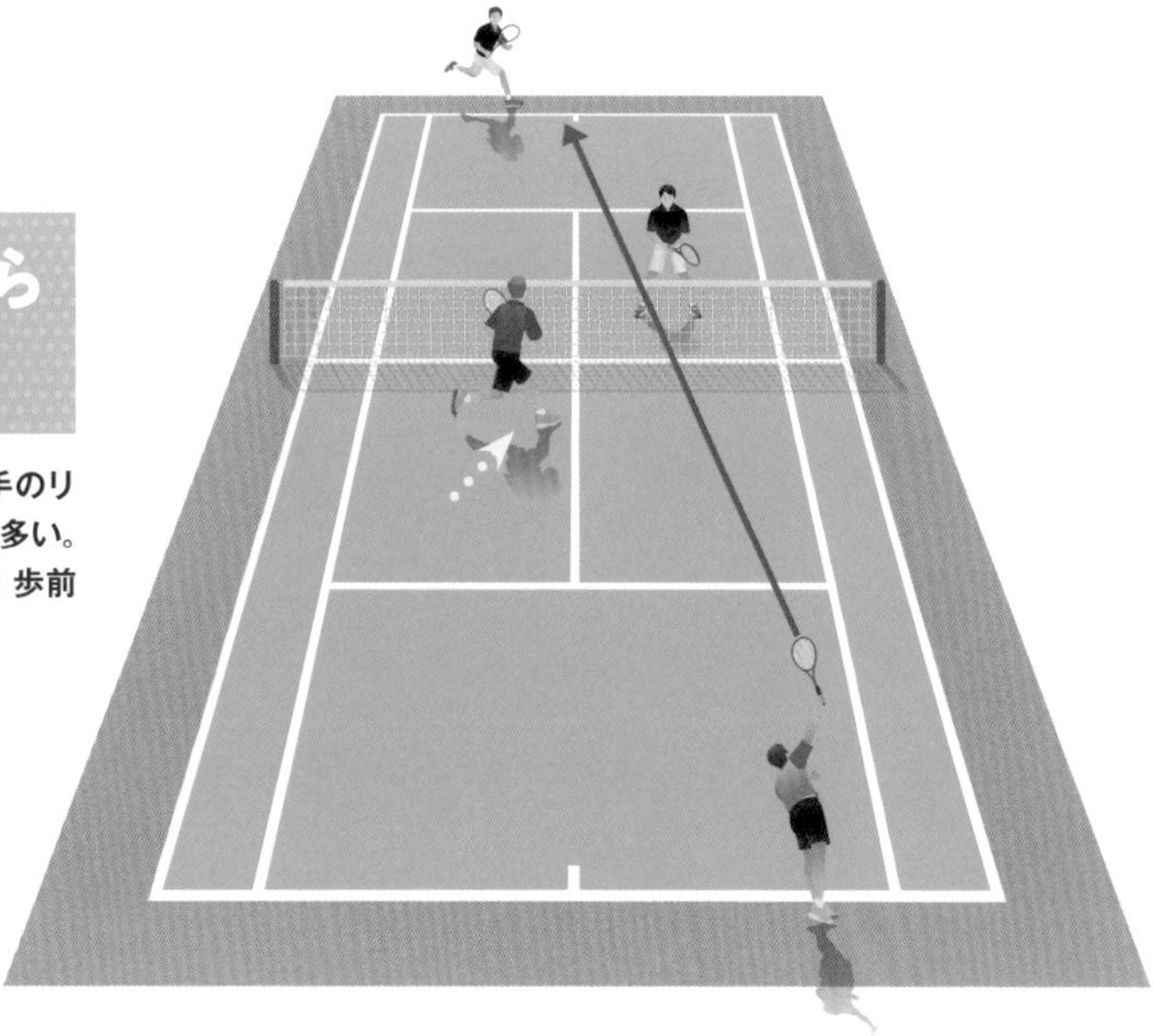

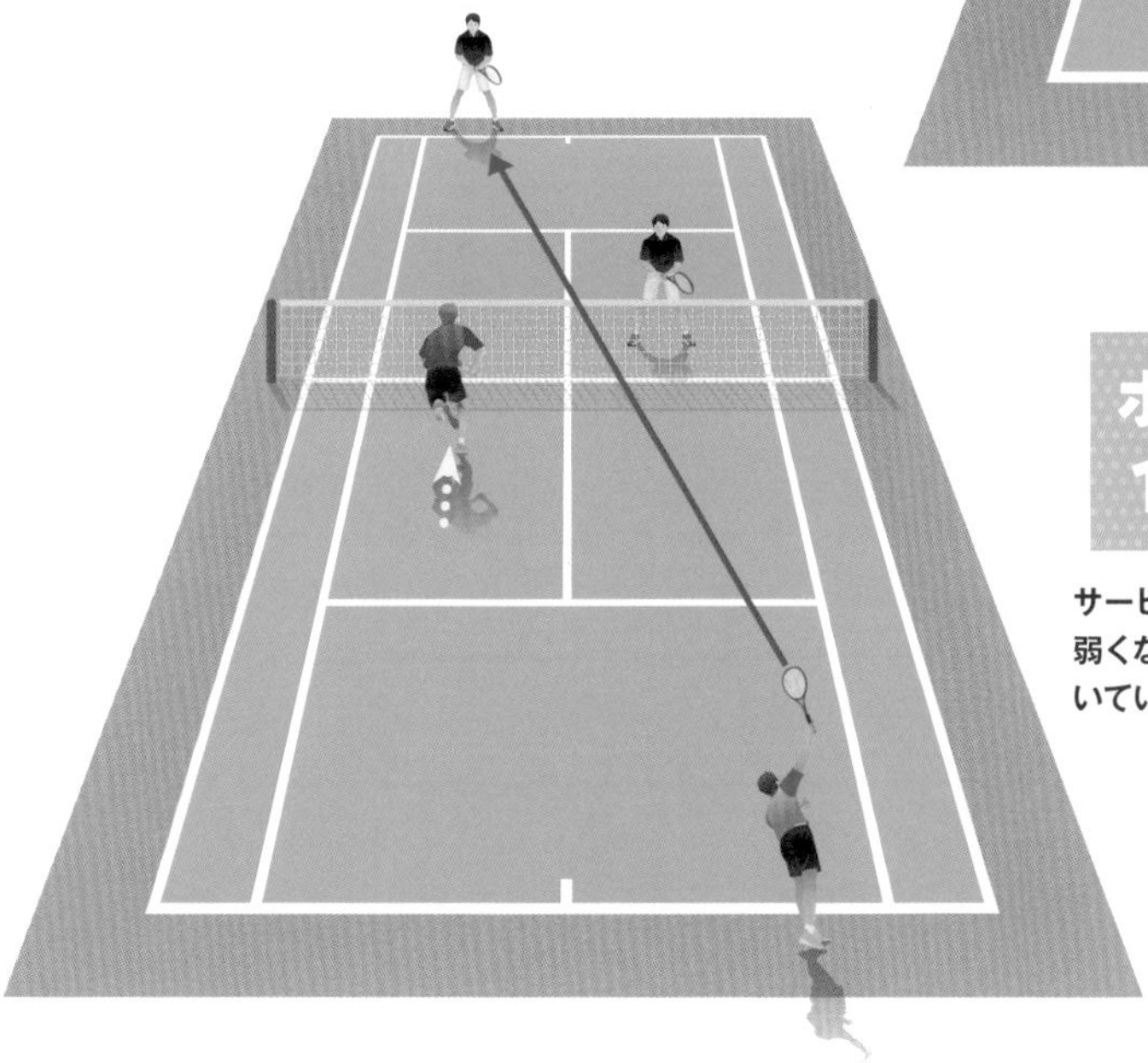

## ボディに入ったら1歩前に詰める

サービスがボディに入った時は相手の返球が弱くなるため、自分から相手のボディに近づいていくような意識で1歩前に詰める。

## ワイドに入ったら1歩端に詰める

ワイドに入った時は、相手がコートの外に寄ってリターンを打つことになるので、前衛も同じように端に寄りながら1歩前に詰める。

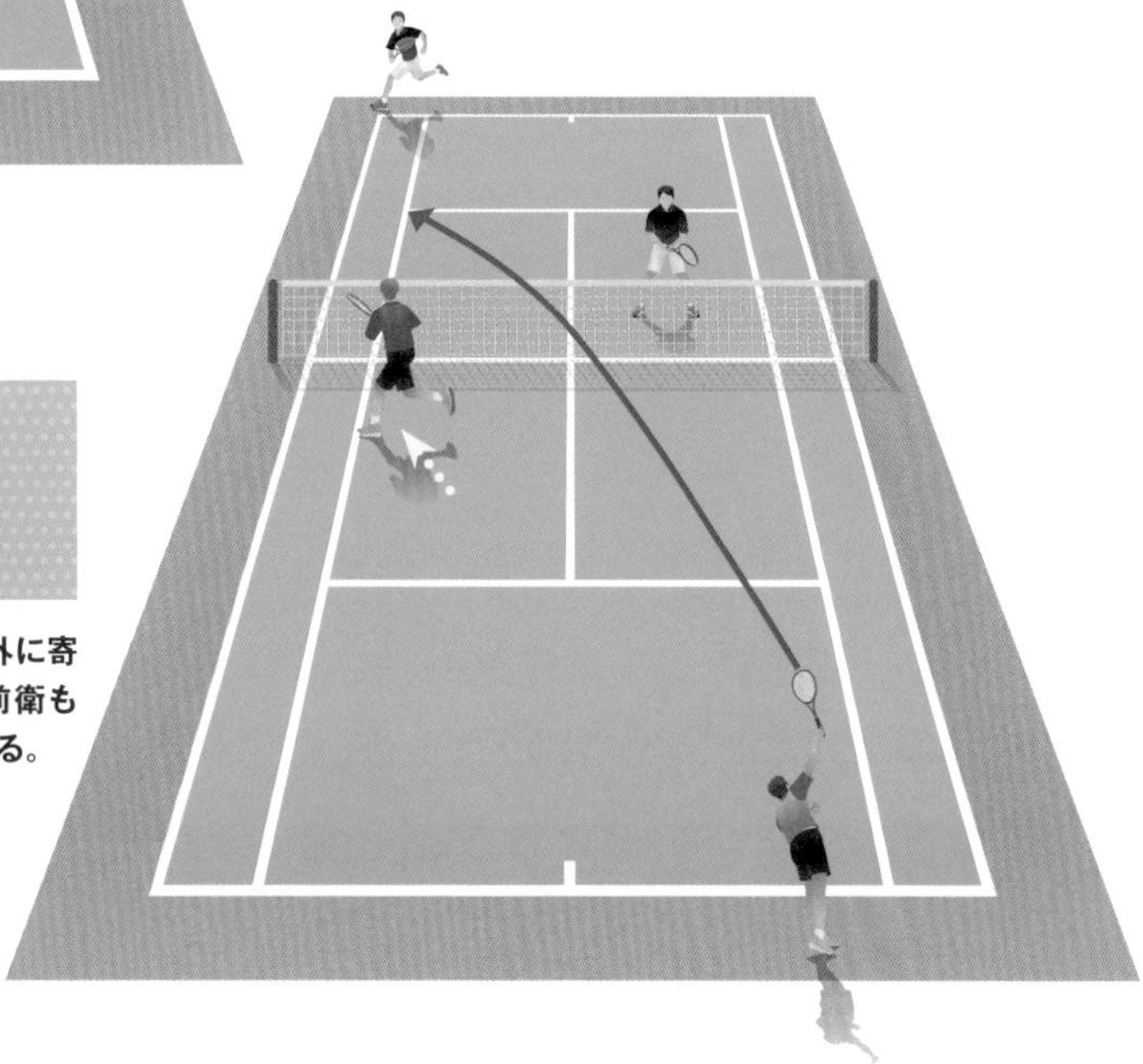

# 平行陣の<br>ポジショニング

サービスを打った後にネットに詰める後衛は、相手のロビングのリターンに弱い。そこで前衛は、雁行陣の時ほどネットぎりぎりまで前に詰めない。

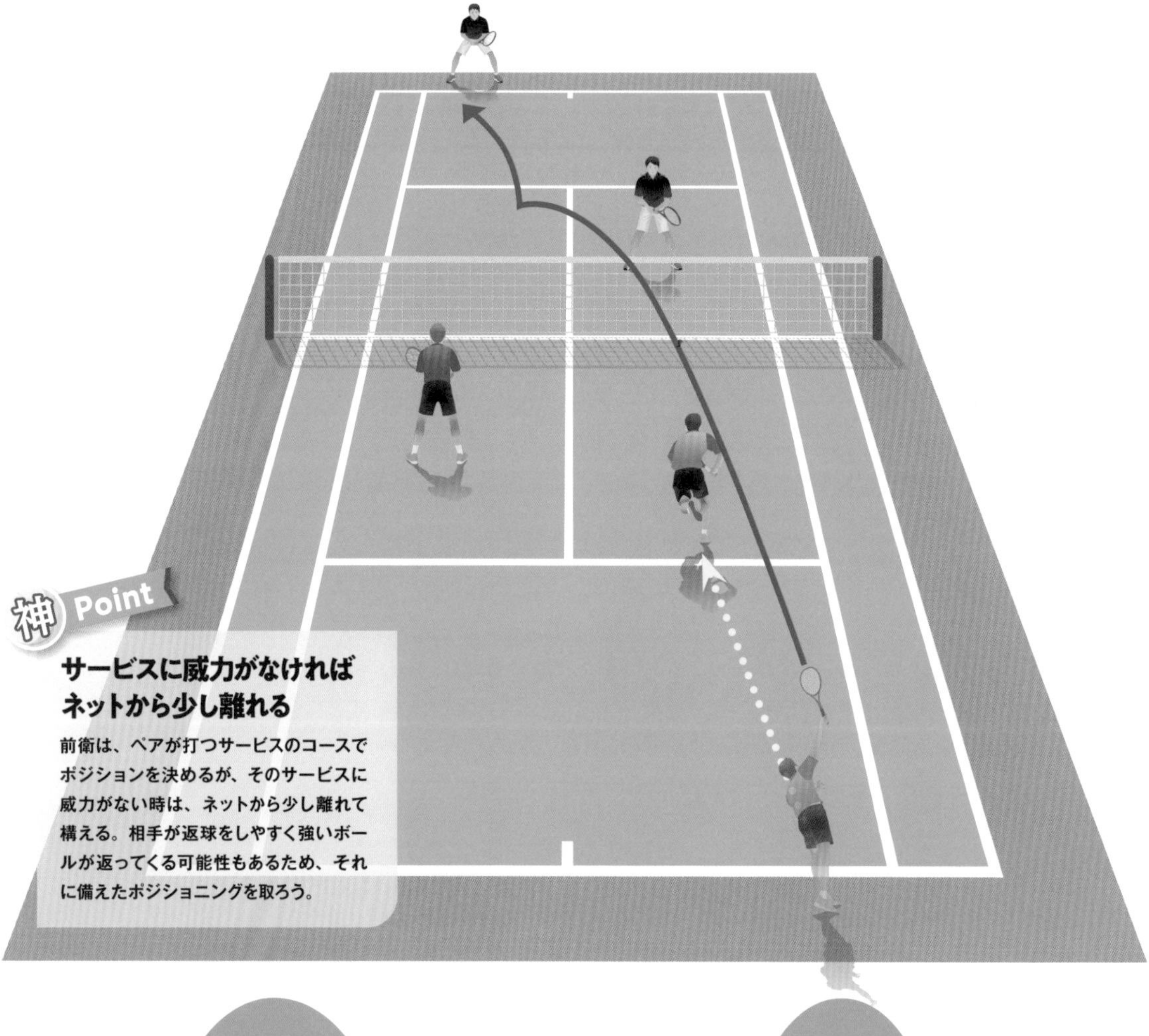

神 Point

### サービスに威力がなければネットから少し離れる

前衛は、ペアが打つサービスのコースでポジションを決めるが、そのサービスに威力がない時は、ネットから少し離れて構える。相手が返球をしやすく強いボールが返ってくる可能性もあるため、それに備えたポジショニングを取ろう。

ロビングで平行陣を崩されたくないのでロビングのケアをしっかり見せておく
前衛は相手のラケットの引き方を見るとロビングかどうかがわかりやすい

## ロビングを打たれたときに対応できないポジショニング

前衛がネットに張りつき、前掛かりのポジショニングをしていると、後衛がサービス直後に前に詰めてくる動きと相まって、2人の後方が隙だらけになってしまう。

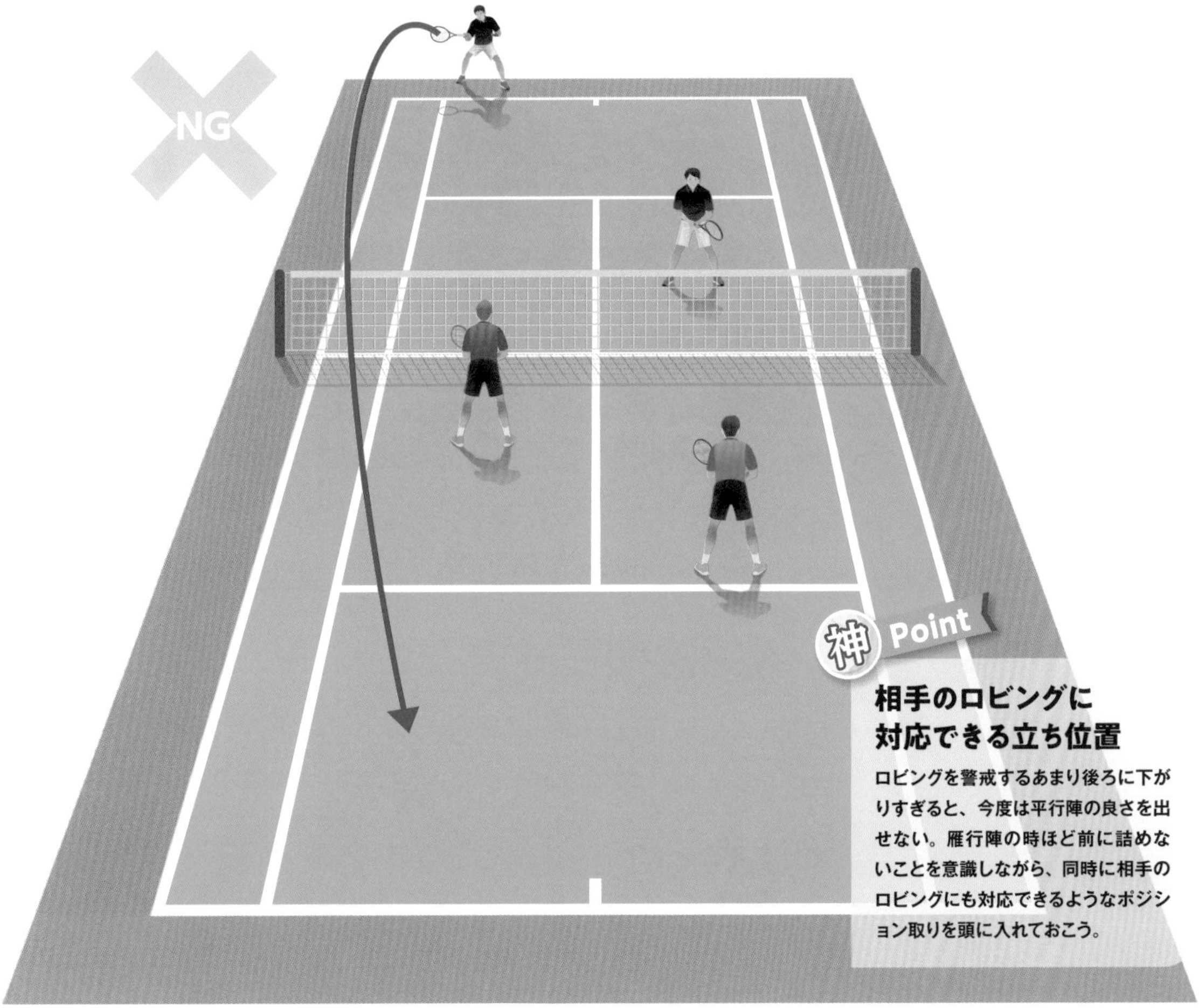


**神 Point**

### 相手のロビングに対応できる立ち位置

ロビングを警戒するあまり後ろに下がりすぎると、今度は平行陣の良さを出せない。雁行陣の時ほど前に詰めないことを意識しながら、同時に相手のロビングにも対応できるようなポジション取りを頭に入れておこう。

## ロビングのリターンを想定しておく

平行陣の前衛も、ペアが打つサービスのコースがセンターならセンターに寄りながら1歩前に詰める。ボディならそのまま1歩前に詰める。ワイドならコートの端に寄りながら1歩前に詰める。ポイント間に、ペア同士で「次はセンターに打つ」などと話したり、構えた時に前衛からサインを出したりして、2人で狙いを共有する。

ただし、サービスを打った後衛はネットに詰めるため、相手がリターンをロビングで返すと対応しづらくなる。そこで前衛は、雁行陣の時ほどネットぎりぎりまで前に詰めない。しかし、ここで大きく下がってしまうと、平行陣の良さを出せないので、相手のロビングに対するケアができるようなポジション取りを頭の中に入れておく。

# サービスダッシュと サービスステイを使い分ける

## サービスダッシュで プレッシャーをかける

サービスダッシュとは、サービスを打った直後、そのままネットに向かって走る攻撃的なプレー。主に平行陣のペアが行うが、雁行陣でもチャンスがあれば積極的に採用したい。

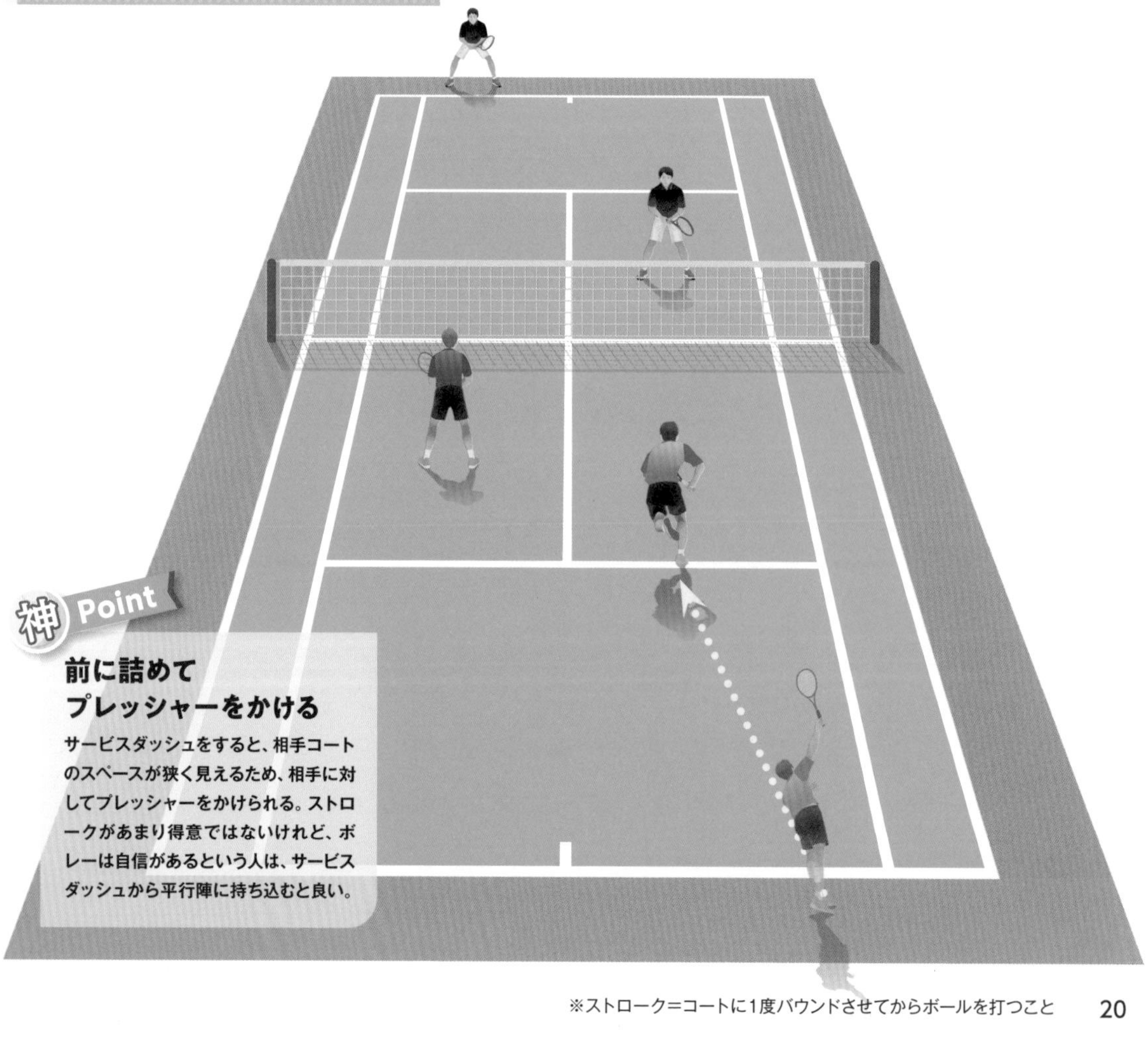

神 Point

### 前に詰めて プレッシャーをかける

サービスダッシュをすると、相手コートのスペースが狭く見えるため、相手に対してプレッシャーをかけられる。ストロークがあまり得意ではないけれど、ボレーは自信があるという人は、サービスダッシュから平行陣に持ち込むと良い。

※ストローク=コートに1度バウンドさせてからボールを打つこと

## 前へ詰めるダッシュで相手に圧力をかける

一般的には平行陣を採るペアはサービスダッシュを、雁行陣を採るペアはサービスステイを行うことになる。サービスダッシュは、相手コートのスペースが非常に狭く見えるため、相手に対してプレッシャーをかけられるというのが最大のポイントだ。

ただし、自分たちや相手の調子や状況を見極め、試合の中で情報を得ながら、サービスダッシュをするかサービスステイをするかを判断すること。自分たちは雁行陣だからサービスダッシュはしない、と決めつける必要はないし、普段は平行陣でも、サービスの調子が悪い時は、サービスダッシュは行わずに雁行陣で様子を見たりする。また、相手がリターンでロビングを打って来ることが多い場合も、わざわざ2人で前に詰める必要はない。

### サービスステイは後方でプレーを続ける

サービスステイは、サービスを打った後はベースライン付近でプレーを続けるスタイルを指す。主に雁行陣のペアが行い、後方でプレーを続ける。その時の状況やサービスの調子によって決めていく。

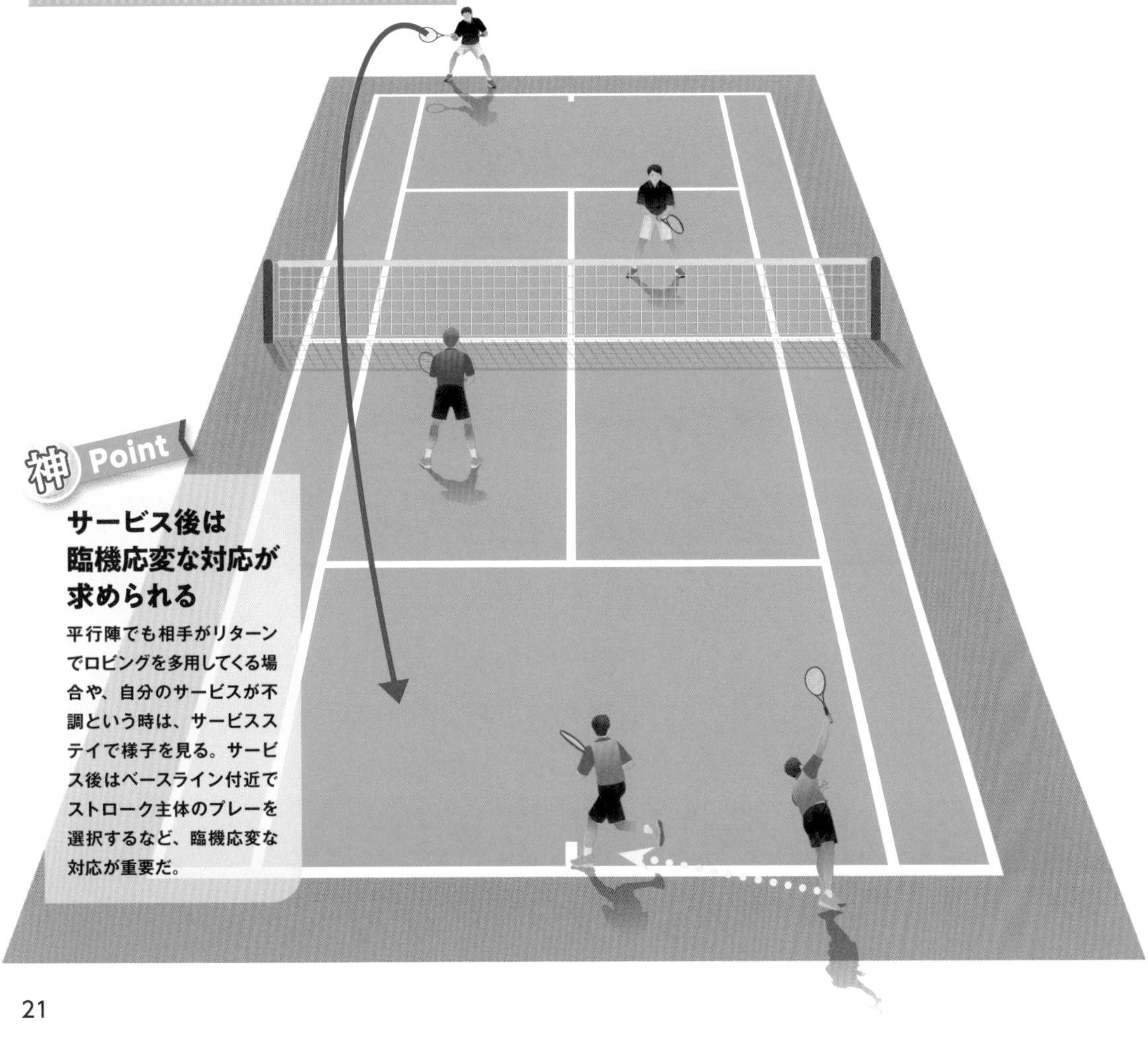

神 Point

**サービス後は臨機応変な対応が求められる**

平行陣でも相手がリターンでロビングを多用してくる場合や、自分のサービスが不調という時は、サービスステイで様子を見る。サービス後はベースライン付近でストローク主体のプレーを選択するなど、臨機応変な対応が重要だ。

# リターンの配球を意識してゲームの主導権を握る

## 相手がステイしているなら深いところへ返球

サービスステイする相手なら、クロス方向で、できるだけ深い所に返す。リターン側もあらかじめ、どういうリターンでどこに返すのか、狙いはペアで共有しておいた方がいい。

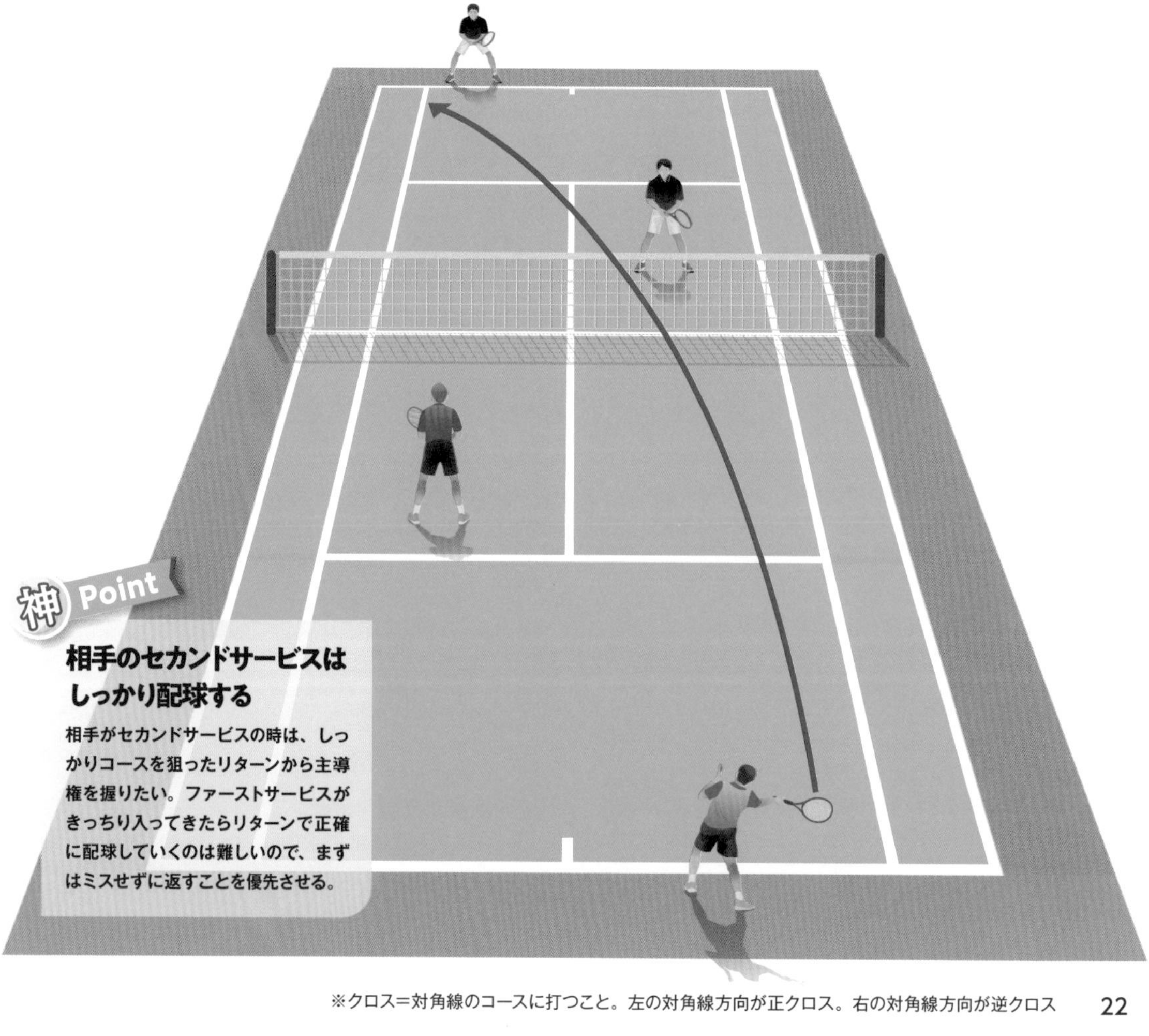

神 Point

### 相手のセカンドサービスはしっかり配球する

相手がセカンドサービスの時は、しっかりコースを狙ったリターンから主導権を握りたい。ファーストサービスがきっちり入ってきたらリターンで正確に配球していくのは難しいので、まずはミスせずに返すことを優先させる。

※クロス＝対角線のコースに打つこと。左の対角線方向が正クロス。右の対角線方向が逆クロス

## サーバーの動きを見てリターンを判断する

ファーストサービスは思い切って打てるサービス。それが入った場合は、正確なコースを突くリターンでの返球は難しい。返すのが精一杯ということも多い。狙い目は緩めのセカンドサービスの時で、相手がサービスダッシュをしてくるか、サービスステイを採るかで配球が変わってくる。

サービスステイする相手なら、クロス方向で、できるだけ深い所に返せると、相手は次に攻めにくくなる。スピードがあればより良いが、そこまで速さや低い弾道は必要ない。山なりでも深いリターンを意識する。サービスダッシュしてくる相手なら、リターンはできるだけ相手の足元を狙い、最初のボレーをローボレーにさせると、有利な状況に持ち込みやすい。ここでもスピードはそれほど必要ではない。

### 相手が前に出てきた場合は足元にリターンする

サービスダッシュしてくる相手なら、リターンで足元を狙い、ローボレーを打たせる。スピードはそれほど意識しなくていいので、できるだけ低い弾道のリターンが望ましい。

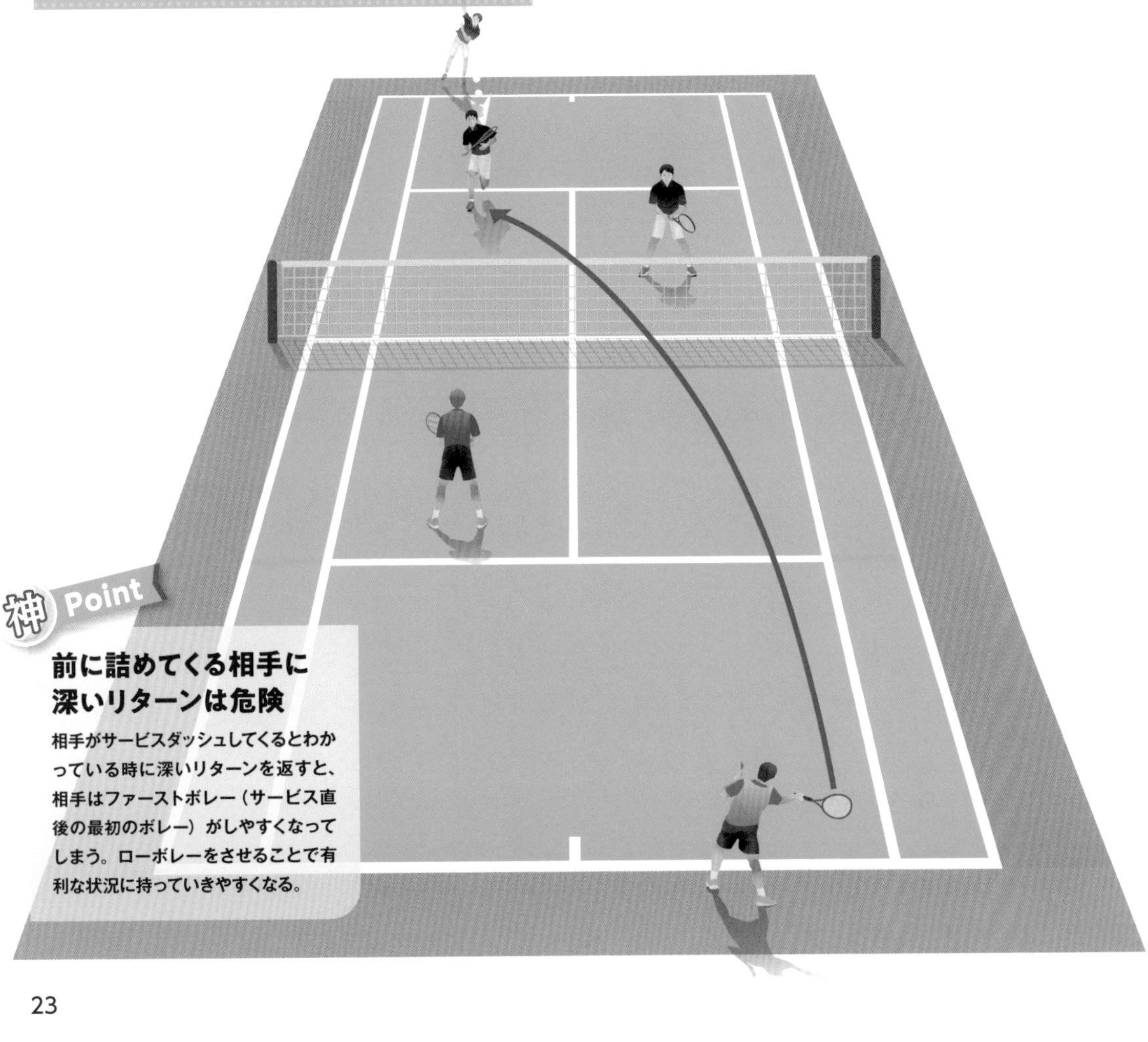

**神 Point**

**前に詰めてくる相手に深いリターンは危険**

相手がサービスダッシュしてくるとわかっている時に深いリターンを返すと、相手はファーストボレー（サービス直後の最初のボレー）がしやすくなってしまう。ローボレーをさせることで有利な状況に持っていきやすくなる。

低く打てると
さらにエースを
取れる可能性が
広がる
しっかり構えると
相手の動きが
止まるのでセンター
を抜きやすい

## 端を狙うよりもセンターを狙う

センターはアウトのリスクが低く、相手がお見合いをする可能性もある。相手前衛が手を出してきても、良いリターンならボレーは弾かれて浮きやすい。

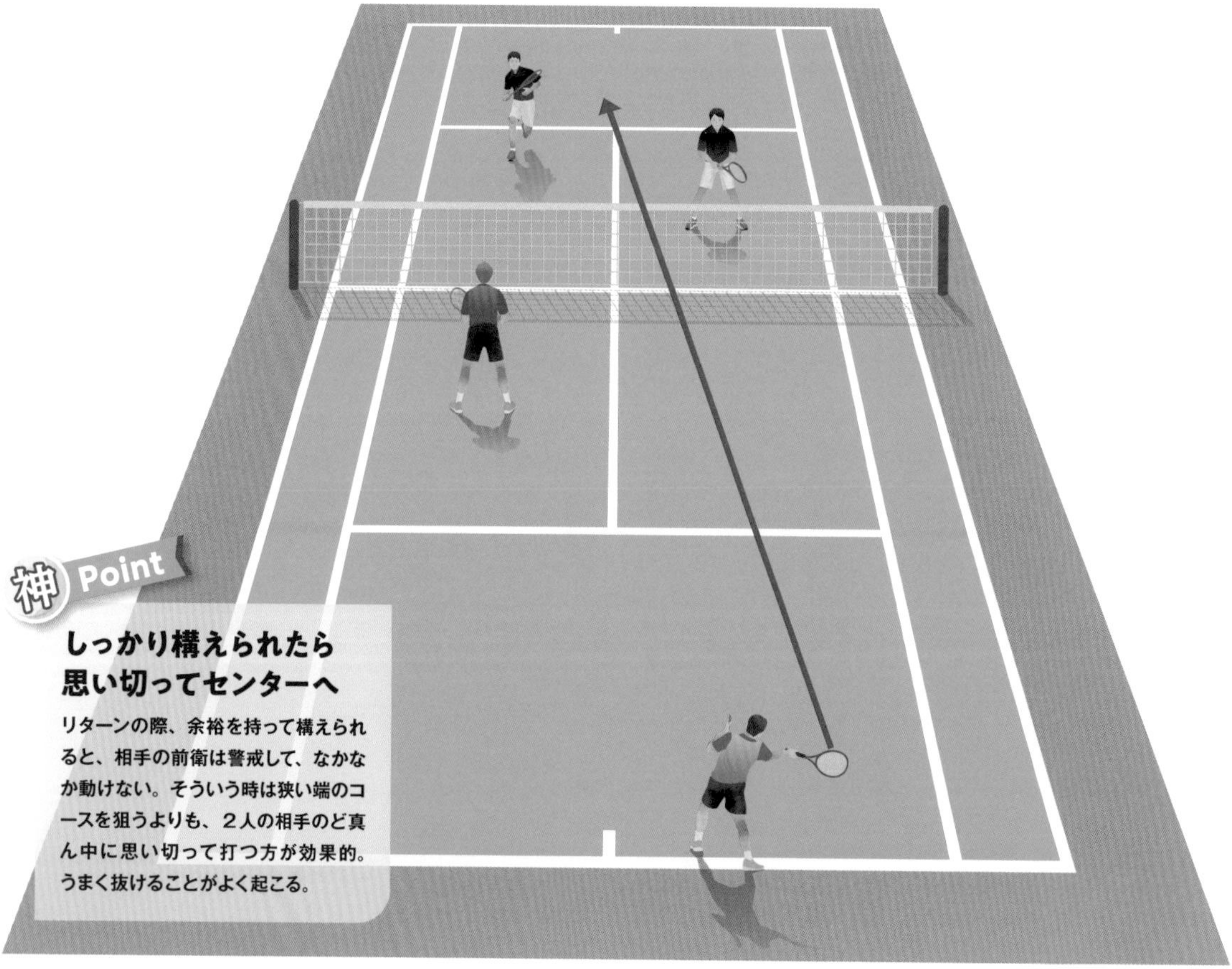

神 Point

### しっかり構えられたら思い切ってセンターへ

リターンの際、余裕を持って構えられると、相手の前衛は警戒して、なかなか動けない。そういう時は狭い端のコースを狙うよりも、２人の相手のど真ん中に思い切って打つ方が効果的。うまく抜けることがよく起こる。

## 前衛と後衛の間を狙ったリターン

しっかり構えてリターンを強く打てる時2は、変に難しいコースを狙うより、あえて２人の間を貫くように狙う3と、相手ペアは互いに反応できずボールが抜けることが少なくない。

神 Point

### ベテランの人は配球で勝負する

攻める気持ちが強すぎると、スピードに頼ろうという心理が働きやすい。パワーがある若い人たちはそういう戦い方でもいいが、ベテランの人はコースや配球を駆使し、相手の時間を奪うようなテニスを目指そう。

## 攻められるチャンスは強打でセンターを狙う

相手がセカンドサービスの時はもちろん、ファーストサービスが比較的緩く、自分がリターンでしっかり叩ける、たとえばフォアハンドで回り込んでハードヒットしていけるような時は、ショートクロスの端を狙うと得点に結びつきやすい。ただ、こちらが「さぁ打つぞ」とぐっと構えると、相手前衛は速い、あるいは強いリターンが来ると警戒し、一瞬動きが止まる。

そういう場面では、サイドアウトのリスクが高いショートクロスより、2人の間のど真ん中を貫くように強打でセンターを狙う。「センターセオリー」という考え方もあるように、センターへの打球はアウトのリスクが低く、センターを突かれた相手は互いに反応できず、ボールが間を抜けることがよくあるからだ。

# リターンの配球によってポジショニングを変えていく

## 相手が良いサービスの場合のポジショニング

相手から良いサービスが入って来た場合はステイ。ペアのリターンが速いボールや深いボールだった時や相手を動かせるリターンを打てた時は、その方向にぐっと詰める。

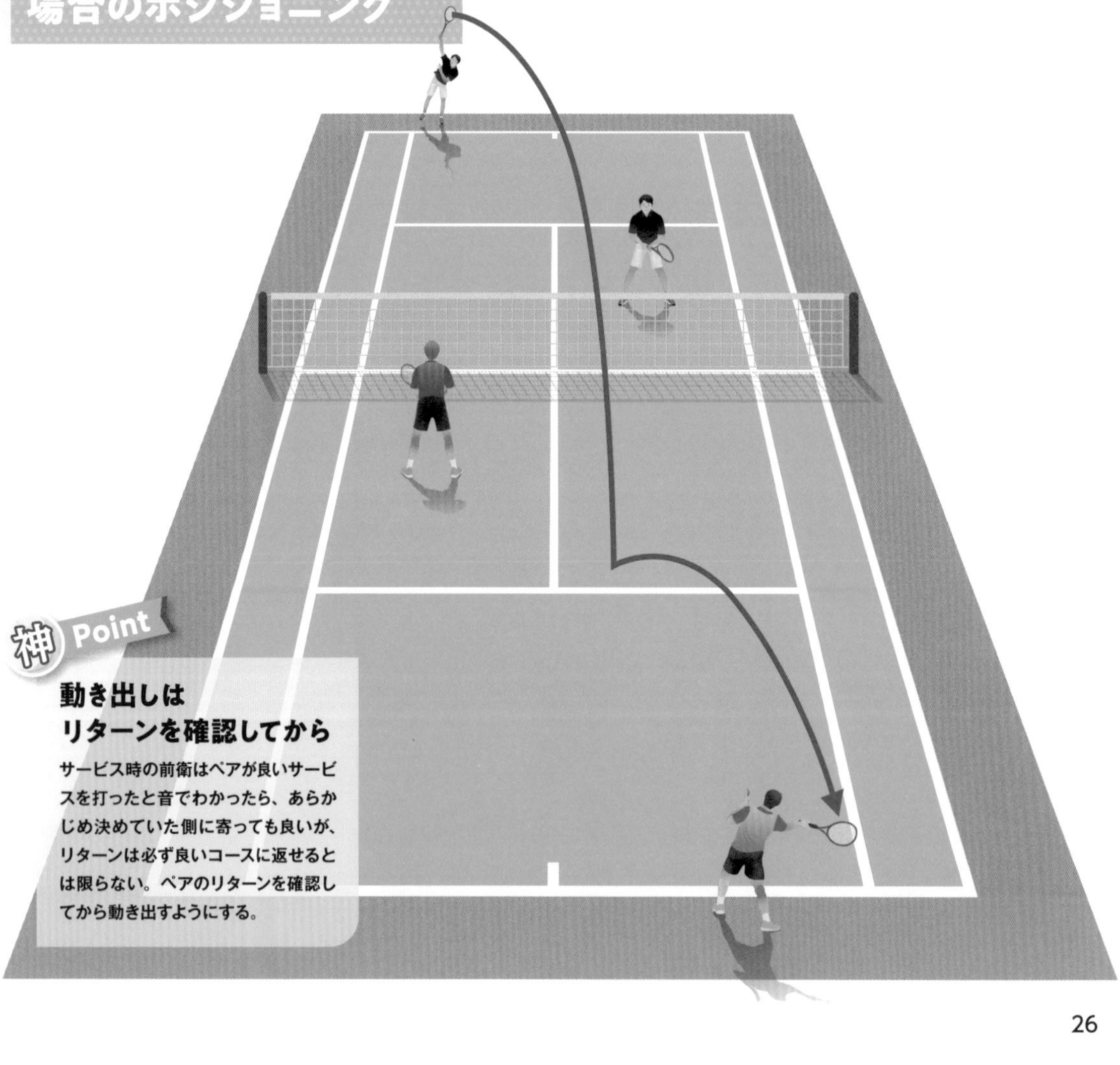

神 Point

### 動き出しはリターンを確認してから

サービス時の前衛はペアが良いサービスを打ったと音でわかったら、あらかじめ決めていた側に寄っても良いが、リターンは必ず良いコースに返せるとは限らない。ペアのリターンを確認してから動き出すようにする。

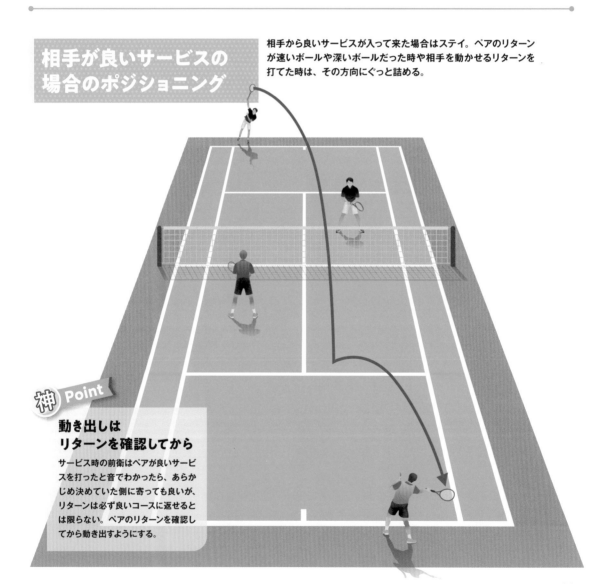

## ペアのリターンを見て自分の動きを決める

リターン側の前衛のポジショニングは、サービス側の前衛のそれに近い。テニスではボールが進んだ方向に寄ったり、体を向けたりするのが基本。リターン時もたとえば後衛が外側のワイド方向にリターンを打ったら、前衛もその方向に寄る。

ただし、リターンは最初からやや守りのイメージになる点はサービス時と異なる。とくにリターンは必ず良い打球を返せるとは限らないため、相手から良いサーブが入って来たら前衛はその位置でステイした方がいい。自分のペアがどういうボールをリターンで返すかをしっかり確認してから動き出す。ふわっと浮いてしまう甘いリターンになった場合は、相手からの攻撃に対応するためにポジションを少し下げないといけない。

### 味方のリターンが甘くなった場合の対処法

甘いリターンになってしまったら、相手の攻撃に備えてポジションを少し下げる。できるだけオープンコートを大きくせず、何とか粘って拾うことで局面を打開したい。

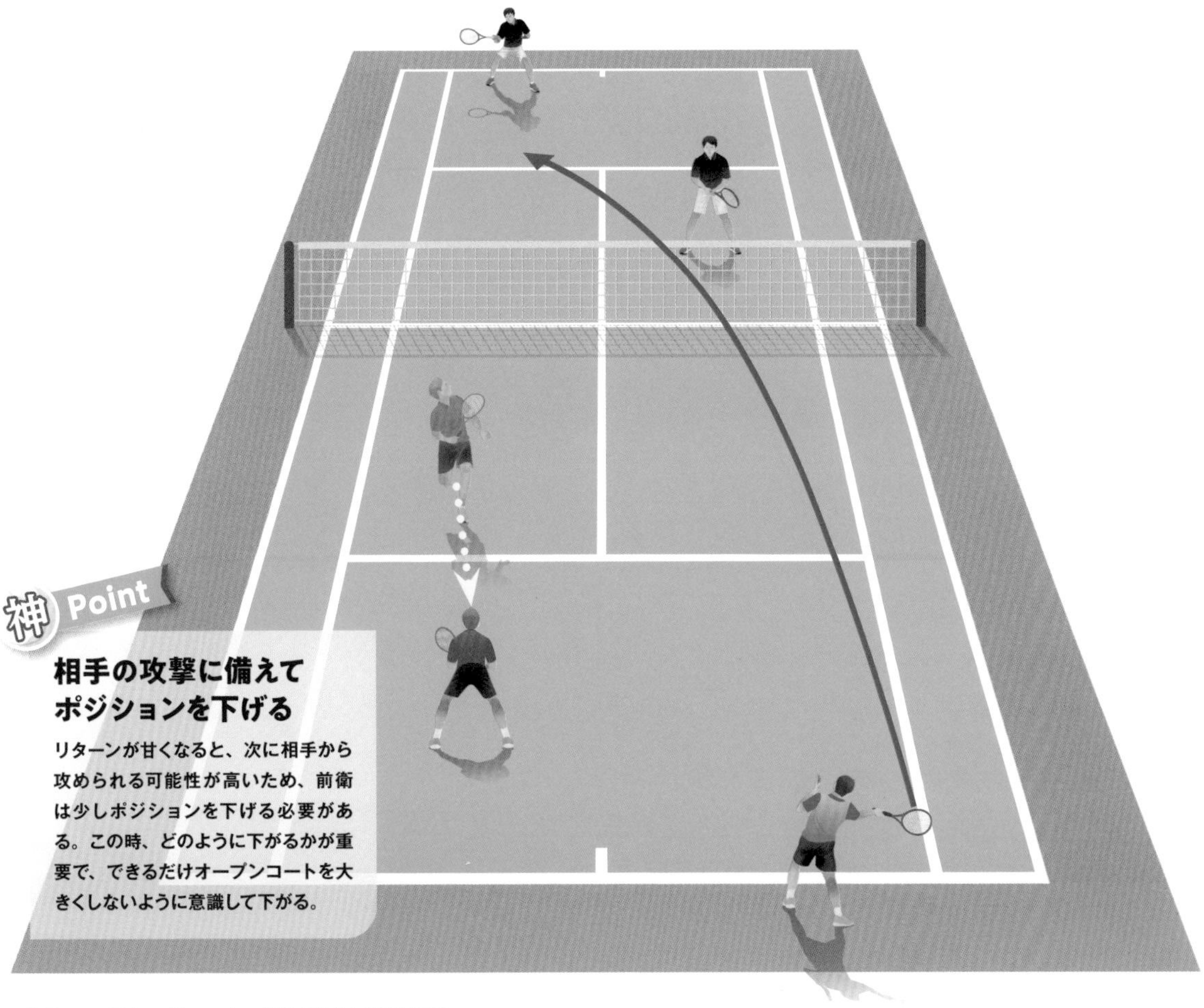

**神 Point**

**相手の攻撃に備えてポジションを下げる**

リターンが甘くなると、次に相手から攻められる可能性が高いため、前衛は少しポジションを下げる必要がある。この時、どのように下がるかが重要で、できるだけオープンコートを大きくしないように意識して下がる。



※オープンコート＝相手がいない場所のこと

リターンは深く
狙ったり
浅く狙ったり
していこう
サービスダッシュの
相手には
スピードより
コントロールが重要

## 相手がサービスダッシュしてきた場合の対処法

ペアのリターンが足元に行ったら少し前に詰める。足元に行かず、少し浮いてしまった場合は、後ろに下がらないまでも前に詰めずに少し守りの体勢で構える。

神 Point

### プレッシャーに臆せず落ち着いて動く

サービスダッシュをしてくる相手は、積極的に攻めたいと考えている場合がほとんど。前に詰めてくる動きだけでもプレッシャーがかかるが、ペアのリターンをよく見て、落ち着いてポジショニングできるようにしたい。

# 相手に攻められても何とか拾える位置に

ペアのリターンが甘くなった時、相手のハイボレーを当てられると、無意識に外側に寄ってしまう人が多い。これではオープンスペースをより大きく作ることになり、相手の攻撃を返せる可能性がほぼ消えてしまう。外側に下がるのではなく、後ろに下がることで、相手の攻撃を拾える範囲が広がる。

相手がサービスダッシュをしてきた場合は、ペアのリターンがうまく足元に行ったら少し前に詰める。逆にリターンが足元に行かず、少し浮いてしまった場合は、後ろに下がるまではしなくてもよいが、前に詰めずに少し守りの体勢で構える。いずれにしても相手に攻められてもそれで終わりではない。耐えていれば逆襲の可能性はあるので、諦めずに打開策を見つけよう。

## リターンが良かった場合はコート内に入る

リターンが良かったら、ほんの少し（靴1足分ぐらいのイメージ）ベースラインの中に入って攻める準備をする。前に行きすぎると、次の相手のショットへの対応が難しくなる。

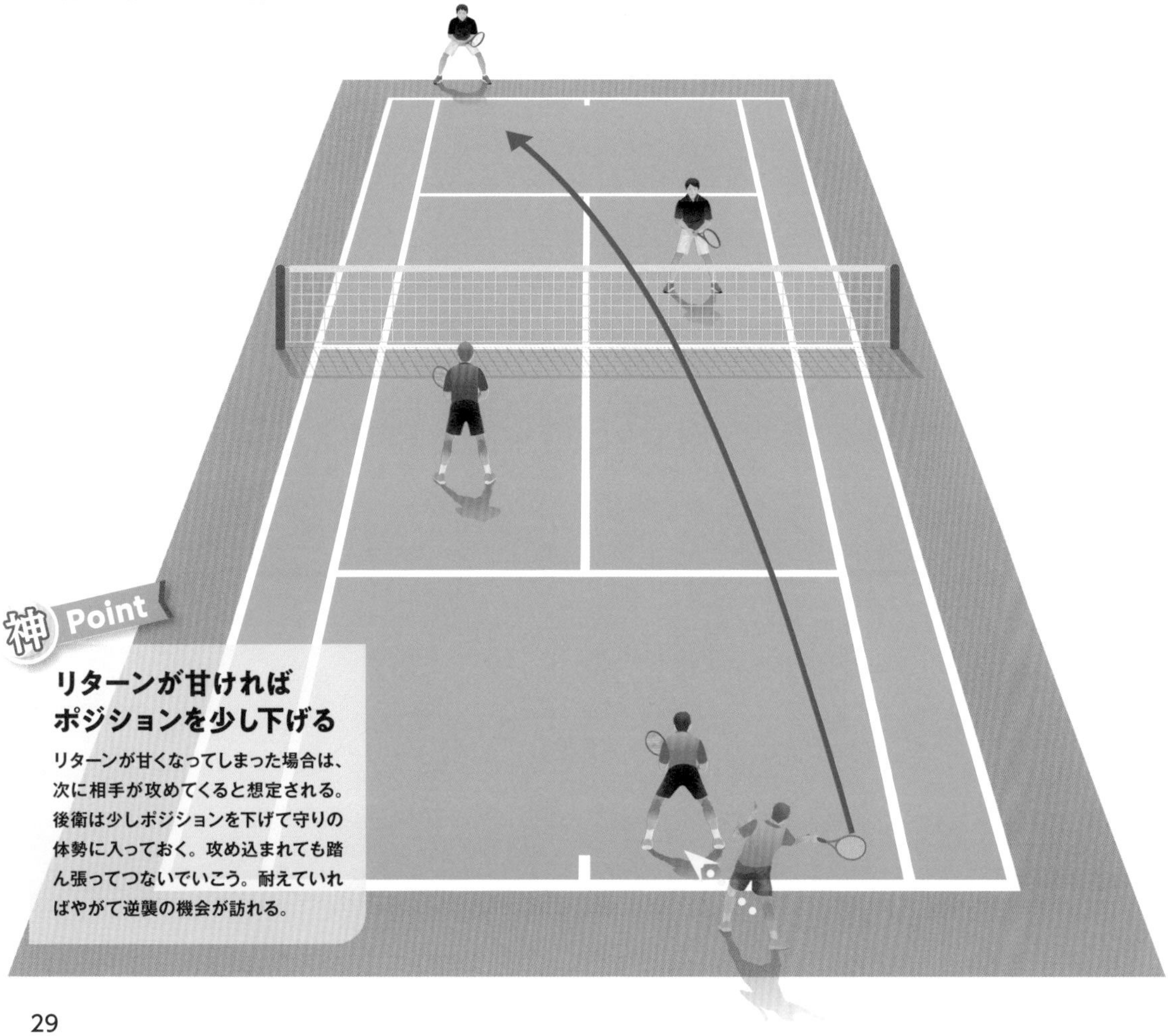

神 Point

### リターンが甘ければポジションを少し下げる

リターンが甘くなってしまった場合は、次に相手が攻めてくると想定される。後衛は少しポジションを下げて守りの体勢に入っておく。攻め込まれても踏ん張ってつないでいこう。耐えていればやがて逆襲の機会が訪れる。

# サイドが変わっても相手の特徴や打ち方をよく観察する

## デュースサイドでのリターンの仕方

自分の方に寄ってくるセンターへのサービスは、無理にバックハンドで打とうとすると余計に打ちにくい。問題なく打てるならバックでいいが、回り込んでフォアで取る割合の方が多いと考えておく。

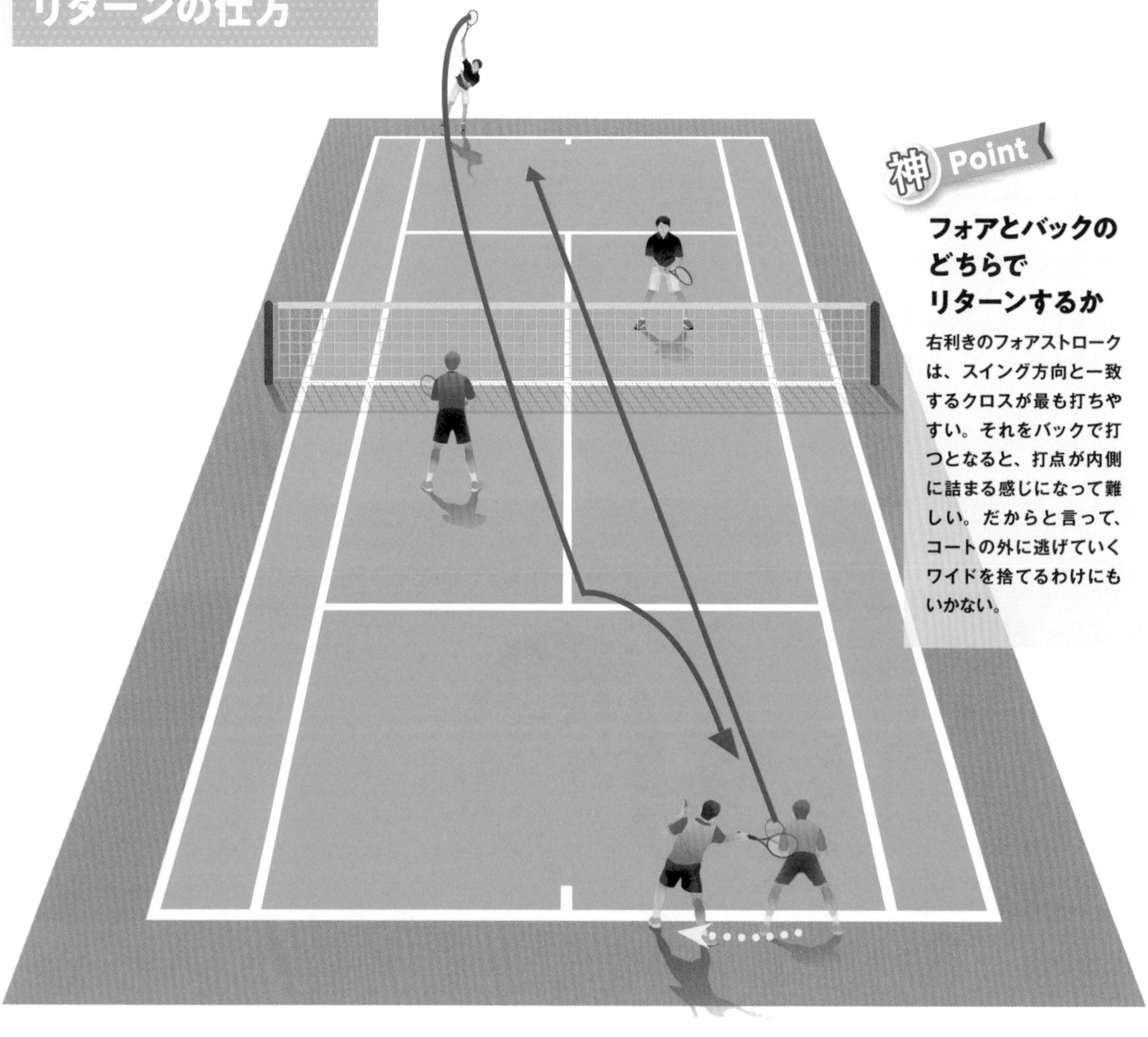

神 Point

### フォアとバックのどちらでリターンするか

右利きのフォアストロークは、スイング方向と一致するクロスが最も打ちやすい。それをバックで打つとなると、打点が内側に詰まる感じになって難しい。だからと言って、コートの外に逃げていくワイドを捨てるわけにもいかない。

## 後ろで待ちすぎず しっかり前に入る

外に逃げていくワイドサーブを後ろで待つと、届かなくなってしまう。センターに来るサービスは自分の方に寄ってくるような弾道になる。いずれも前に出ることで2、大きく変化する前に対応できる4。

神 Point

### サービスが速ければ 前に入って点で捉える

リターンは打点を落とすと、フレームショットのミスが起きやすい。相手のサービスが速い時ほどしっかり前に入って、点で捉えるイメージだ。コンパクトなスイングを意識すると、当てるだけで速いリターンを返せる。

## 変化が大きくなる前に 前でリターンする

デュースサイドでもアドバンテージサイドでも、リターンでは相手のサービスの特徴やトスを上げる場所、打ち方をよく観察することが重要だ。そして、あまり後ろで待ちすぎたり、後ろに下がったりするのは良くないとされる。しっかり前に入ってリターンを打つ方がいい。

デュースサイドで相手も自分も右利きの場合、外に逃げていくワイドサービスを後ろで待つと、より届かなくなってしまう。センターへのサービスも、自分の方に寄ってきて詰まる形になり、取りにくくなる。ここで前に入っておけば、相手サービスの変化が大きくなる前にボールを捉えることができる。また、そのままリターンダッシュでネットに詰めて、攻撃的なプレーにもつなげられる。

攻めの気持ちを
忘れないように
しよう！
アドバンテージサイドは
大事なポイントが多くなる。
しっかりクロスに
返球しよう

## アドバンテージサイドでのリターンの仕方

アドバンテージサイドでは、サービス側はリターン側のバックが狙いやすい。リターン側はフォアに回り込んで結果的に打ちにくくなるなら、バックでしっかり取った方がいい。

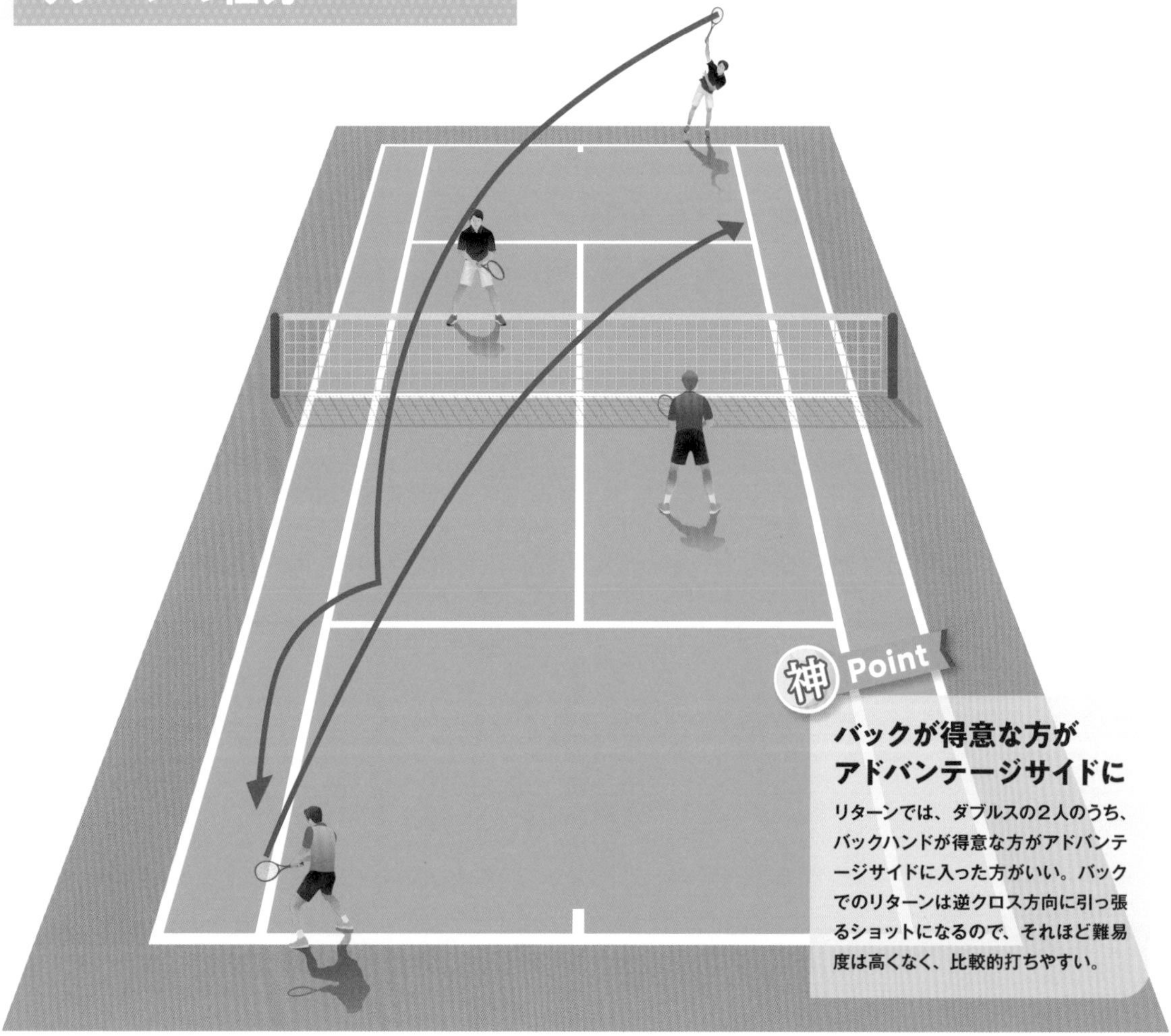

神 Point

### バックが得意な方がアドバンテージサイドに

リターンでは、ダブルスの２人のうち、バックハンドが得意な方がアドバンテージサイドに入った方がいい。バックでのリターンは逆クロス方向に引っ張るショットになるので、それほど難易度は高くなく、比較的打ちやすい。

※スピン＝ボールの進行方向に対して順回転がかかった球質

## バックハンドの割合を増やしてリターンする

一般的にストロークは、引っ張るショットの方が打ちやすい。これはフォアもバックも同じだ。したがってアドバンテージサイドのリターンも、バックで引っ張る形に持っていく3。

神 Point

### リターン側はバックを空けて待つ

アドバンテージサイドのサービスは、ワイドを狙うのがセオリーになる。そこでリターン側はバック側を空けておくと、相手がバックを狙ってくるはず、という安心感を持てる。フォア側（センター側）を空けすぎないこと。

## バックでリターンする割合を増やす

アドバンテージサイドのリターンは、デュースサイドでリターンする場合よりややバックハンドの割合を増やして準備しておく方がいい。フォアが得意だから回り込んで積極的に強く打ちたい人はそれでも構わないが、慣れていないと大きく回り込んで強打を打ち込むというのは、難易度がやや高い。

もちろん、センターに来たらフォアで、ワイドの右方向に跳ねるスピンサービスならバックで対応することになる。しかし、スライスサービスで自分の方に寄ってきた場合、回り込んでフォアで打とうとすると、ボールは逃げていく軌道になり、どうしても打点が遠くなる。バックでリターンする割合をデュースサイドより多くするというのは、そのような考え方による。

※スライス＝スピンとは逆にボールの進行方向に対して逆回転がかかった球質

# ポイントを確実に取る 前衛の生かし方を磨く

## 相手の後衛が打ちにくい 深いボールを打つ

すべて速いボールを打とうとするとミスをしやすいので、緩急をうまく使うようにしたい。最初はゆっくりでいいので、できるだけ深いボールを意識してラリーを行う。

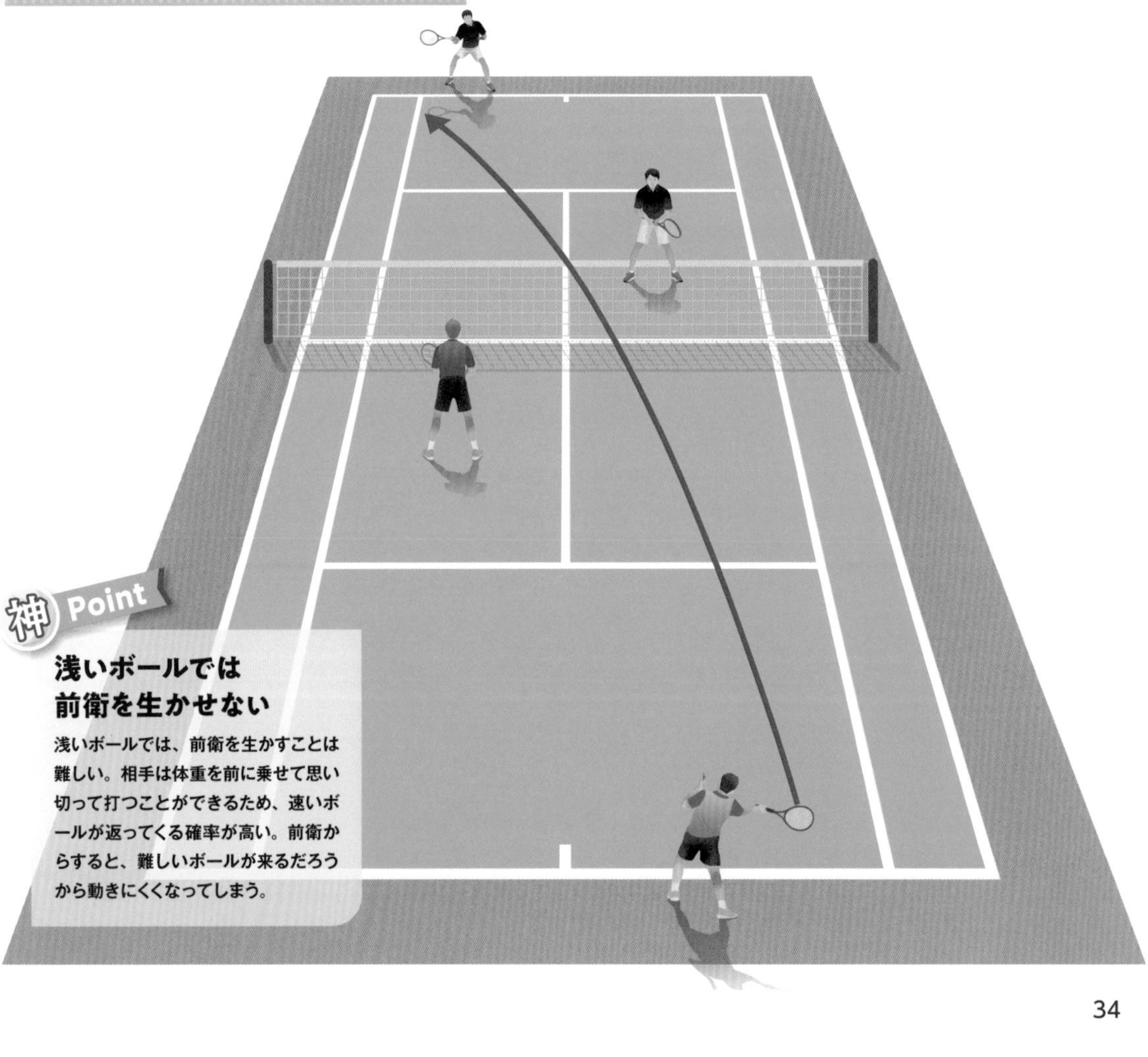

神 Point

### 浅いボールでは 前衛を生かせない

浅いボールでは、前衛を生かすことは難しい。相手は体重を前に乗せて思い切って打つことができるため、速いボールが返ってくる確率が高い。前衛からすると、難しいボールが来るだろうから動きにくくなってしまう。

## 相手後衛が打ちにくいボールでチャンスを作る

ペアの前衛がポーチに出やすくするには、相手の後衛が打ちにくいボールを打てばよい。相手後衛が打ちにくいボールとは、深いボールや速いボール、動いて取らないといけないボールだ。これらを意識して配球を行う。

深いボールは相手コートに返すまでに距離ができるため、そこから強いショットを打たれても、前衛からすれば速さや恐怖心を感じない。できれば深いだけでなく、少し回転をかけて、相手後衛を後ろに追い出すようなボールを打てたらより良い。

速いボールはミスせずに打ち続けることが難しい。そこでラリーの中にたまに速いボールを織り交ぜることで、相手は「急に速いボールが来た」と意表を突かれる。返球が甘くなれば、前衛が決めやすくなる。

### ボールスピードを調整しテンポを変える

ラリーの中でたまに速いボールを打つことで、相手は急に速いボールが来たと意表を突かれ、返球が甘くなったりする。それを見逃さずに前衛がポーチに出られたら理想的だ。

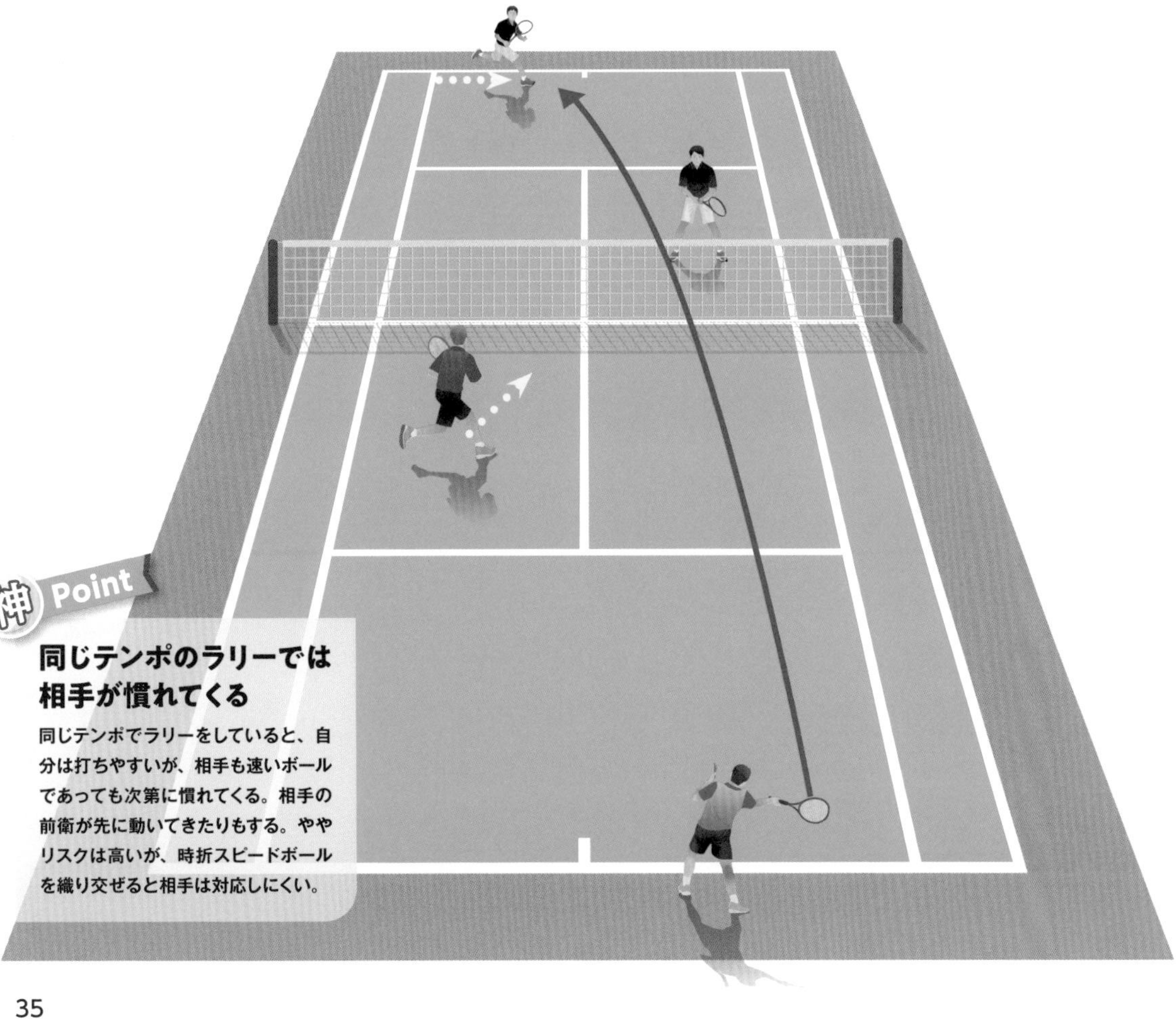

神 Point

**同じテンポのラリーでは相手が慣れてくる**

同じテンポでラリーをしていると、自分は打ちやすいが、相手も速いボールであっても次第に慣れてくる。相手の前衛が先に動いてきたりもする。ややリスクは高いが、時折スピードボールを織り交ぜると相手は対応しにくい。

相手のコートを
広く使って返球できると
前衛も動きやすいよ！
同じ配球をしすぎると
前衛は動きにくくなる！

## 相手が動かないと取れないボールを意識する

動かされて打たなければいけないボールはコントロールが難しく、ロビングで逃げようとすることが多くなる。相手をうまく振ることで、前衛としても的を絞りやすくなる。

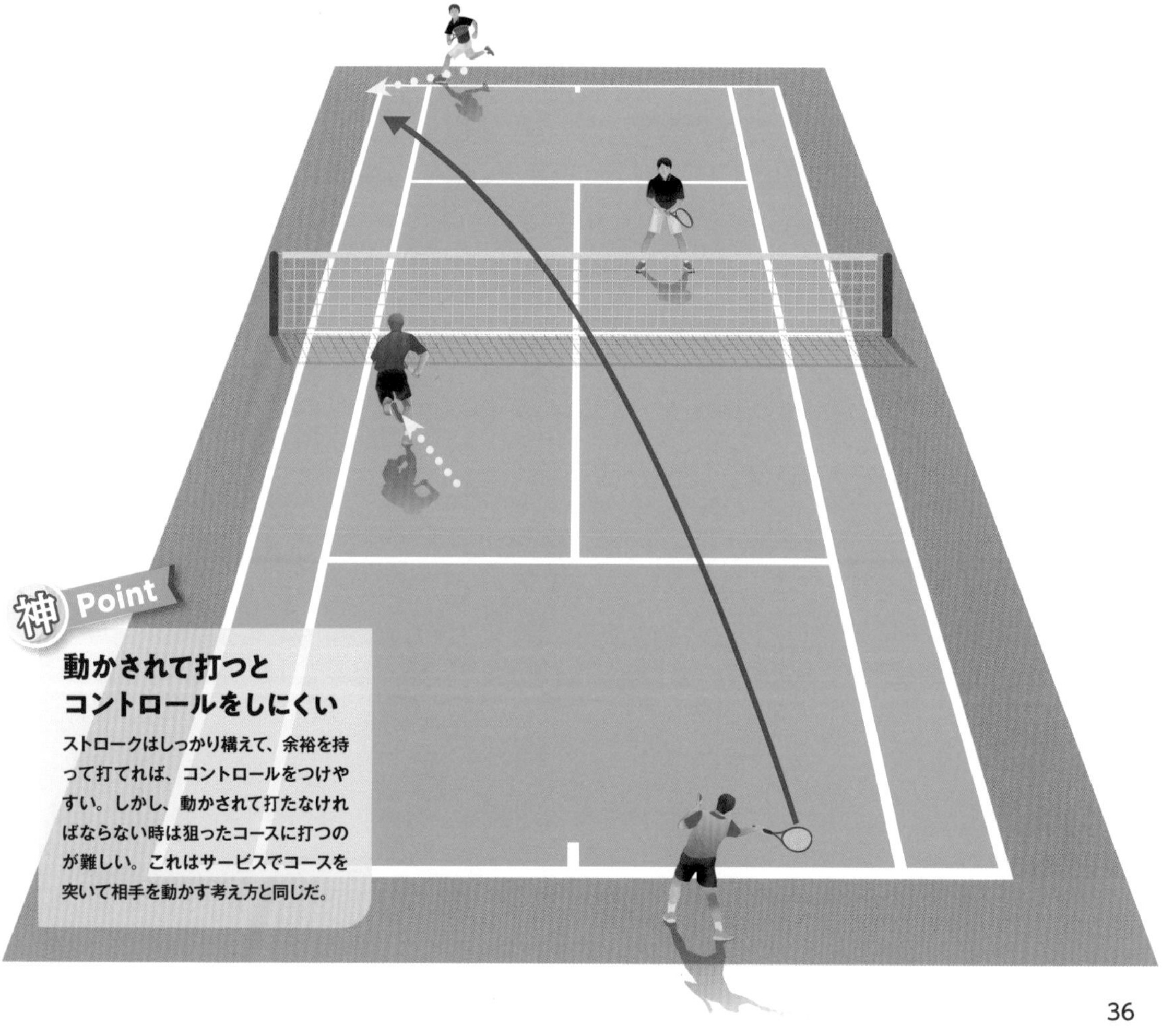

神 Point

### 動かされて打つとコントロールをしにくい

ストロークはしっかり構えて、余裕を持って打てれば、コントロールをつけやすい。しかし、動かされて打たなければならない時は狙ったコースに打つのが難しい。これはサービスでコースを突いて相手を動かす考え方と同じだ。

## 動きながら打つと厳しいコースを狙えない

深いボールや速いボール以外では、相手後衛が動いて打たなければいけないような配球も、ペアの前衛を生かしやすい。ストロークはしっかり構えて打てば、ある程度良いコースを突けるが、動きながら打つとコントロールをつけるのが難しい。たとえば相手をワイドに振った時、同じ方向に前衛も寄っておけば、相手の返球は扇状の範囲内にそれほど強くないボールが返ってくる確率が高い。厳しいコースを狙えず、返すのが精一杯となった時にチャンスが生まれる。

前後の揺さぶりも使ってよいが、浅いボールは低い弾道を心掛ける。低く浅いボールを打つと、相手の打点は低くなり、持ち上げるようにロビングを打ってくる可能性があることも頭に入れておきたい。

## 浅いボールと深いボールで相手を前後に動かす

前後の揺さぶりは、浅いボールを低い弾道で打てれば効果が大きい。ただし、レベルが高い相手は、拾った後にそのまま前に詰めて来て平行陣を作るため、ややリスクがある。

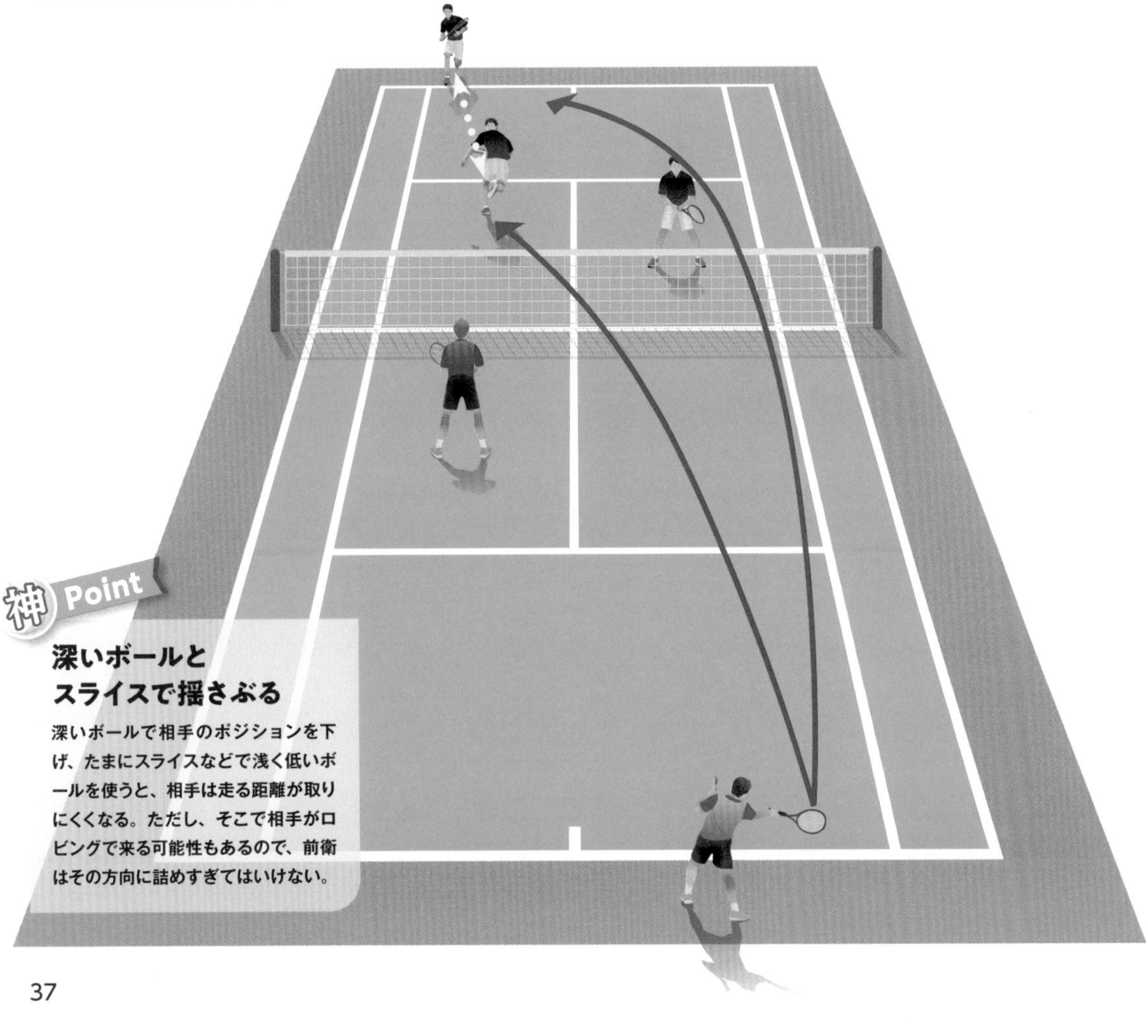

神 Point

### 深いボールとスライスで揺さぶる

深いボールで相手のポジションを下げ、たまにスライスなどで浅く低いボールを使うと、相手は走る距離が取りにくくなる。ただし、そこで相手がロビングで来る可能性もあるので、前衛はその方向に詰めすぎてはいけない。

# ポーチの動き出しとタイミングを見極めて確実に決める

## ポーチに出るタイミングとコース

ポーチに出るタイミングは、遅すぎると当然ボールに届かないが、速すぎても相手に動きを読まれて対応されてしまう。ちょうど良いタイミングを見極めないといけない。

神 Point

### 横移動のポーチはミスをしやすい

横に動いてポーチを取ろうとすると、打点も横方向になり、ボールに力を加えづらい。ネットからも距離が遠くなり、ミスや相手にフォローされる可能性が高くなる。斜め前に動いて力を加えるのが理想的なポーチだ。

# 相手がボールを打つ瞬間に斜めに動き出す

**相手が打つ瞬間にスプリットステップで1歩前に動き出し2、そこから斜め前に飛び出す3。横方向への移動は、ネットとの距離ができて良いポーチにはなりにくい。**

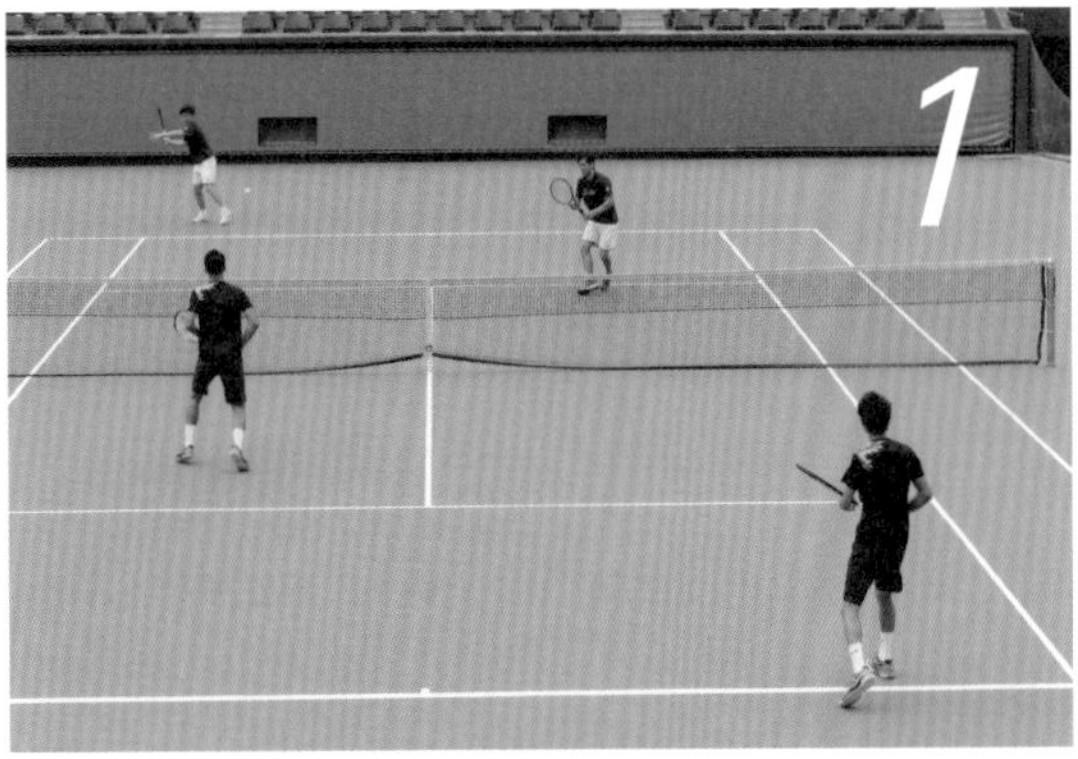

神 Point

### 低いボールの時は足元を狙ってつなぐ

**ポーチに出たからと言って、絶対に決めないといけないわけではない。高い打点で対応できる時は積極的にポイントを取りに行きたいが、低いボールの時は相手前衛の足元を狙ってつなぎ、次のチャンスボールで決めに行く。**

## 斜め前に動いて力を加える

雁行陣でラリーが行われている中、理想的なポーチは、斜め前に動いて力を加えるというイメージになる。ポーチは前に詰めれば詰めるほど、決めるのが容易になる。タイミングとしては、相手が打つ瞬間にぐっと前に動き出すこと。そこで打球方向を確認してからセンターやストレートに向かっていく。

よくあるNGは、自分の近くにボールが飛んで来てから、バーッと動き出す出方。スピードはボールの方が圧倒的に速いため、横に移動してしまい、打点も横方向になって力が出しにくい。そこでラケットを振り回すと、ボールが逆クロス方向に落ちにくいだけでなく、ネットとの距離が遠くなって決めづらい。仮にポーチができても、相手に容易にフォローされてしまう。

## センター方向を軸にストレートをケアする

ポーチに出るのと、ストレートを守るの割合は、7対3ぐらいで想定しておく。相手が打ち出す瞬間に明らかにストレートに来ると判断できたらケアに入る。

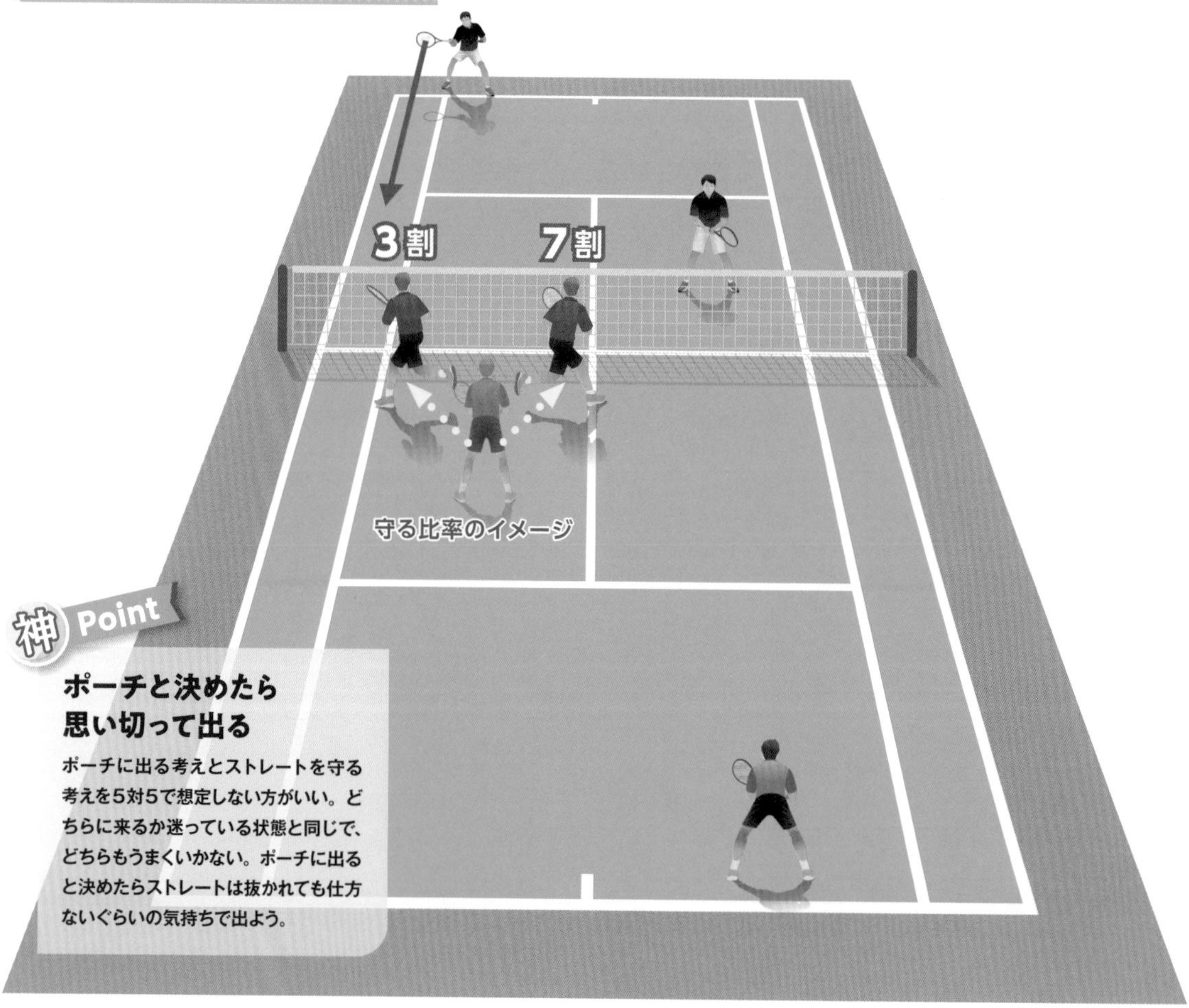


神 Point

### ポーチと決めたら思い切って出る

ポーチに出る考えとストレートを守る考えを5対5で想定しない方がいい。どちらに来るか迷っている状態と同じで、どちらもうまくいかない。ポーチに出ると決めたらストレートは抜かれても仕方ないぐらいの気持ちで出よう。

※ストレート＝サイドラインと平行のコースに打つショットのこと

## 気持ちの割合は7対3 ポーチを大きく準備

クロス展開のラリーでポーチに出れば、当然、それまでいたストレートのコースを空けることになる。この時、気持ちの割合はポーチが7、ストレートも来るかもしれないという考えが3ぐらいでいい。ここで5対5のように、どちらに出るか迷ってしまうと、ポーチの精度にも良い影響を及ぼさない。

ラリー中、前衛は小さく前後の動きを繰り返し、ポーチに出るタイミングを計る。ペアの後衛が打ったら、それに合わせて少し前に入り、相手後衛が打ってきてポーチが無理だと思ったら下がる。つまり段階的には、常に前後に動いている1段階、相手が打つ瞬間に1歩前に入る2段階、そこからボールに飛びついていく3段階と、3つの動きが必要になってくる。

### 前後してから1歩前に そして飛び出す動き

よくあるNGは、ずっと止まっている状態から1つの動きで何とかしようとすること。そうなると取る場所も遠くなって、ネットとの距離も詰められず、決められない。

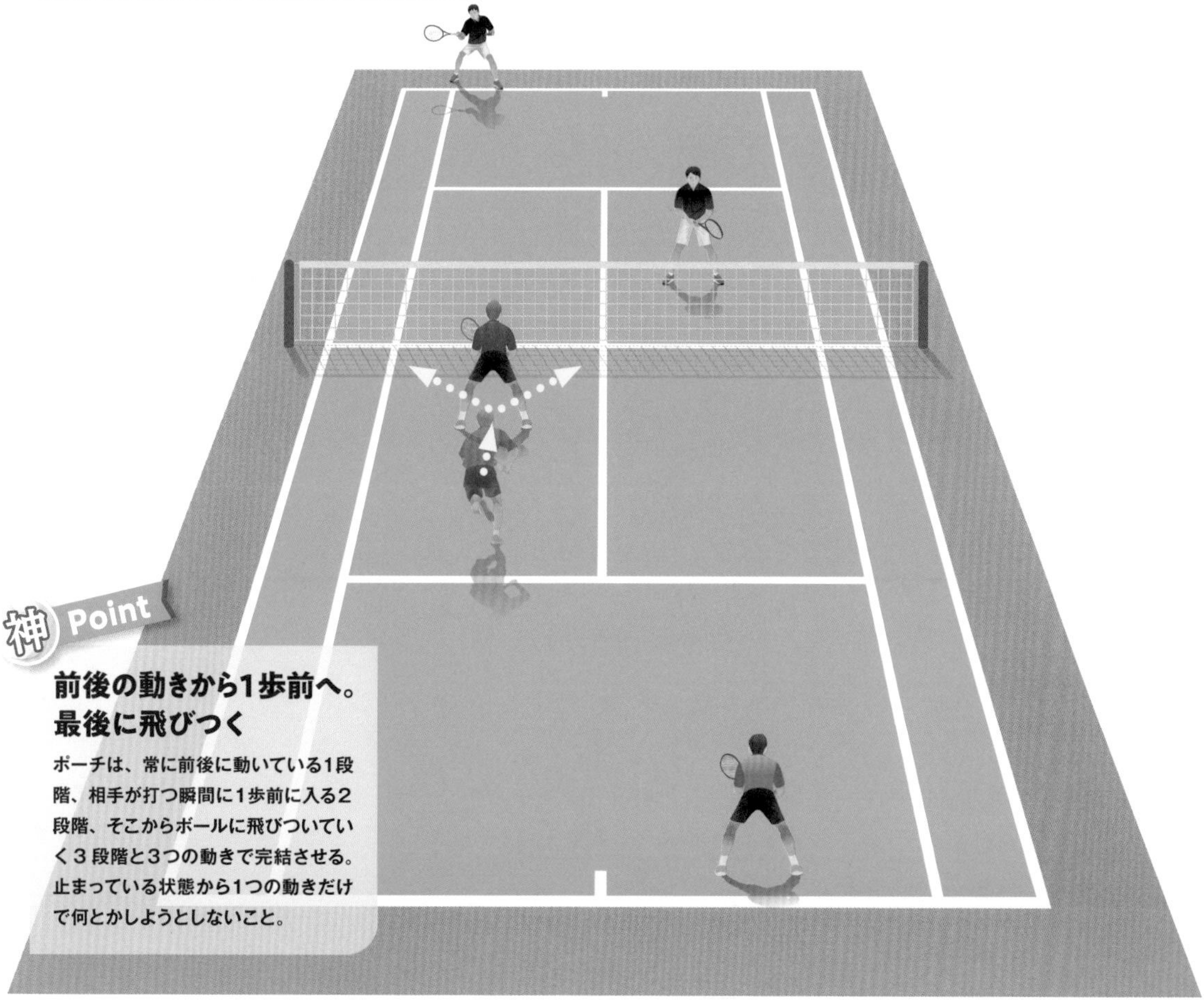

神 Point

**前後の動きから1歩前へ。最後に飛びつく**

ポーチは、常に前後に動いている1段階、相手が打つ瞬間に1歩前に入る2段階、そこからボールに飛びついていく3段階と3つの動きで完結させる。止まっている状態から1つの動きだけで何とかしようとしないこと。

# 前衛のポジショニングで相手を困らせる

## 1歩前に入って動き出し斜め方向にポーチに出る

後衛同士が打ち合う中でチャンスがあれば、１歩前に入って動き出し、斜め方向にポーチに出る。ラリーのスピード感が速くなれば、もう少し前にポジションを取って同じ動きをする。

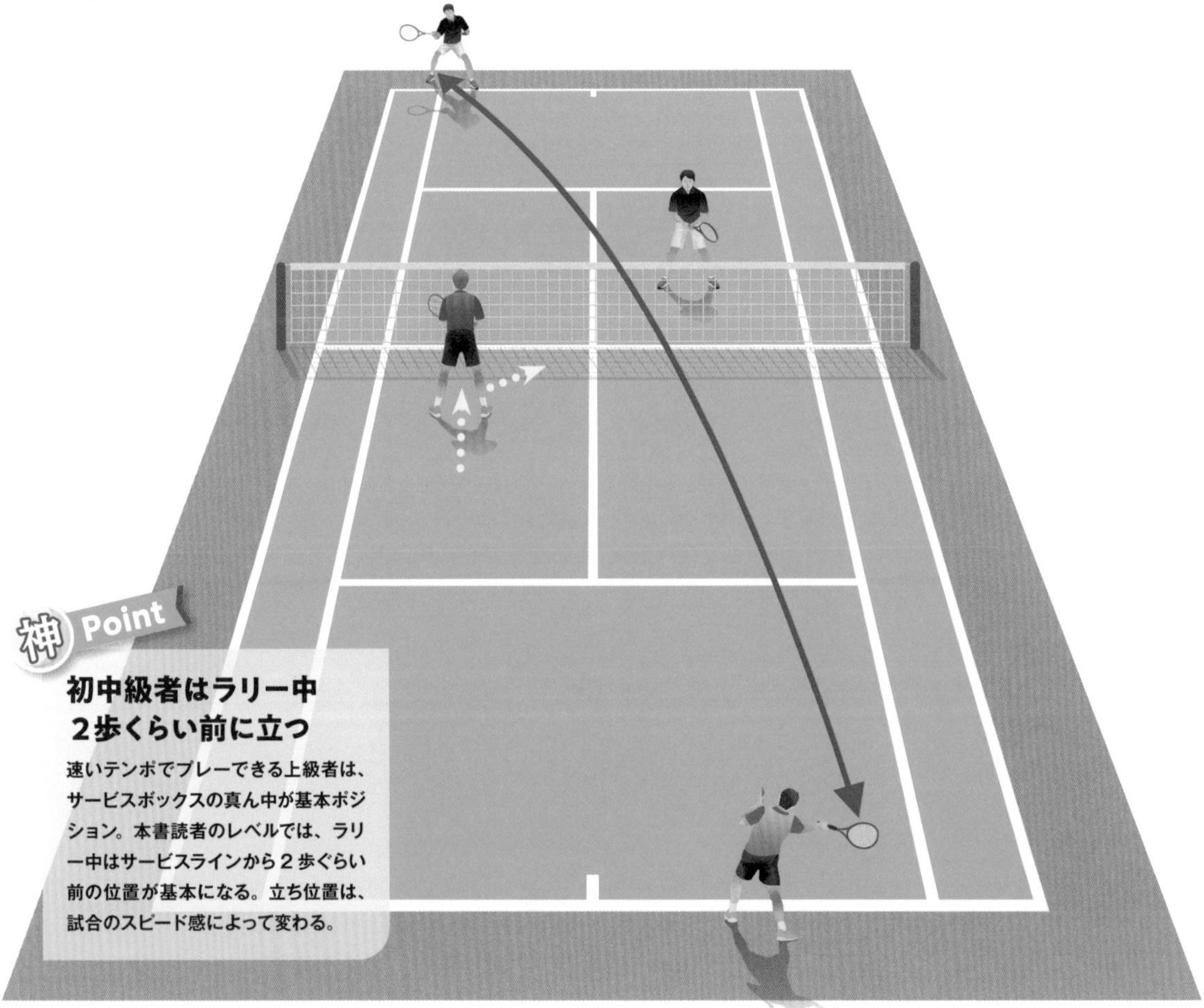

神 Point

### 初中級者はラリー中２歩くらい前に立つ

速いテンポでプレーできる上級者は、サービスボックスの真ん中が基本ポジション。本書読者のレベルでは、ラリー中はサービスラインから２歩ぐらい前の位置が基本になる。立ち位置は、試合のスピード感によって変わる。

# 基本ポジションはサービスラインの2歩前

雁行陣の前衛のポジショニングは、試合のスピード感（レベル）によって変わる。速いテンポでプレーできる上級者は、サービスボックスの真ん中に立つ感じだが、ゆっくりしたテンポの時に前にポジションを取りすぎると、すぐにロビングで頭上を抜かれてしまう。本書読者のレベルでは、ラリー中はサービスラインから2歩ぐらい前の位置が基本ポジションになる。

ラリーの中で、ペアの打球が自分の視界に入ってきたら、それを追うように少し前に入る。大きく動きすぎると大変で、テンポも間に合わなくなるため、軽くすっと入るイメージだ。相手の後衛が打った時、ポーチは無理と判断したら元の位置に戻る。相手前衛とは互いにそのような動きを繰り返していく。

## ラインより下がらないよう サービスボックスの中にいる

相手が目の前でスマッシュを打ってきたり、チャンスボールを叩いたりしようとしている時以外はサービスラインの後ろに下がらない。攻めも守りも機能しなくなる。

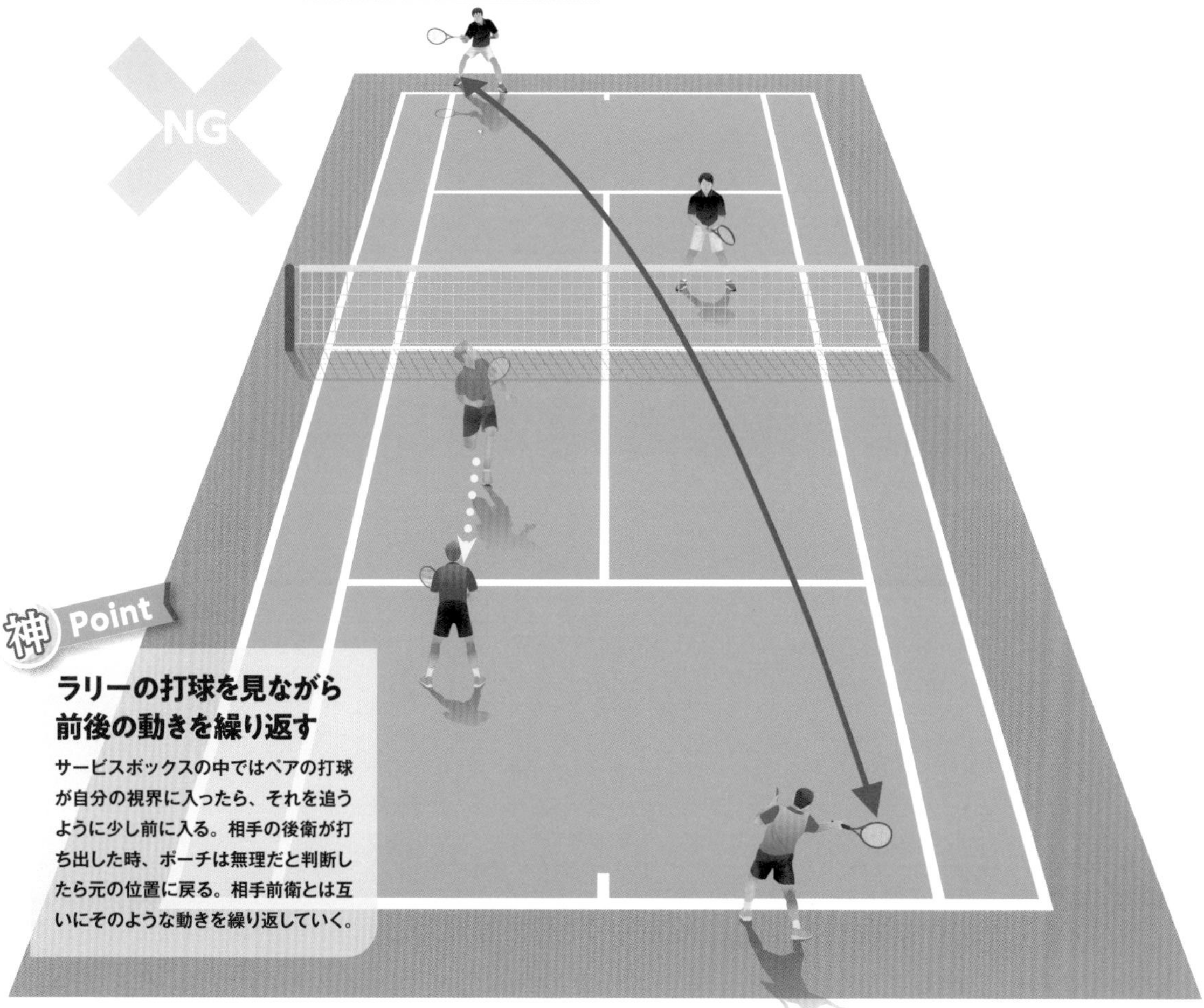


### 神 Point

**ラリーの打球を見ながら前後の動きを繰り返す**

サービスボックスの中ではペアの打球が自分の視界に入ったら、それを追うように少し前に入る。相手の後衛が打ち出した時、ポーチは無理だと判断したら元の位置に戻る。相手前衛とは互いにそのような動きを繰り返していく。

相手前衛が後ろ気味のポジションならサイドへのアタックもあり
センターに存在感を出せるといいね

## ストレート展開のレディポジション

ラリーがストレート展開になった時も、小さく前後してタイミングを計るのは、クロス展開の時と同じ。常に前後に動き、1歩前に入り、そこからボールに飛びつく。

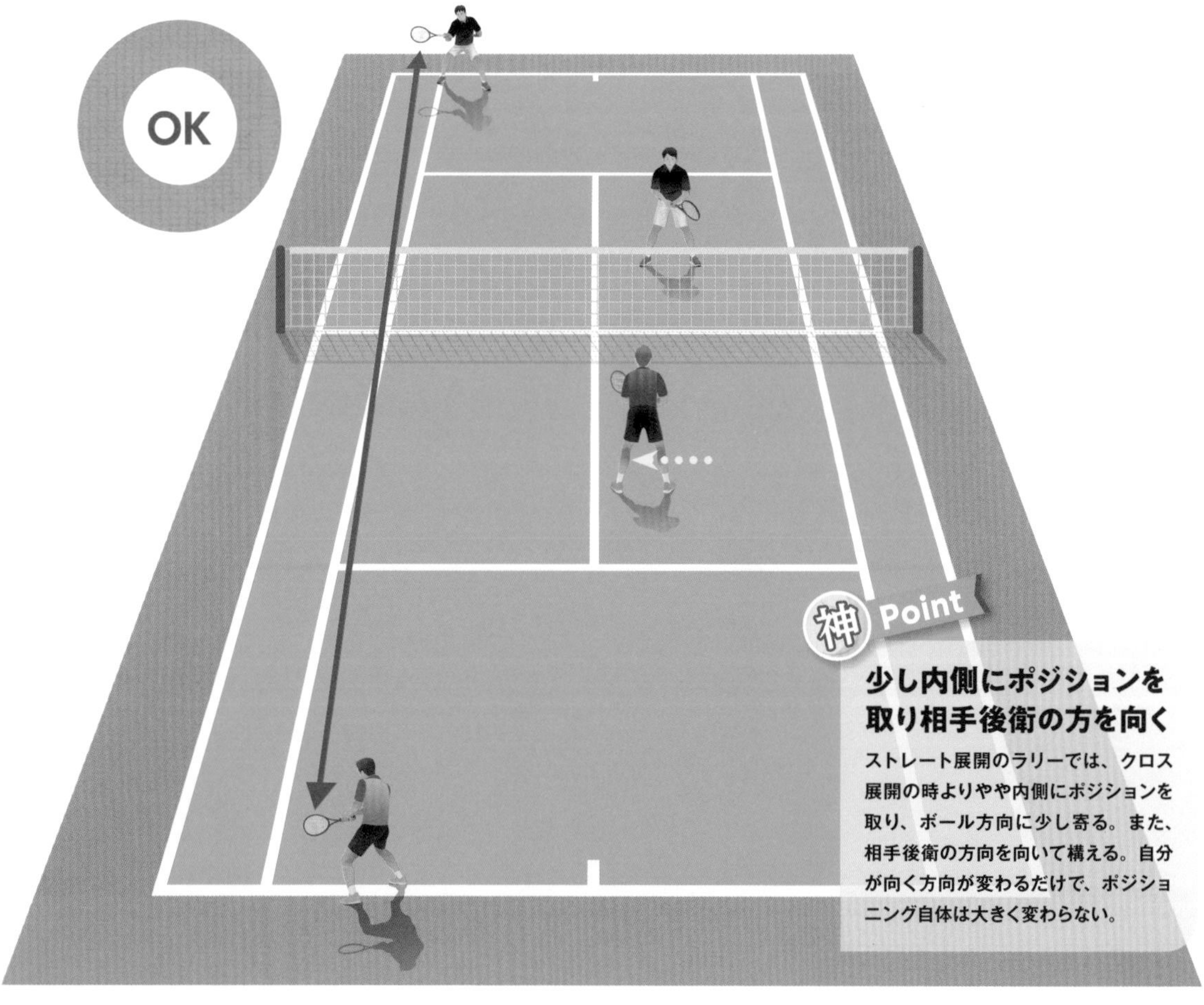
OK

神 Point

### 少し内側にポジションを取り相手後衛の方を向く

ストレート展開のラリーでは、クロス展開の時よりやや内側にポジションを取り、ボール方向に少し寄る。また、相手後衛の方向を向いて構える。自分が向く方向が変わるだけで、ポジショニング自体は大きく変わらない。

## サービスボックス内でプレーする

雁行陣の前衛は、ラリー中はサービスラインの内側でプレーする。相手が目の前でスマッシュを打ってきたり、チャンスボールを叩いたりしようとしている時以外はラインの外側（後ろ）に出ない。後ろに下がってしまうと、ネットからの距離が長くなってボレーが難しくなる。

また、相手にとってはストレートが広く見えて打ちやすくなり、決められる可能性が高くなる。ポジション的にも中途半端で、次に攻めに転じられず、守りもうまく機能しない。

ロビングなどによってラリーがストレート展開になったら、ボール方向に少し寄ったポジショニングをする。サービスボックスの真ん中というより、少し内側にポジションを取り、相手後衛の方を向いて構える。

### 前に行きすぎると ロブを打たれてしまう

前に詰めすぎると後方にスペースができ、相手にロビングを多用される。詰めすぎずに前後の動きを繰り返しながら、ポーチのタイミングをうかがう。

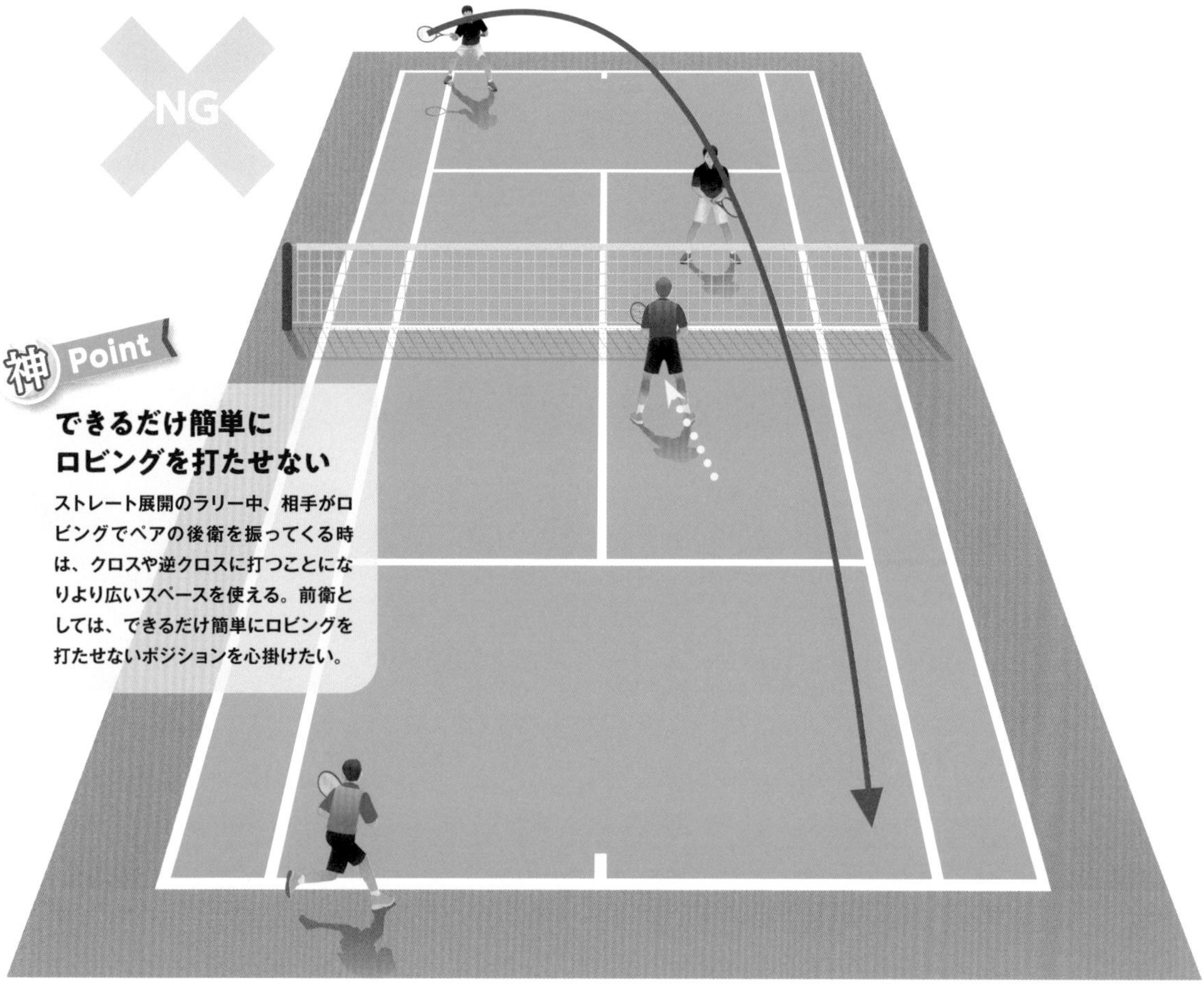


**神 Point**

### できるだけ簡単に ロビングを打たせない

ストレート展開のラリー中、相手がロビングでペアの後衛を振ってくる時は、クロスや逆クロスに打つことになりより広いスペースを使える。前衛としては、できるだけ簡単にロビングを打たせないポジションを心掛けたい。



※スマッシュ＝ボレーと同じくノーバウンドで打つショット。打点が高く決め球となるとも言う

# 相手ボールが浅かった時が平行陣を作るタイミングだ

## ネガティブな状況で作る平行陣

目安は、ベースラインとサービスラインの中間のライン。これより前に来たボールは、打ったらそのままネットに詰める。これは相手の意図したボールによって前に出された感のある、ややネガティブな平行陣だ。

神 Point

### 雁行陣でもチャンスでは積極的に平行陣を作る

雁行陣の後衛は常にベースライン付近でプレーしないといけないわけではない。ラリーの流れの中で、前に出た方が得点しやすい局面があれば、積極的にネットに詰めて平行陣を作り、ネットプレーでポイントを決めていく。

## 相手のボールに合わせて前に出るタイミング

ボールが浅かったら前に出る2。たとえば後衛は、ベースラインとサービスラインの中間のラインより前で打つことがあったら、前に詰めて平行陣を作った方がいい4。

神 Point

### 自分の動きを速くしてプレッシャーをかける

平行陣を作る時は、ボールのスピードより自分の動きが速くなると、相手にプレッシャーをかけることができる。ボールを速く打ってプレッシャーをかけようとしないこと。ボールのスピードに頼らない。

## 浅いボールが来たらそのまま前に詰める

平行陣を採用しているペアはもちろん、雁行陣でもラリーの流れの中で平行陣になった方が得点しやすい場面が出てくる。平行陣を作るタイミングとして、王道は相手のボールが浅かった時だ。たとえばラリーの中で、後衛がベースラインとサービスラインの中間より前で打つことがあったら、そのまま前に詰めて平行陣を作った方がいい。

前で打ってから後ろに戻るのは、なるべく避けたい。下がっている間に相手の返球が来て、下がりながらストロークを打つという難易度の高い技術を求められることになるからだ。ベースラインとサービスラインの中間より後ろに来たボールなら、打った後に前に出ても、後ろに戻ってベースライン付近で待ってもどちらでも良い。

時間を奪って
ポイントを取るのが
オススメ
平行陣を作る時の
1球目のショットで
決めようとしない

## ポジティブな状況で作る平行陣

相手の打ち方が雑だったり、しっかりと溜めて打てていなかったりする時は、自分から前に出て平行陣を作りたい。前に出されるケースとは違い、自分たちの意図で作れたポジティブに作る平行陣だ。

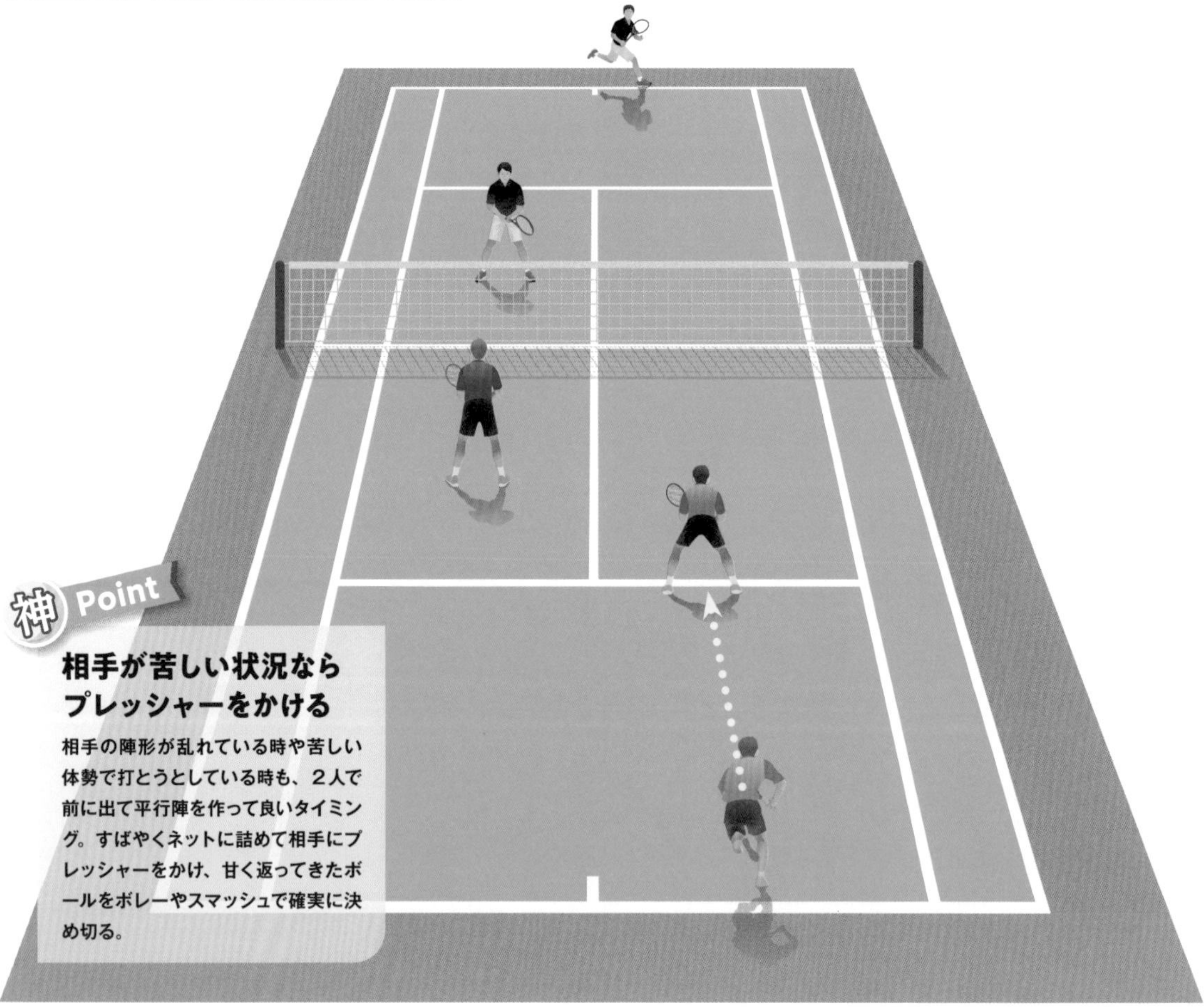

神 Point

### 相手が苦しい状況ならプレッシャーをかける

相手の陣形が乱れている時や苦しい体勢で打とうとしている時も、２人で前に出て平行陣を作って良いタイミング。すばやくネットに詰めて相手にプレッシャーをかけ、甘く返ってきたボールをボレーやスマッシュで確実に決め切る。

## 自分から前に行って平行陣を作る

**相手のレベルにもよるが、短いボールを打たれると取り方が雑になり、そこから強打は打てない人が多い。強打がないと判断できれば、自分から前に詰めていきたい4。**

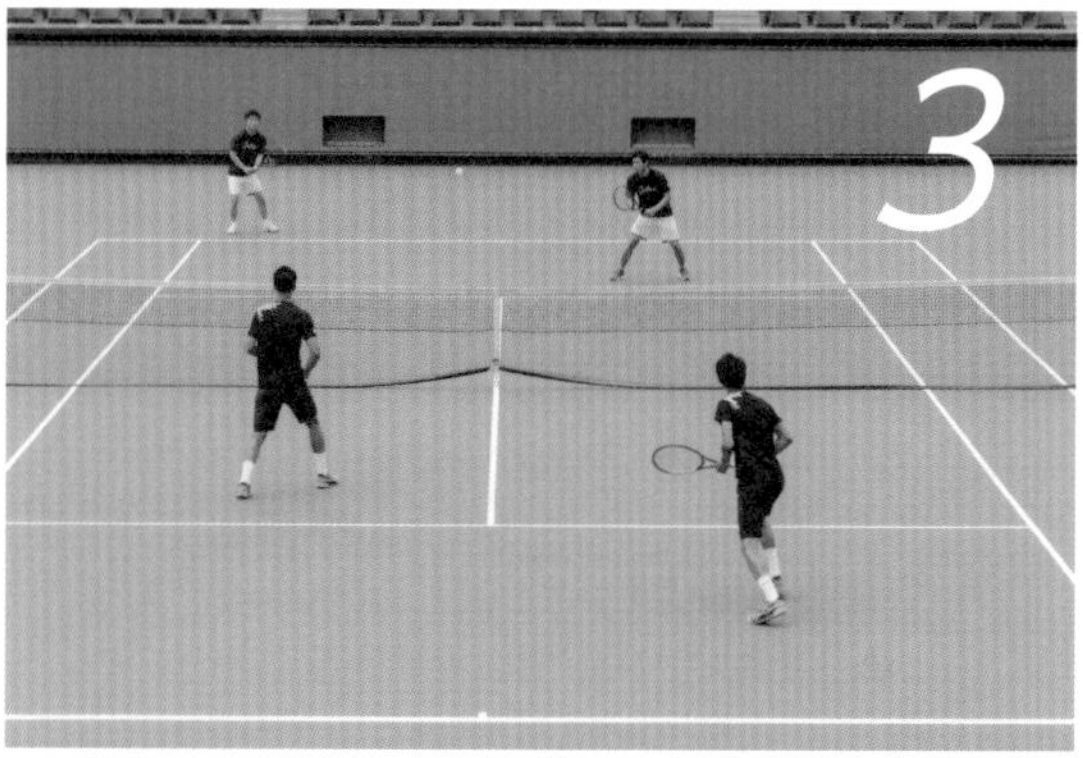

### 相手の体勢が悪い時にすかさず平行陣を作る

前に引き出されて作る平行陣がネガティブなら、相手の状況や打ち方を見て、自分たちから積極的に前にポジションを取るのがポジティブな平行陣だ。たとえば後衛がストレートにロビングを打ち、相手が走っていって何とか取れるぐらいのタイミングであれば、すかさず自分から前に行って平行陣を作りたい。相手の体勢が悪く、しっかり構えて打てない時は、自分がどの位置にいようと前に出ていいタイミングになる。

本書の読者レベルで言うと、雁行陣対平行陣になることはあっても、平行陣対平行陣になることはあまりない。稀にあったとしても、相手に先に平行陣を作られると厄介なので、自分たちから先に平行陣を作り主導権を握りたい。

平行陣の戦術

# 後衛がゲームを作り前衛が決めるのが役割だ

## ネットの近くと遠くどちらにポジションを取る？

前衛はいつでも決める感覚を持っておきたいため、ネットの遠くにいるのはタブーだ。相手の体勢を見て、これは強く来ない、チャンスボールが来やすいと判断したら、ネットに近づく。

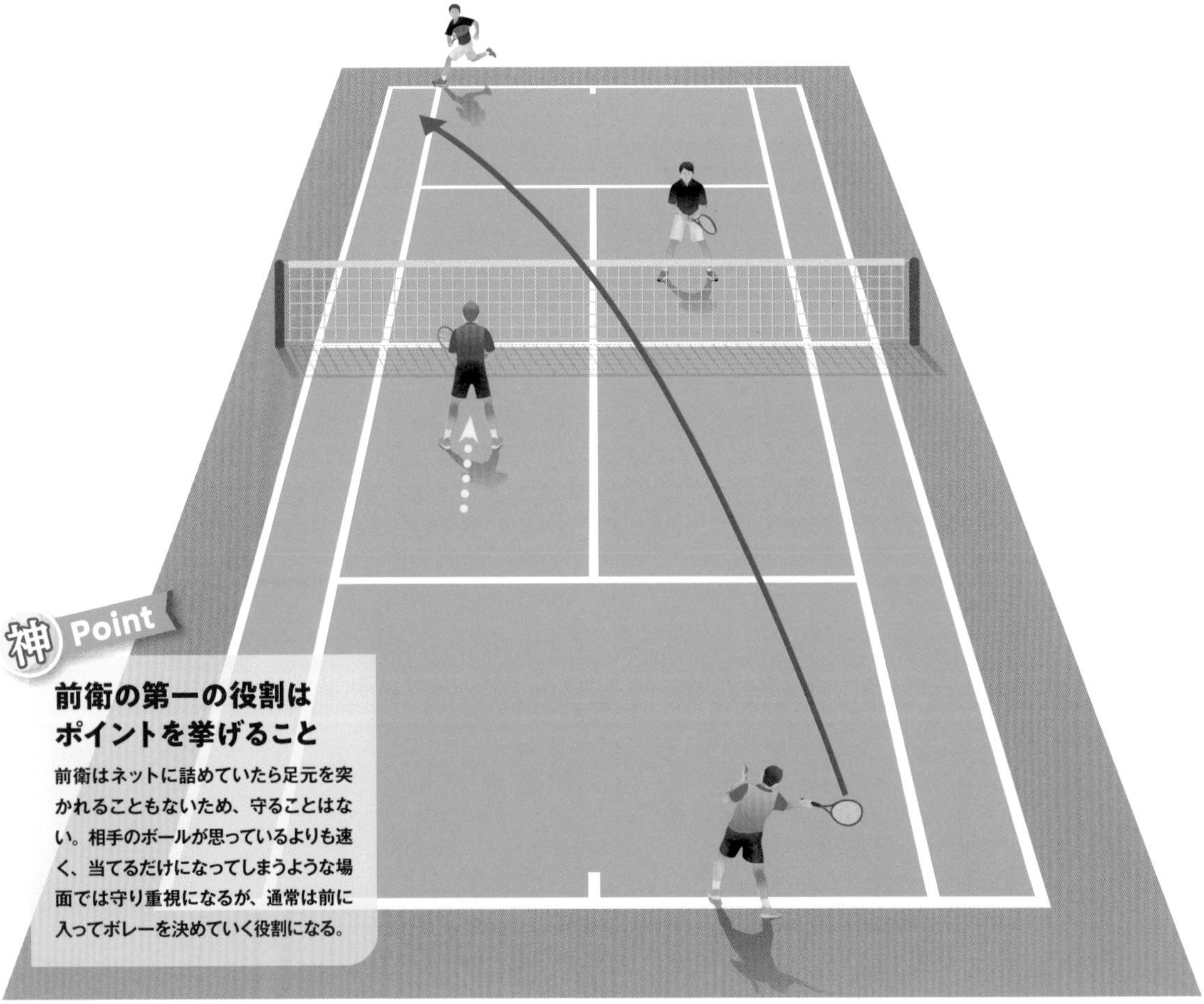

神 Point

### 前衛の第一の役割はポイントを挙げること

前衛はネットに詰めていたら足元を突かれることもないため、守ることはない。相手のボールが思っているよりも速く、当てるだけになってしまうような場面では守り重視になるが、通常は前に入ってボレーを決めていく役割になる。

## 後衛が作った展開からチャンスを確実に決める

雁行陣でも平行陣でも、後衛が形を作って前衛が決めるというのがダブルスの理想的な役割分担になる。前衛はいつでも決める感覚を持っておき、ネットから離れた位置でポジショニングしないこと。ペアの後衛の打球や相手の体勢を見て、これは強く来ないとか、チャンスボールが来やすいと判断したら、ネット近くに寄っていく。

　最初からネット近くにいると、相手に自由にロビングを打つ選択肢を与えてしまうことになる。まずはサービスボックスの真ん中でポジションを取れる勇気を持ちたい。スマッシュはどのあたりまで追うべきか迷う人が多いが、自分が前に詰めている時は、雁行陣の場合は後衛を信頼し、無理に後ろまで取りに行こうとしなくていい。

### サービスボックスの真ん中くらいが目安

ネットに詰めすぎるのは要注意。詰めるのはサービスボックスの真ん中あたりまでとし、それより前のゾーンは、ボールが飛んできてから入る。

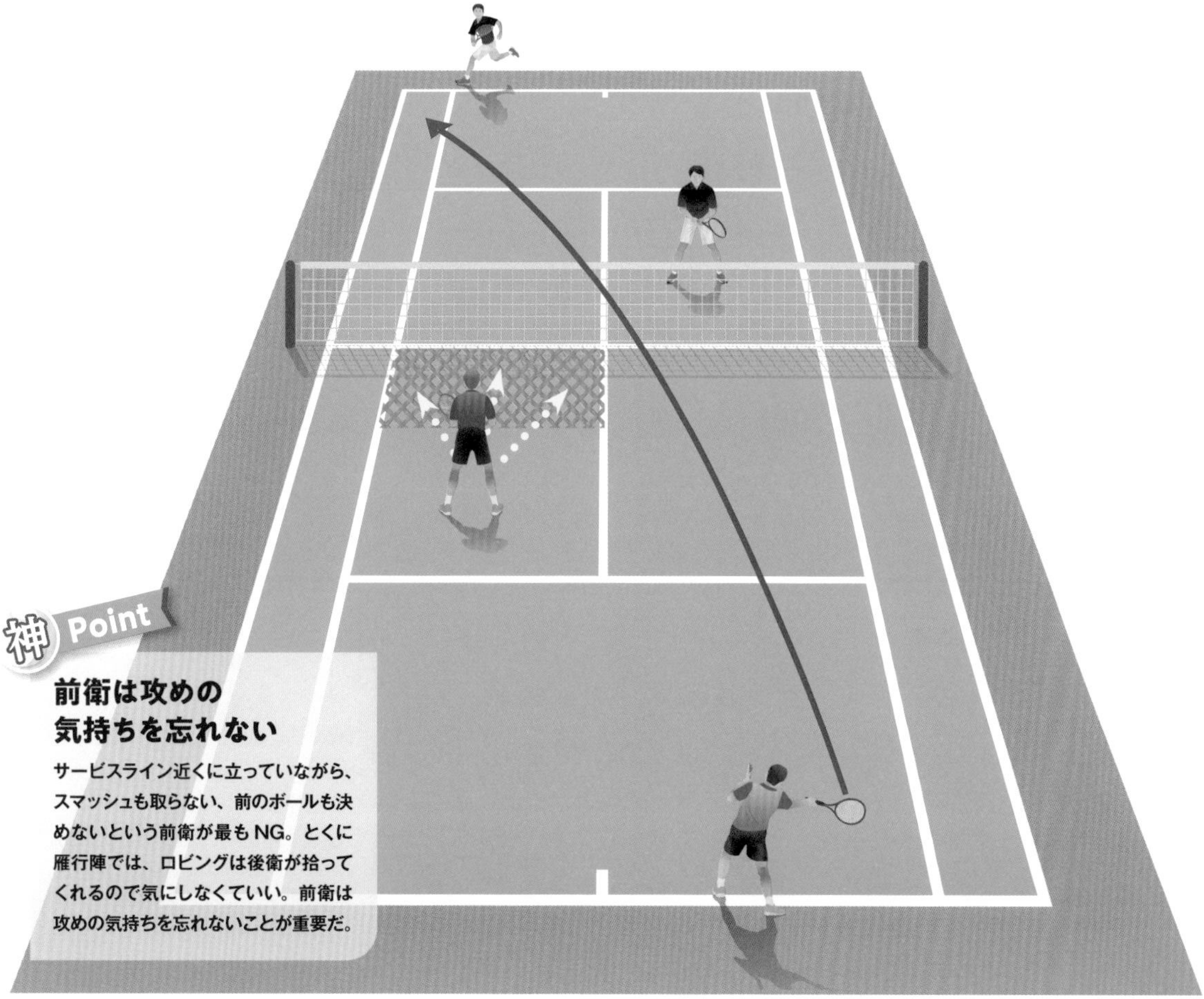

**神 Point**

### 前衛は攻めの気持ちを忘れない

サービスライン近くに立っていながら、スマッシュも取らない、前のボールも決めないという前衛が最もNG。とくに雁行陣では、ロビングは後衛が拾ってくれるので気にしなくていい。前衛は攻めの気持ちを忘れないことが重要だ。

# ハイ、ミドル、ローボレーの配球を知るとポイントが取りやすい

## 後衛のハイボレーの狙うポイント

後衛のハイボレーは、ストレートに相手前衛の足元を狙っていく。ただし、相手が端のコースを突いて打って来た時だけは、ストレートに抜く配球に切り替えてもいい。

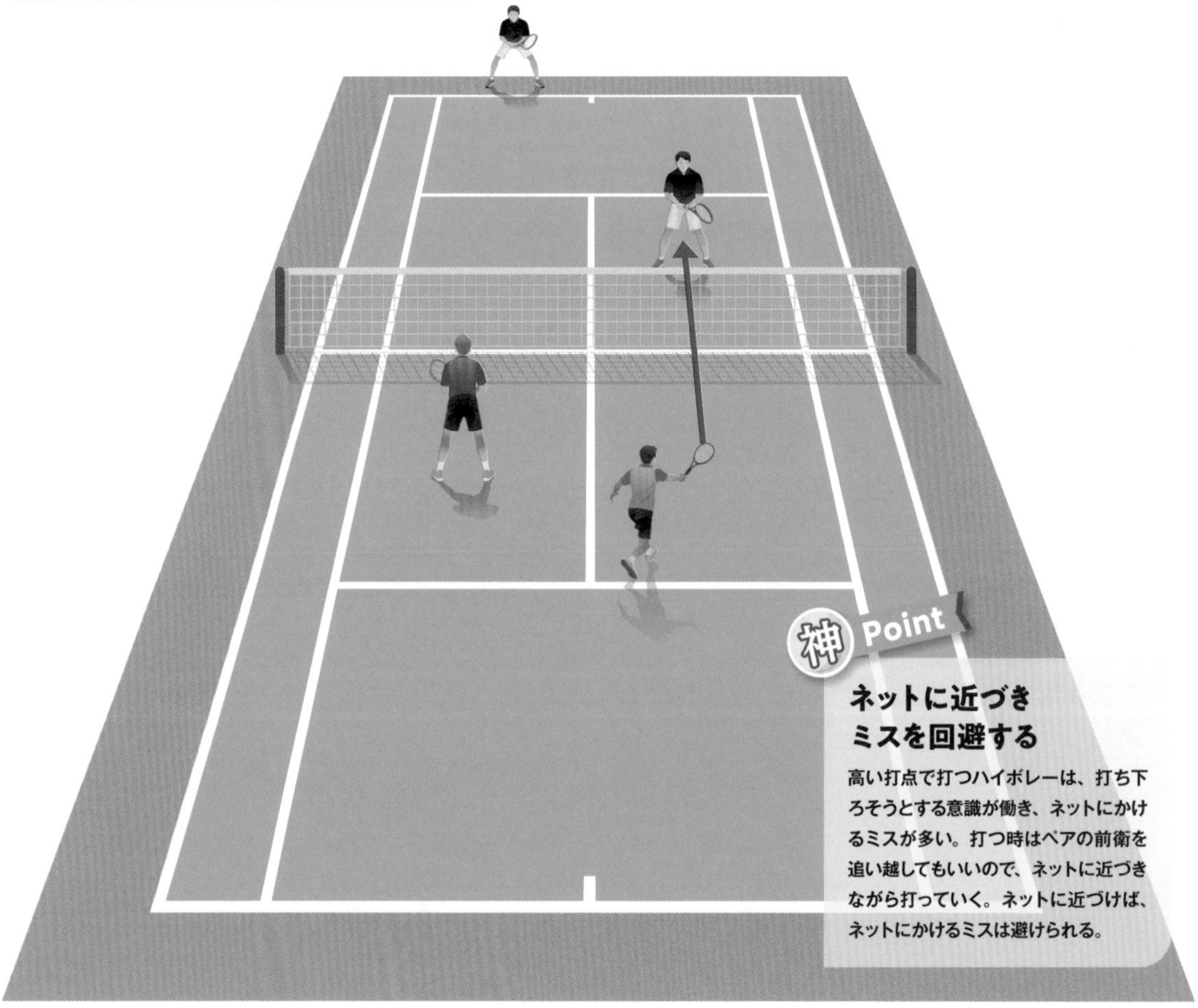

神 Point

### ネットに近づきミスを回避する

高い打点で打つハイボレーは、打ち下ろそうとする意識が働き、ネットにかけるミスが多い。打つ時はペアの前衛を追い越してもいいので、ネットに近づきながら打っていく。ネットに近づけば、ネットにかけるミスは避けられる。

## フットワークを意識して ハイボレーを打つ

ハイボレーを打つ時は、ラケットを上に伸ばすとともに全身も伸びきった状態になりやすい。ヒザも伸びて脚が止まりやすい。フットワークを意識して脚を動かして打つようにする。

**神 Point**

### 足からネットに近づくイメージ

ハイボレーは上に伸び上がるため足が止まりやすい。ヒザを少し曲げながら足からネットに近づいていくイメージを持てると、正しい当たりで返球することが可能だ。

## 後衛のハイボレーは ストレートへの一択

身長によって多少変わるが、ハイボレーとは肩より高い打点で打つボレーを指す。後衛のハイボレーは、ストレートに相手前衛の足元を狙っていく。ポイントを挙げる決定的チャンスでもあるハイボレーは、無難につないでしまってはもったいない。クロスではなく、ストレートへの前衛アタック一択でいい。ただし、相手が端のコースに打って来た時だけはストレートに抜く配球もありだ。基本的にこの２コースに絞っておけば、飛んできた時にパニックにならない。

　ハイボレーは、高い打点で捉えようとして全身が伸びきった状態で打ってしまい、ネットにかけやすい。フットワークを意識して脚を動かし、ペアの前衛を追い越してもいいので、ネットに近づきながら打つ。

## ネットより高ければ積極的に攻める

ミドルボレーは、ミスをしないようにと返すだけになってしまいがちだが、ただ返すだけではもったいない。ボレーはネットより低いか高いかで判断し、高ければ積極的に攻める。

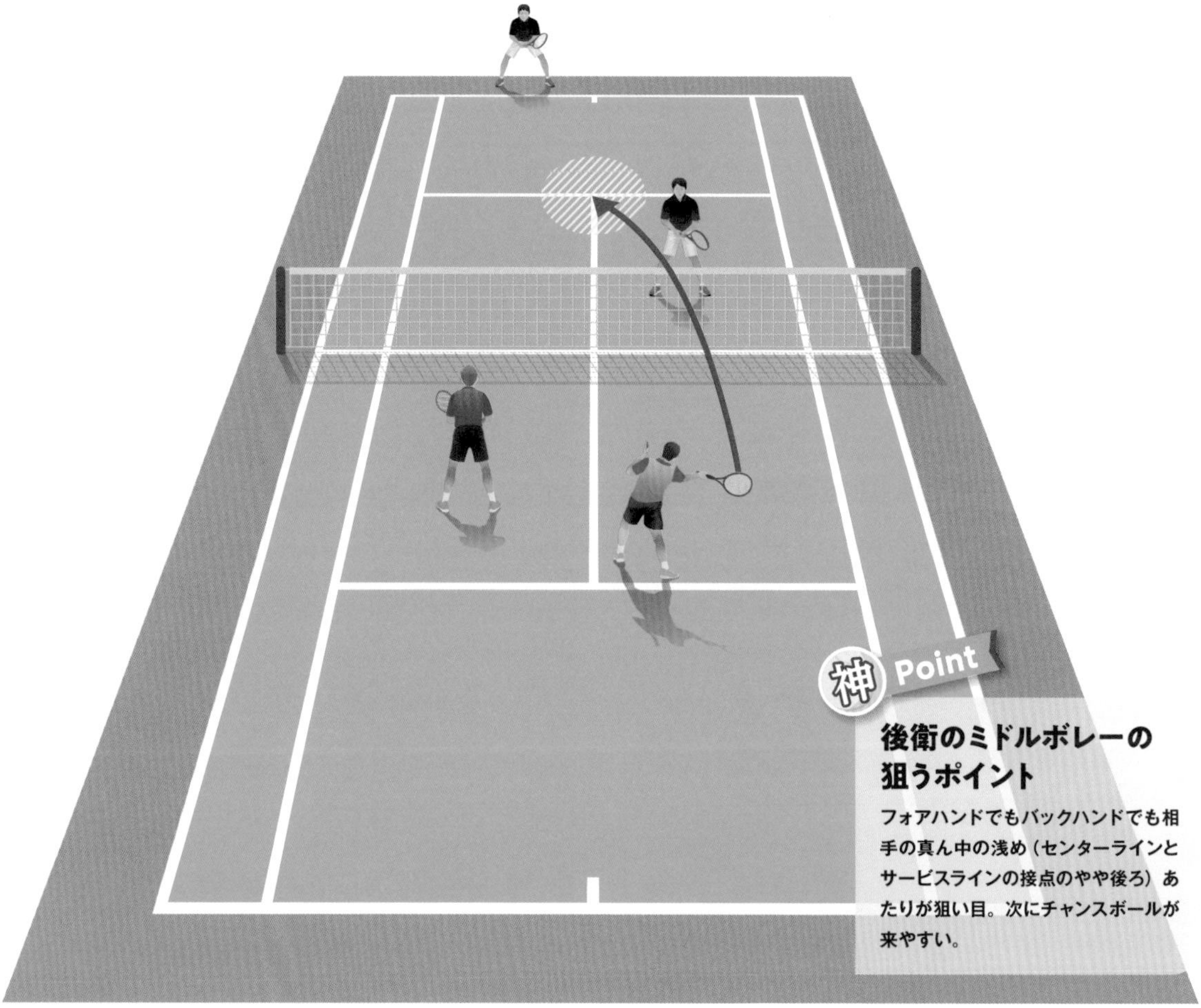

**神 Point**

### 後衛のミドルボレーの狙うポイント

フォアハンドでもバックハンドでも相手の真ん中の浅め（センターラインとサービスラインの接点のやや後ろ）あたりが狙い目。次にチャンスボールが来やすい。

ミドルボレーは高さを意識して返球する
後衛が低い弾道でボレーをしたら前衛はスマッシュの準備を

# 相手の真ん中の浅めにボールを入れる

フォアハンドでもバックハンドでもセンターラインとサービスラインの接点のやや後ろあたりを狙う。ここにボールを入れられると、次にチャンスボールが来やすい。

神 Point

### 速度を落としたボールで後衛を動かす

速いボールで後衛に決めようと思ってしまうことが多いが、それをすると簡単にロブを上げられてしまって苦しい状況に変わってしまう。なのでスピードを落としたボールでいかに後衛を動かすかを考えたほうが良い。

## 後衛のミドルボレーは積極的に攻める

打点が肩と腰の間ぐらいの高さになるミドルボレーを後衛が打つ場合は、ミスをしないようにと返すだけになってしまいがちだ。しかし、ただ返すだけではもったいない。ボレーはネットより低いか高いかで判断し、高ければ攻めていきたい。

攻める時は、フォアハンドでもバックハンドでも相手の真ん中の浅め（センターラインとサービスラインの接点のやや後ろ）あたりを狙う。ここにボールを入れられると、次にチャンスボールが来やすい。弱いボレーや浮いた甘いボレーを打ってしまうと、逆襲を食らってしまうが、低めに狙えると、相手は次にロビングを打ってくることが多い。ロビングが来ると予想できていれば、ラリーを優位に運べるはずだ。

難しいショット
なので裏をかいて
コースを変えるのも
1つの案
ドロップボレーも
打てると
得点ゲット率が
アップ!

## 後衛のローボレーの狙うポイント

足元のボールは深くに打つより、短い所に打つ方が打ちやすい。手前のクロスに落としたり、あえてストレートに流したりするのが効果的。着地点としては相手の横でOKだ。

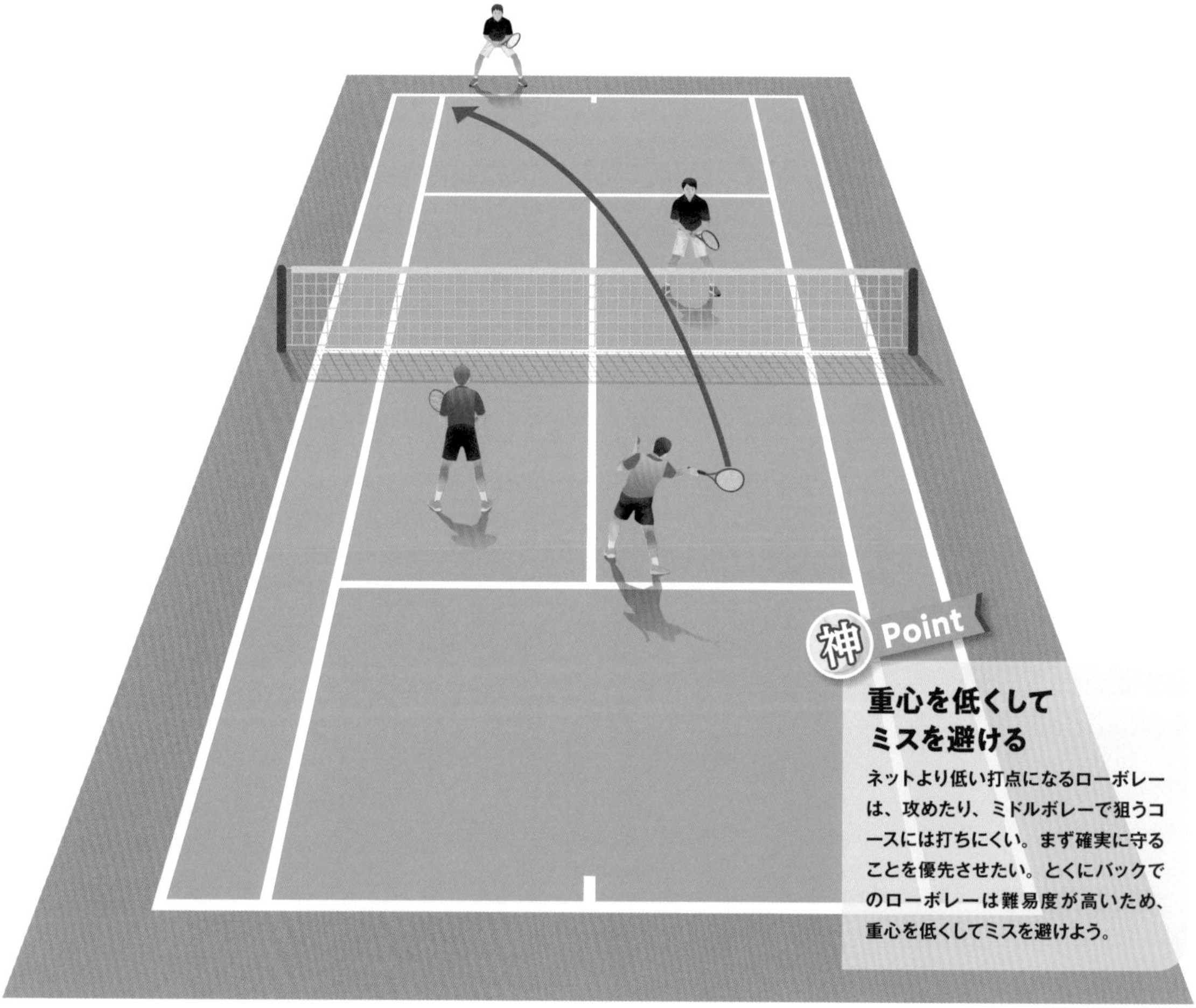

神 Point

### 重心を低くしてミスを避ける

ネットより低い打点になるローボレーは、攻めたり、ミドルボレーで狙うコースには打ちにくい。まず確実に守ることを優先させたい。とくにバックでのローボレーは難易度が高いため、重心を低くしてミスを避けよう。

# フォア側に来たらアングルボレーを打つ

足元のボールは短い所に落とすように打つ方が打ちやすい。時間的余裕がある場面で端のコースに来たローボレーは、アングルボレーでクロスに短く落とす。

神 Point

### インパクト時の力加減を覚える

ローボレーはラケット面が上に向いている分、少しの力でボールが飛ぶ。なのでインパクト時の力加減を覚えることにより距離のコントロールが増す。

## 後衛のローボレーはまずはミスせずに返す

腰より低い打点で打つローボレーは、自分から攻めていくことは難しい。ミドルボレーで狙ったゾーンを狙うことも難しく、低い所からそこを狙おうとすると、相手前衛にフォアボレーで叩かれやすい。ローボレーで最優先すべきは、確実に守ることだ。後衛がバックでローボレーをする場合、つまりセンターを突かれたボールは最も狙われたくないコースなので、重心を低くしてしっかり相手後衛に返すようにする。

端のコースに来た時のローボレーは、緩いボールで時間的余裕がある場合は、アングルボレーでクロスに短く落とす。足元のボールは深い所に打つよりも、短い所に落とすように打つ方が打ちやすい。あえてストレートに流したりするのも効果的だ。

※アングルボレー＝角度を付けて相手の届かないところに打つボレーのこと

# 前衛のローボレーとミドルボレーの配球

前衛のミドルボレーとローボレーは、まず相手の後衛にしっかり返す。攻めの気持ちを持っていても、高いボールが来るまでは無理に攻めない。

チャンスが来るまでは2人でしっかり返球しよう
前衛だからと言って無理に決めようとしない

## 高いボールが来るまでは無理には攻めない

前衛のボレーの配球は、ミドルボレーとローボレーではまず後衛に返す。攻めの気持ちを持っていても、無理に攻めようとしてミスをする人が多いので、基本的には高いボールが来るまでは無理に攻めない方がいい。

ハイボレーでは、センターラインとサービスラインが交わる「Tゾーン」を狙っていく。前衛は後衛より低姿勢を取って、できるだけ高い打点で取れる工夫をしながら攻める。

相手がTゾーンをケアしていたら、さらに外側を狙う戦術もあるが、ワイドへのボレーはサイドアウトのリスクが高いので、狙う際は十分に気をつけたい。

バックボレーになったとしても、狙いは相手の足元というのは変わらない。相手ボールが外側に来たらストレートを狙おう。

### 前衛のハイボレーの配球

前衛のハイボレーは、後衛より低姿勢を取って、できるだけ高い打点で取れる準備をしておく。狙いたいコースは、センターラインとサービスラインが交わる「Tゾーン」だ。

神 Point

**バックボレーでも相手の足元を狙う**

前衛のハイボレーも後衛のハイボレーと考え方は同じ。バックボレーが苦手だったとして相手の足元を狙い、外側に来たらストレートを通す。仮に1本目を取られても、次のチャンスボールでしっかり決め切れたらいい。

COLUMN

# ボールの配球で勝負する

社会人テニスを楽しむ方は、30 代、40 代、50 代……と年齢が上がっていくと、筋力やフットワークがどうしても落ちてきます。そうなった時に 10 代や 20 代の若者のようにボールのスピードやパワーで勝負していたのでは、思うようなプレーをしたり、試合で勝ったりすることは難しいと思います。

「ベテラン・テニス」などと言うことがありますが、年齢が高い方ほど、ボールの配球で勝負することが大切です。実際、60 代や 70 代、それ以上の世代で上手な方というのは、みなさん、ほぼ配球だけで相手から巧みにポイントを奪っていらっしゃいます。

相手はどのコースやショットが苦手なのかをラリーの中で察知できると、配球もうまくなっていきます。しっかりとした配球は、相手を動かすことになり、自分のフットワークやボールの威力などの面をカバーしてくれます。

それでも、テニスを長く続けていくと、試合で勝てない時期や上達が感じられない時期もあります。そんな時は自分を見つめ直す機会と考えましょう。どんな人でも調子が良い時ばかりではありません。うまくいかない時こそ、新しい自分のテニスに出会えるきっかけと前向きに考えてみてください。

# PART 2 実戦で使えるショット

## サーブの打ち分け方法

# 球体であるボールのどこにラケット面を当てるかを考える

### デュースサイドのレディポジション

サービスのコースの打ち分けでは、インパクト時に自分のラケット面がどこを向いているかをきちんと頭の中でイメージする。ボールが球体であることを意識することが大事。

**神 Point**

**トス自体は変えず球体のどこを取るか**

打つ前にどのコースを狙っているかがリターン側の相手に読まれてしまっては意味がない。だが、どのコースを狙うにしても、トス自体は変えずに球体のどこを取るかをイメージできると、相手に狙いを隠すことができる。

## 自分から始められる唯一のショット

サービスはデュースサイドでもアドバンテージサイドでも、主にワイド、ボディ、センターの3コースを打ち分けられるようにしたい。どのコースに打つにしても、球体であるボールのどこにラケット面を当てると、その方向に飛ぶかがしっかりイメージできているのが理想だ。たとえばワイドに打つなら、ボールの少し外側を取り、センターに打つなら、面を少し外側に向けるように捉えよう。

インパクトした後のフォロースルーで打ち分けようとする人が多いが、最も重要なのはインパクト時のラケット面の向き。サービスは唯一、自分から始められるショットなので、自分でコントロールしやすい。ボールが球体であることを忘れずにインパクトする意識を持つ。

### 基本の3コースに正確に打ち分ける

打ち分けたいコースは、ワイド、ボディ、センターの3コースが基本。浅めのワイドや深めのセンターなども身につけたいが、距離をコントロールするのは難しいため、まずはコースだけでも打ち分けられるようにする。

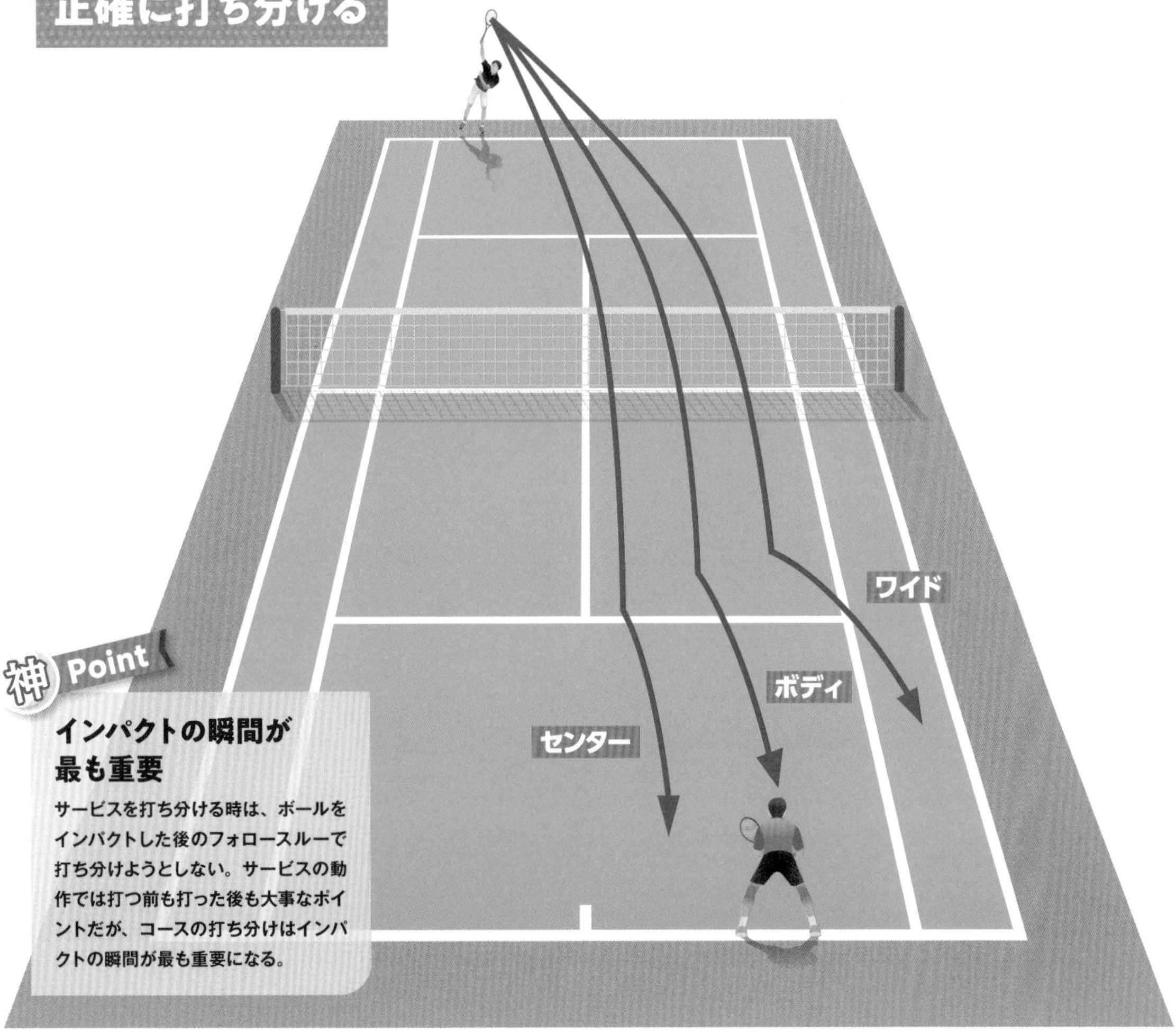


神 Point

**インパクトの瞬間が最も重要**

サービスを打ち分ける時は、ボールをインパクトした後のフォロースルーで打ち分けようとしない。サービスの動作では打つ前も打った後も大事なポイントだが、コースの打ち分けはインパクトの瞬間が最も重要になる。

## サーブの球種の打ち分け方法

# ラケットの振り抜く方向をイメージし球種を打ち分ける

### フラットサービスはスピードが出る

スピードや威力が出るフラットサービスはファーストサービスで、安定して入れやすい。回転系のサービスはセカンドサービスで使うことが多い。3つの球種はマスターしたい。

神 Point

**頭上に時計をイメージし打点を使い分ける**

頭上にアナログ時計を思い浮かべるとイメージしやすい。打点をフラットサービスでは12時あたりに、スピンサービスでは10時あたりに、スライスサービスでは1時あたりに持ってくる。打点の使い分けがポイントになる。

※フラット＝ラケット面に対してまっすぐボールを当てて打つ球質

## 球種はフラットと回転系がある

サービスの球種は、主に回転をあまりかけないフラットサービスと、回転系として縦回転をかけるスピンサービスと、横回転をかけるスライスサービスがある。一般的には攻撃的なフラットサービスはファーストサービスで、安定して入れやすい回転系のサービスはセカンドサービスで使うことが多い。

サービスのコースの打ち分けは、ボールのどこを捉えるかが重要だったが、球種は打点を頭上のどのあたりに設定するかで打ち分ける。頭上にアナログ時計を思い浮かべ、フラットサービスでは12時あたり、スピンサービスでは10時あたり、スライスサービスでは1時あたりを打点にする。ラケットの振り抜く方向をイメージするとわかりやすいだろう。

### ファーストとセカンド以外の使い分けもある

球種はファーストサービスとセカンドサービスの使い分け以外にも、前のポイントで速く打ったから次は少し緩く打って相手のタイミングを狂わせる、といった考え方もある。

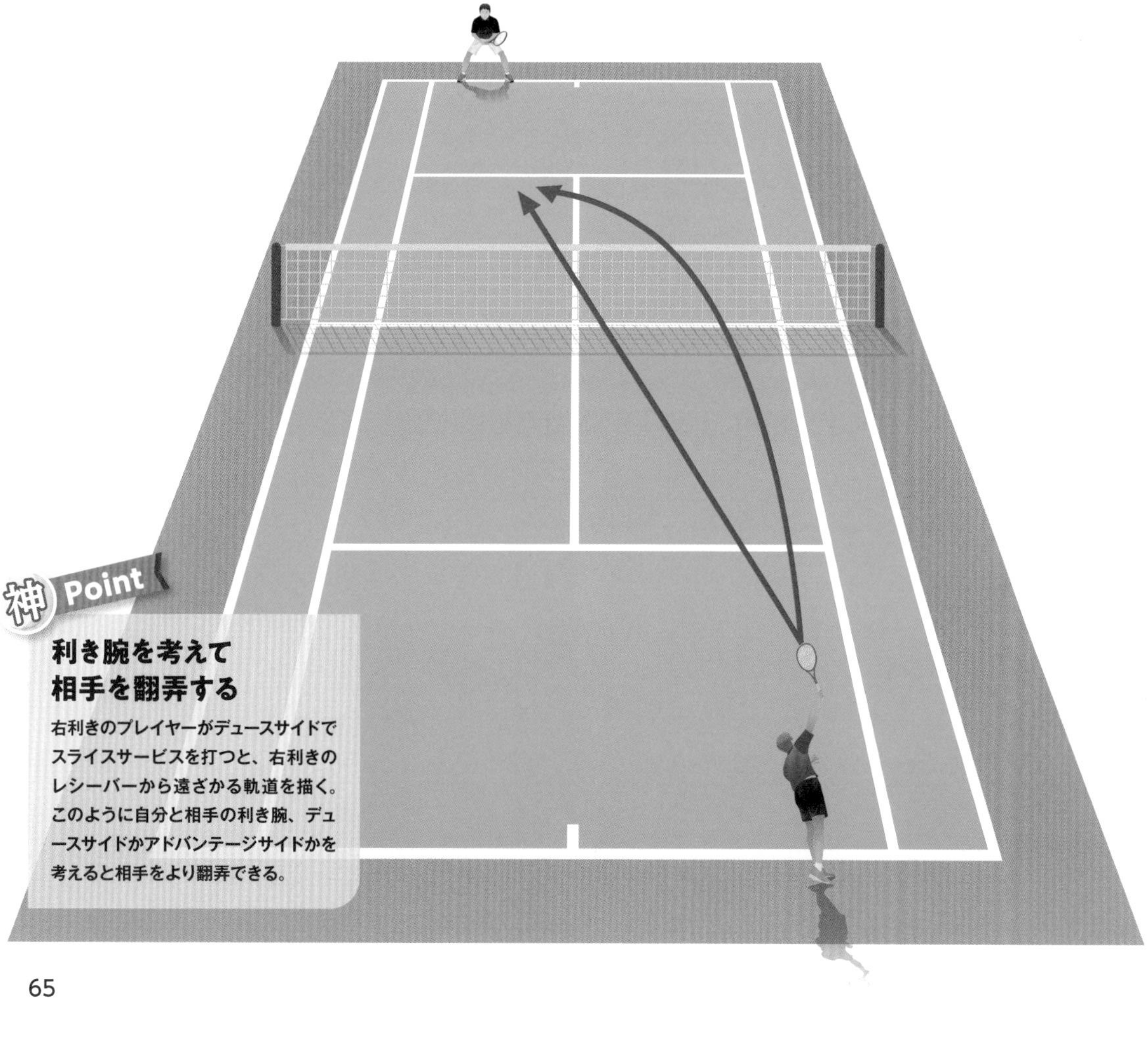

神 Point

**利き腕を考えて相手を翻弄する**

右利きのプレイヤーがデュースサイドでスライスサービスを打つと、右利きのレシーバーから遠ざかる軌道を描く。このように自分と相手の利き腕、デュースサイドかアドバンテージサイドかを考えると相手をより翻弄できる。

## サービスダッシュ

# 焦って早く前に詰めようとしすぎないことが重要だ

### やや大股の歩幅で2、3歩前に行く

サービス後は、身長にもよるが、やや大股ぐらいの歩幅で、2、3歩前に行き、サービスライン付近で構える。猛ダッシュをしてしまうと、ボールと足のリズムが合わなくなる。

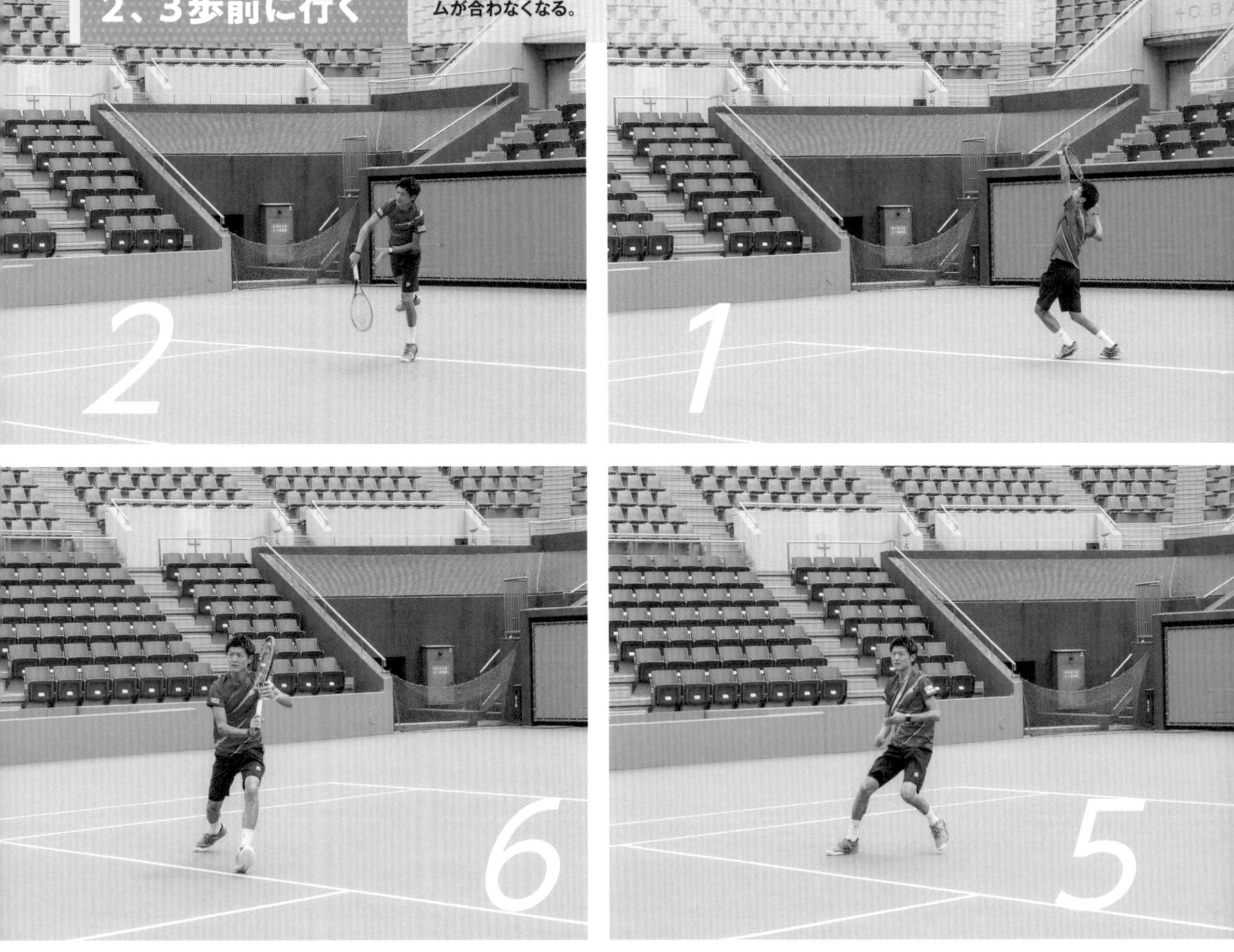

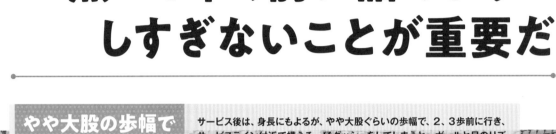

## サービスライン付近を目がけて走る

決まると相手にプレッシャーをかけられるサービスダッシュは、早く前に行こうとしすぎないことがポイント。早くネットに詰めてボレーに備えないといけないと考えがちだが、前への意識が強すぎると、相手が打つボールと自分の移動するスピードのタイミングが合わなくなってしまう。とくに初級者は猛ダッシュして、中途半端な形で突っ込んでボレーをしてしまう人が多い。サービスダッシュでは、まずサービスライン付近を目がけて走るぐらいでいいだろう。

相手に攻められる可能性が高いセカンドサービスでは、あまりサービスダッシュは行わない方がいい。したがってサービスダッシュを決めるには、ファーストサービスを入れる確率を上げる必要もある。

**神 Point**

### サービスは相手を動かすように打つ

サービスを打つ位置は、デュースサイドではセンターマークとシングルスラインの間がセオリー。あまり外側から打つと相手を動かせないので打たない方がいい。アドバンテージサイドでは外側から打っても問題ない。

## ファーストボレー

# 打った後に前に歩く感覚で流れるように打つ

### 打ちながら後ろ足を寄せていく

ポーチ以外のボレーは通常、その場で止まって打つが、それはネットから近い位置で打つ時に限られる。ネットから遠いファーストボレーでは流れるように動くことが重要だ。

## 無理にエースを取ろうとしない

ポジションを後方から前に上げた際のボレーをファーストボレーという。

サービスダッシュでは必ず行うことになるファーストボレーは、サービスラインの少し後ろかライン付近で打つことが多い。この時、打った後に1、2歩さらに歩くぐらいの感覚で流れるようにボレーをすると、そこからスムーズに次のプレーに移っていける。

ローボレーで処理することが多くなるが、高いボールが来ても、無理に攻めない方がいい。ネットから遠くミスしやすい位置なので、相手前衛の足元を狙って返し、ネットに近づいてから次のチャンスで決めていく。上級者はファーストボレーで決めることもあるが、今の段階ではエースを取ろうという感覚は持たない。

神 Point

**徐行するように止まる**

前に出た時、サービスライン付近に急に止まるのではなく、徐行するように止まるのもポイント。難しければ、止まる直前は小さな歩幅で脚を小刻みに動かしてもいい。動きがぶつ切れにならないように意識したい。

## アプローチショット

# いつもよりワンテンポ早く高い打点で打つ

### スピードボールは打たない

アプローチショットでは、自分が次にボレーに行く時にきちんとポジションを取れないようなスピードボールは打たない。もちろん、相手に攻められるような緩すぎるボールも禁物だ。

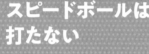

## 相手前衛に取られないコースを狙う

アプローチショットは、ネットプレーに移るために、ベースラインの中から打つつなぎのショット。次に相手が攻めにくくするためにも、高い打点でいつもよりワンテンポ早く打つことを意識する。自分自身の前への動きも加わり、打点が詰まりやすくなるため、テークバックなどの準備も早めに終える。

狙うコースで重要なのは、相手前衛に取られないこと。2人の間に配球できるのが理想だが、安全に後衛に返してもいい。ただし、単純に後衛に返すだけでは自分のボールが速いと返球も速くなり、正しいポジションが取れない。スピードやバウンドする場所を考えて打つようにしたい。短い距離から打つのが難しければ、スライスショットから前に出ていっても問題ない。

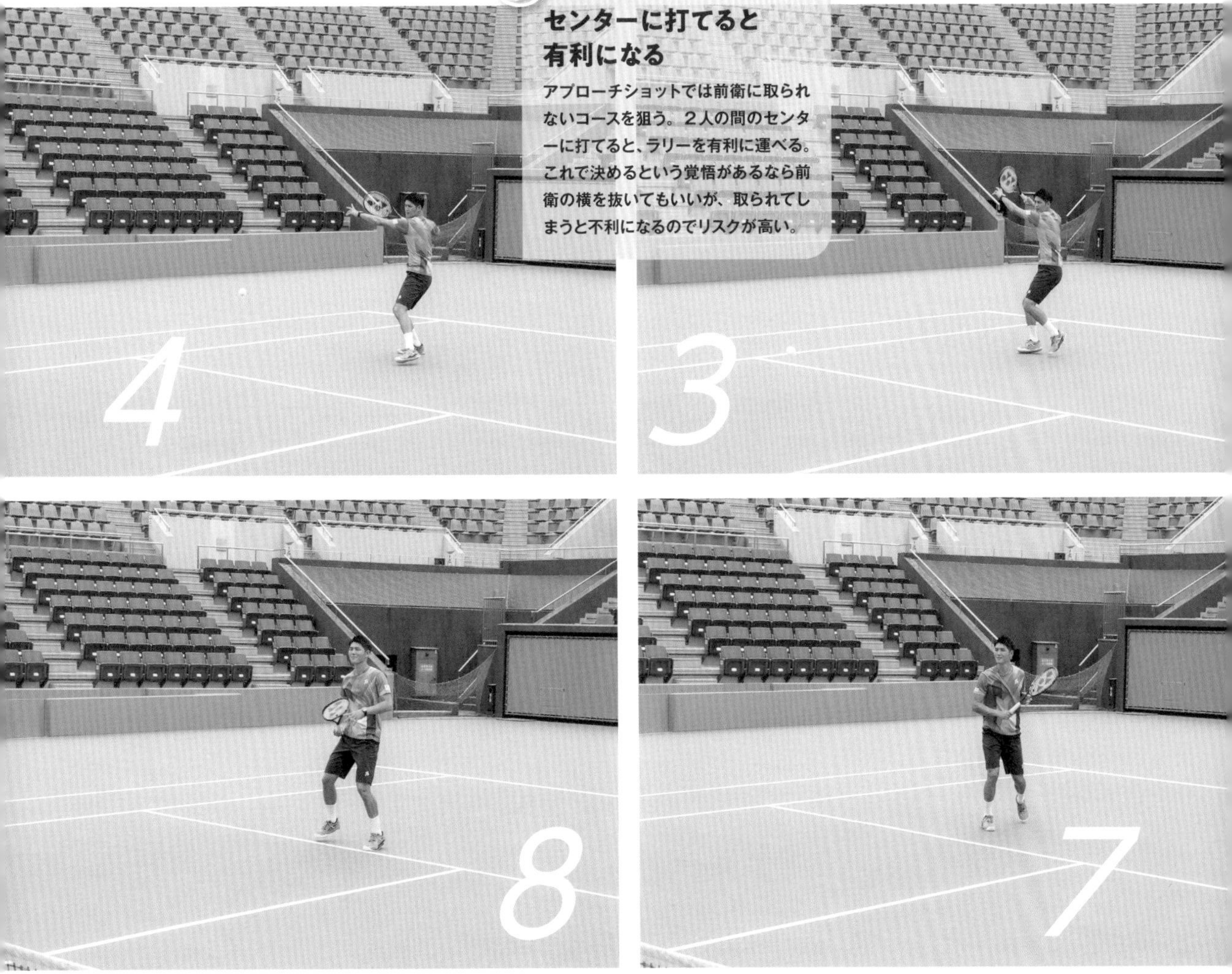


神 Point

### センターに打てると有利になる

アプローチショットでは前衛に取られないコースを狙う。2人の間のセンターに打てると、ラリーを有利に運べる。これで決めるという覚悟があるなら前衛の横を抜いてもいいが、取られてしまうと不利になるのでリスクが高い。

ポーチボレー

# 取りに行くと決めた時点でネットに近づく

## 横ではなく斜め前に飛び出す

相手が打つ瞬間にスプリットステップで1歩前に動き出し、そこから斜め前に飛び出すのが理想的なポーチ。横方向に動くとボールから遠ざかり、インパクトで力を伝えられない。

## 横方向に動いて取ろうとしない

　ポーチとは、互いに雁行陣で後衛がラリーをしている中で、前衛が飛び出してボレーを決める技術。まず腕を伸ばしてもラケットがネットに当たらないぐらいの距離感を保っておく。ボールを取りに行くと決めた時点でネットに近づき、インパクトではネットに目いっぱい詰めると、ポーチが成功しやすい。よくあるNGは、横に動いてボレーをすること。それではボールにしっかり力を伝えられない。

　足の運び方としては、前衛の立ち位置から1歩前に入ってスプリットステップを踏む。クロス方向へのポーチでは、そこから右足を出すのが「ワン」、次の「ツー」で左足を出してインパクト。ワン・ツーのリズムで打つ。逆クロス方向へは足の運び方が左足、右足と逆になる。

神 Point

### ワン・ツーのリズムで打つ

**スプリットステップを踏んだ後、クロス方向へのポーチでは、1で右足を出し、2で左足を出してインパクト。逆クロス方向へのポーチは、1で左足、2で右足を出してインパクト。どちらもワン、ツーのリズムで打つ。**

## ボレーの打ち分け方法

# 体の向きを意識して
# コースを打ち分ける

### クロス方向への フォアボレー

クロス方向へのボレーでは、体を正面に向ける。グリップをコンチネンタルグリップで握ることで、打点はストレートに打つ時と比べてやや前になる。強引に引っ張ったりしない。

### ストレート方向への フォアボレー

ストレート方向へのボレーでは、体を横向きにする。打点はクロスに打つ時と比べてやや後ろになる。ラケット面の向きだけを変えてコースを打ち分けようとしない。

※コンチネンタル＝ラケットを地面に対して真上から垂直に持つ握り方。握手をするように握る

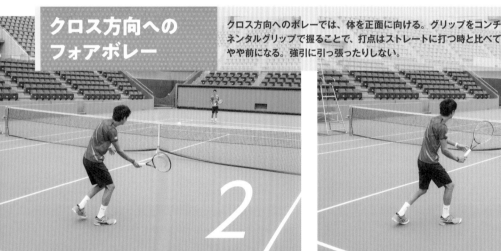

## グリップは コンチネンタルで握る

ボレーもストロークと同様、きちんとコースを打ち分けられることが望ましい。ここではクロスから打たれたボールを、フォアでクロスとストレートに打つボレーを身につける。前提として、ラケットはコンチネンタルグリップで握る。その上でクロスに打つ時は、体の向きを正面方向に、ストレートに打つ時は横向きにする。この微妙な差をつけられると、ラケット面の向きも自然と変わる。

よくラケット面の向きだけを変えてコースを打ち分けようとする人がいるが、それでは相手にすぐにコースを読まれてしまう。一般的にボレーの時、相手はボレーヤーのラケット面は見ているが、体の向きまでは見ていないので、そこでコースを読まれる心配はほとんどない。

## 逆クロス方向へのバックボレー

ラケットを持っている側の右肩をクロスに向けて打つ3。手首とグリップの角度は直角ぐらいにした状態でインパクトを迎えると、ボールが浮いてしまうリスクを避けられる。

## 逆ストレート方向へのバックボレー

右肩をストレートに向けて打つ3。体の向きを意識できていれば、フォロースルーの動きはそれほど意識する必要はない。打ち分けは相手のボールがネットを越えてくるまでに判断する。

## 体をひねりすぎないこともポイント

　逆クロスから打たれたボールを、バックで逆クロスとストレートに打ち分ける。フォアボレーの打ち分けと同様、ポイントになるのは体の向き。バックではラケットを持っている側の右肩が前に来るので、その肩がクロスに向いているか、ストレートに向いているかでコースを打ち分けることができる。フォアと違うのは、バックボレーは体をひねる動きが入るため、ひねりすぎない点は注意が必要だ。

　また、バックボレーはフォアボレーに比べて打ったボールが浮いてしまいやすい。浮かないようにするには、手首とグリップの角度は直角ぐらいにした状態でインパクトを迎える。ここで手首が伸びているとラケット面が上を向いてしまい、ボールが浮く原因になる。

ロブショット

# 自分が打ちたい ボールの高さをイメージする

## スピンボール

相手のボールが深く飛んできた時、相手のボールの力を利用してスピンをかける。急激に落ちる軌道になるが、想定より手前で落ちてしまうと相手の前衛に叩かれるリスクがある。

## スライスボール

相手のボールに威力がない時、スライス回転をかけて自分から力を加えるようにしてコントロールする。プロ選手も使う頻度が高く、ミスのリスクが少ない安定性に優れたショットだ。

## スピンとスライス 2つの球種を覚える

山なりの軌道を描くロビングは、スピンとスライスの2つの球種を打てるとプレーの幅が広がる。どちらのロビングも、事前に打ちたいボールの高さをイメージする。相手前衛の頭上を抜く場合、これぐらいの高さなら届かないだろうという高さに対して、ラケットを同じ軌道で振るので、ラケットの入射角も自ずと決まる。

基本的に2つのロビングは、相手のボールが深い時や威力がある時はスピンロブ、浅い時はスライスロブになる。相手からするとスイングがストロークに近いスピンロブの方が取りにくいが、スピンロブは距離のコントロールがしにくい難しさもある。ロビングは相手の体勢を崩せればいいので、スライスの方が安全度は高いといえる。

## スマッシュの打ち分け方法

# 左右に打ち分けられると決定力がさらに高まる

### クロス方向へのスマッシュ

体の向きでクロスに打つ時は、真横よりやや斜めを向いて構える。ボールの捉え方でクロスに打つ時は、サービスと同じようにボールの外側でインパクトするイメージで打つ。

## 体の向きかボールの当て方で打ち分ける

浮いたボールを叩くスマッシュは大きな得点チャンスだが、コースを打ち分けられると決定力はさらに高くなる。スマッシュの打ち分け方法は主に3つ。1つ目は体の向きでコースを変える。クロスに打ちたい時はやや斜めを向き、逆クロスに打ちたい時は左肩が打ちたい方向に向くように構える。打ち分けの2つ目は、サービスの打ち方と同じで、球体であるボールのどこに当てるかで打ち分ける。これがしっかり意識できると、相手はコースを読みづらくなる。

3つ目は、同じ打ち方だが、腕だけを打ちたい方向に振って狙う。ただし、これはやや難しいため、中級レベル以上の人向け。初級者はボールに入る体の向きか、ボールのどこに当てるかで打ち分けていく。

### 逆クロス方向へのスマッシュ

**体の向きで逆クロスに打つ時は、左肩が打ちたい方向を向くように構える。ボールの捉え方で逆クロスに打つ時は、フラットサービスに近いイメージでボールの後ろ側をインパクトする。**

## ショートクロス

# 上に持ち上げてから急激な縦回転で落とす

### コースが空いている時に意表を突く

ショートクロスの軌道は、一度上に持ち上がってネットを越え、急激な縦回転で落ちるイメージ。相手のボールが短く、かつコースが空いている時に意表を突く形で狙っていく。

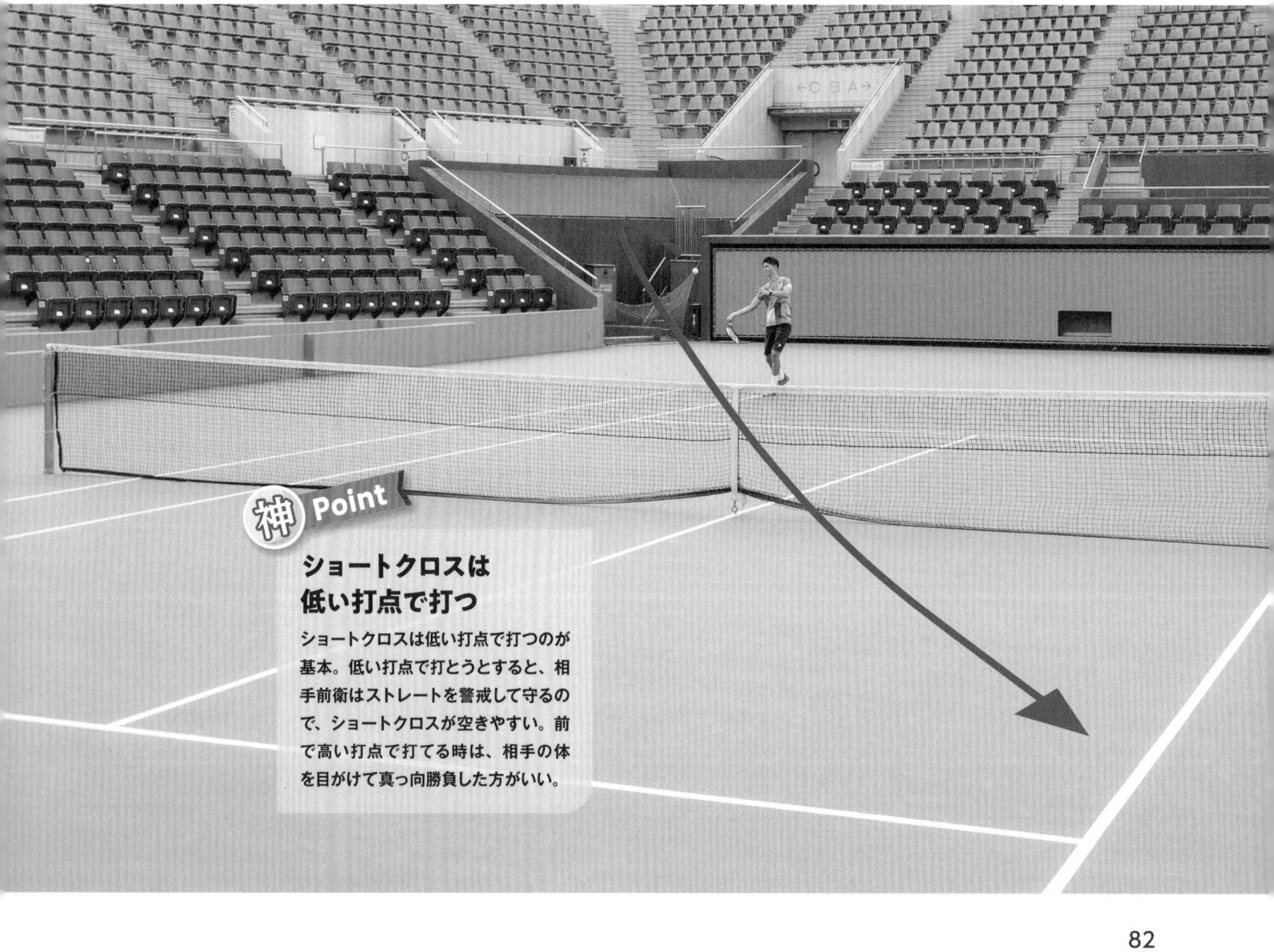

神 Point

**ショートクロスは低い打点で打つ**

ショートクロスは低い打点で打つのが基本。低い打点で打とうとすると、相手前衛はストレートを警戒して守るので、ショートクロスが空きやすい。前で高い打点で打てる時は、相手の体を目がけて真っ向勝負した方がいい。

## 下から上に向けてスイングする

ラケットを時計の5時から11時方向に抜けていくように振る。下から上への要素が入っていると、ボールに縦回転がかかり、急激に落ちていくので、アウトのリスクも減る。

**神 Point**

### アレーコートに入ればOK

狙い目は最初はシングルスラインを狙うようにして、アレーコートに入れば十分だろう。ダブルスラインはアウトの危険があるのでやめた方がいい。必ずそのコースが空いていることを確認してから狙うようにする。

## 5時から11時方向にラケットを振る

通常のストロークより短く、角度をつけて打つショートクロスは、相手のボールが短く、かつコースが空いている時に狙っていく。ボールの軌道は上に持ち上がってネットを越え、急激な縦回転で落ちるイメージ。ラケットは、アナログ時計にたとえると、5時から11時方向に抜けていくように振る。

よく3時から9時方向や4時から10時方向に振り、下から上への要素が弱い人がいるが、それではまっすぐ飛びすぎて、入ったとしてもネットギリギリになるか、下に向かって失速するようなリスキーなショットになってしまう。縦回転をかける意識で、低い打点から持ち上げるように打ち、シングルスラインを狙ってアレーコートに落ちるようなショットが理想だ。

※アレーコート＝シングルスラインとダブルスラインの間にある縦長のエリアのこと

## 足元へのショット

# 前に詰めてきた相手には足元を突いて下を向かせる

### 架空のネットを目安にイメージ

実際のネットの上にもう1枚架空のネットがあるとイメージし、架空のネットを通すように打つと、相手（写真手前）の足元に行きやすい。それより上に行くと、足元に入るのは難しい。

1

2

神 Point

**前衛はネット近くを通されるのを嫌がる**

一般的に前衛は、ネットの近くの高さを通されることを嫌がる。仮に足元にいかなくてもスピンがかからなくても、ネット近くの高さを通すことで相手はかなり打ちにくい。

## 実際のネットの上の架空のネットを通す

前に詰めてきている相手に対しては、足元を狙うのが効果的。足元に入ると、相手は下を向いて打つことになり、どうしても視線が逸れる。そこで顔を上げたらこちらの前衛が仕留めやすい。相手がショートバウンドで処理しなければならないようなボールがベストだが、ネットより下で取らせることができたら十分と考えていい。

足元を狙うショットは、実際のネットの上にもう1枚ネットがあるとイメージし、架空のネットを通すように打つ。ボレーヤーはネットに近い高さを通されるのを嫌がる心理を利用する。その際、ボールに縦回転がかかっていると、ネットを越えて落ち、相手はより対応しにくい。架空のネットより高いボールでは、足元に入るのは難しい。

**神 Point**

### ネットより下で取らせたら勝ち

相手の立ち位置にもよるが、相手はショートバウンドで取らないといけないボールを最も厄介に感じる。ただし、ネットより下で取らせた時点でかなり有利な状況にある。

**神 Point**

### 相手の視線を逸らせチャンスを作る

足元に入れる狙いは、相手の視線を逸らせることにある。足元のボールは下を向いて打つことになり、そこで顔を上げた時にはこちらの前衛が仕留めやすい。うまく落として相手の攻撃を封じ、自分たちのチャンスを作ろう。

# サーバーがトスを上げたら1歩コートの中に入って打つ

## ラケットは大きく振らない

コートの中に入って威力のあるボールを打ち返すので、通常のストロークではタイミングを合わせづらい。リターンダッシュをする時5は、点で捉えるブロックリターンで返す。

## ブロックリターンで弾くように返す

相手のサービスをリターンし、そのままネットに詰めるリターンダッシュは、相手のセカンドサービスで使うことが多い。最初はベースライン付近で構え、サーバーがトスを上げたら、左右どちらかの足で大きく1歩コートの中に入り、ボールを打ちに行く意識を持つ。ベースラインからリターンをしていては、相手に先にネットに詰められ、主導権を握られてしまう。

コートの中に入って威力のあるボールを打ち返すので、打ち方としては大きく振らないブロックリターンで返す。通常のストロークではラケットとボールが長く触れているのが良いとされるが、ブロックリターンはボレーと同様、ポン!と弾くように点で捉える。卓球のストロークに近い感覚だ。

※ブロックリターン＝相手のサービスの力を利用して打つリターンのこと

ドロップボレー

# 飛んできたボールのスピードの半分にする

## フォアハンドのドロップボレー

低い打点でボールの下を当てて、ボールの威力を半減させる3。ボールの真芯に当ててしまうと、ネット際にうまく落とすことができず、相手のチャンスボールになってしまう。

## バックハンドのドロップボレー

ボールの下を捉えるのは、フォアもバックも変わらない3。うまくボールの勢いを殺せると、絶妙な位置に落とせる。高い打点になる時はドロップボレーはしない方がいい。

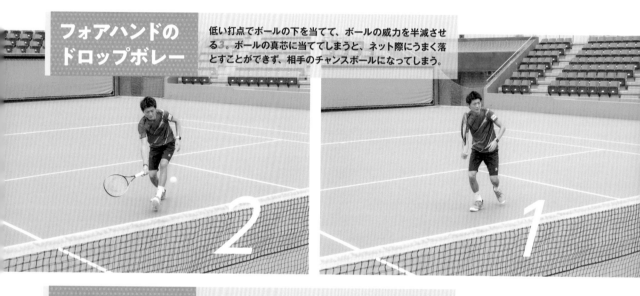

# ボールの下を捉えて ボールの勢いを殺す

相手のコート前方にスペースがある時に有効なネットプレーが、ネット際に落とすドロップボレー。飛んできたボールのスピードの半分ぐらいにするイメージで打てると、絶妙なコースに落とすことができる。

「ボールの勢いを殺す」という言い方もされるが、ラケットでボールの下を捉えることで勢いを殺せる。うまくできない人は、ネットは越えるけれど、越えすぎてしまうパターンが多い。これはボールの真芯に当ててしまっていることが原因と考えられる。

ドロップボレーを打つのは基本的には打点が低い局面に限る。打点が高いとボールの後ろ側を当てることになり、ネットを越えた後も前に進んでしまうので、高い打点でのドロップボレーは打たない方がいい。

COLUMN

# 大会への参加が上達の近道

僕たちが日頃、レッスンで指導している方たちは、様々な動機でテニスを続けています。健康のために来ている人もいれば、自分のクラスが好きで仲間とカフェで楽しんでいるかのような人もいます。学生の部活動とは違い、自ら進んでレッスン費を払って来てくださっているので、どのようにテニスを捉えるかは自由です。

その中で、テニスがうまくなりたい、早く上達したいという方は、積極的に試合に出ていってほしいと思います。テニスは、草トーナメントと言われる一般向けの大会が、週末を中心に全国各地で開催されています。僕たちのスクールでは、レッスンには一生懸命参加しているけれど、試合は緊張する、負けて恥ずかしい思いをしたくないなどの理由で、大会には全く出ないという方が少なくありません。

レッスンで行う試合形式の練習とは違い、大会での実戦はいろいろな状況が起こるので、応用力が磨かれます。レッスンで学んだプレーを試してうまくいけば自信になりますし、うまくいかなかったことは新たな課題として、次のレッスンで改善していけばいいのです。上手な人のプレーを見て、学ぶこともあるでしょう。それに何より、参加者がそれぞれの目標やモチベーションを抱えてテニスを楽しむ雰囲気は、日常生活や日頃のレッスンでは味わえない魅力があります。

試合でミスをしたり、負けたりすることは些細なことです。テニスがうまくなりたい人は、ぜひ楽な気持ちで大会にチャレンジしてみてください。

# PART 3 ダブルスのワンランク上の戦術

# 打ったロブの打球の深さでポジショニングを調整する

## 雁行陣でロブが浅くなったら守らないといけないポジション

全体的に相手が前に来ているので、自分たちはお互いに少し後ろでポジションを取り、右サイドを守る。ロビングが浅くなった時点で、左サイドのショートクロスは捨てていい。

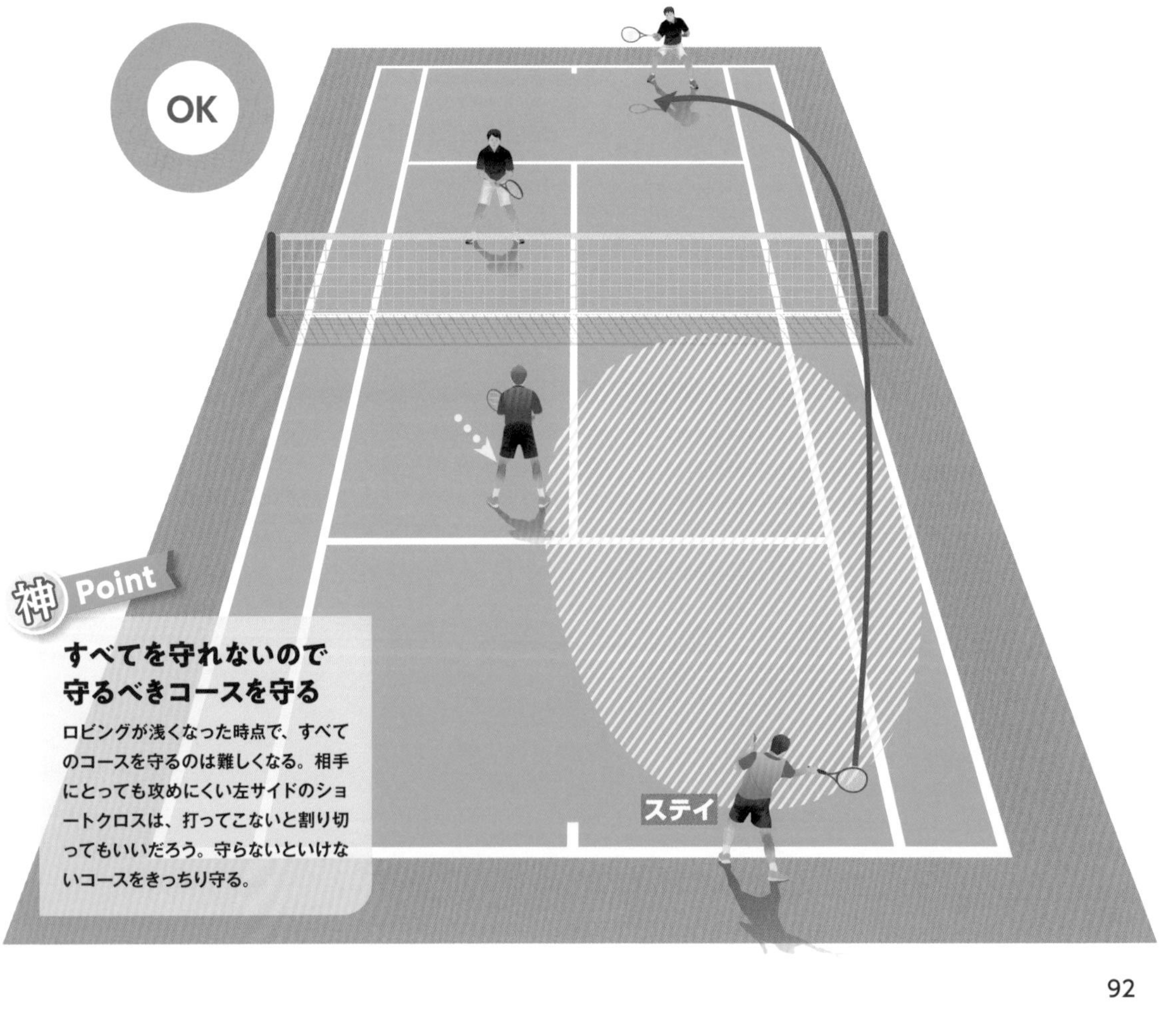


神 Point

### すべてを守れないので守るべきコースを守る

ロビングが浅くなった時点で、すべてのコースを守るのは難しくなる。相手にとっても攻めにくい左サイドのショートクロスは、打ってこないと割り切ってもいいだろう。守らないといけないコースをきっちり守る。

# 浅いロビングでは前に詰めずにステイ

雁行陣同士でクロス展開のラリーから、後衛がストレートにロビングを上げる。相手は後衛と前衛が左右に移動し、サイドが入れ替わる。ここでロビングが浅く甘くなってしまったパターンと、深く良いロビングになったパターンを考える。

ロビングが甘くなったら、相手に攻められる可能性が高いので、距離を少しでも空けるために後衛は後ろでステイ。前衛は本来は前に詰めた方がいいが、詰めると打ち込まれ、反応できずにやられることが多い。そこでセンターを守りつつ、少し後ろのポジションを取る。全体的に相手が前に来ているため、自分たちは互いに少し後ろでポジションを取り、右サイドを守る。左サイドのショートクロスのケアは少し意識を弱めて、守るべきコースを守る。

## 前に出たり詰めてはいけない

前衛は本来は前に詰めた方がいいが、詰めると打ち込まれて反応できずにやられることが多い。ロビングが浅くなった時は、センターを守りつつ、少し後ろのポジションを取る。

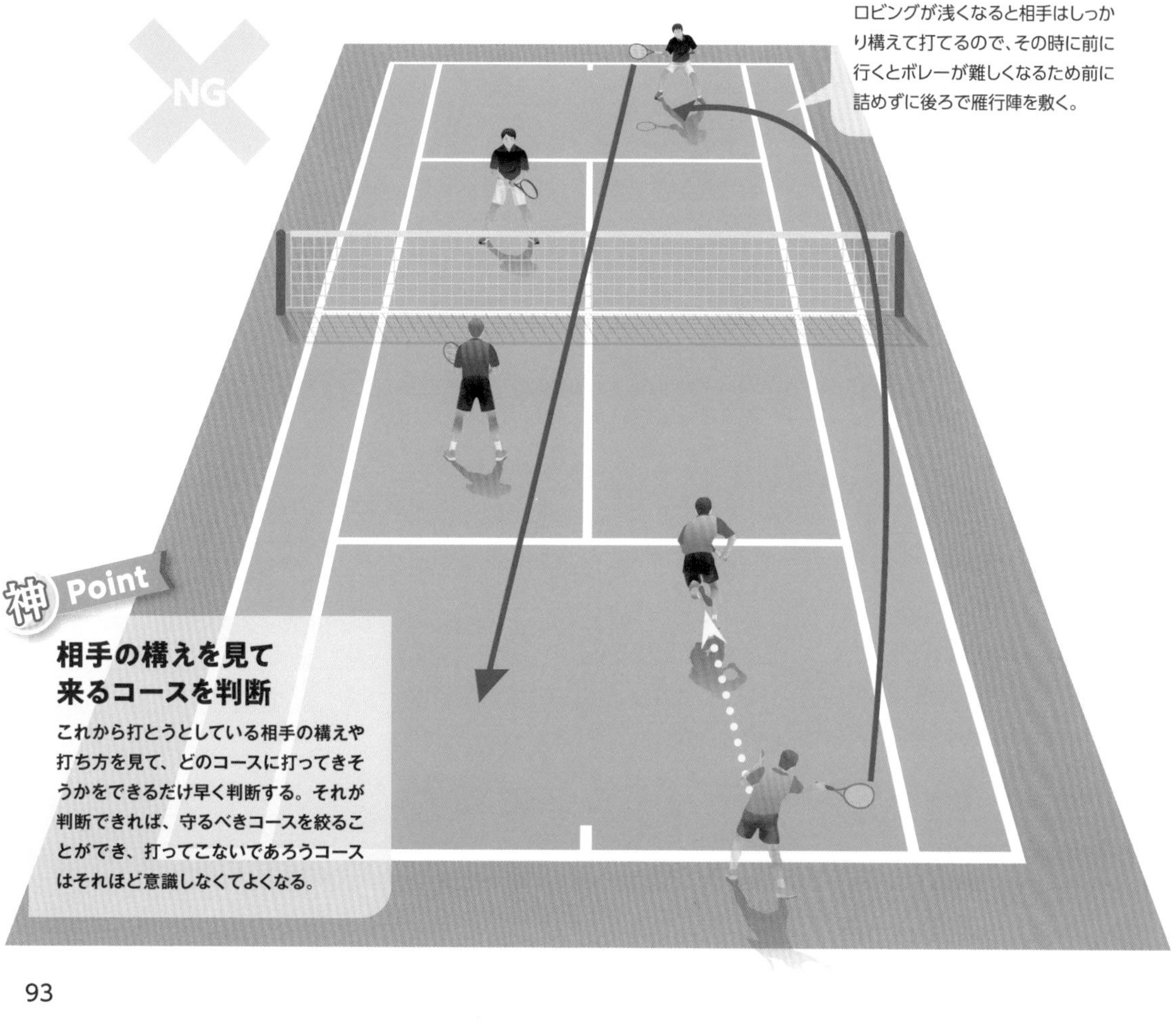
NG
ロビングが浅くなると相手はしっかり構えて打てるので、その時に前に行くとボレーが難しくなるため前に詰めずに後ろで雁行陣を敷く。

神 Point

### 相手の構えを見て来るコースを判断

これから打とうとしている相手の構えや打ち方を見て、どのコースに打ってきそうかをできるだけ早く判断する。それが判断できれば、守るべきコースを絞ることができ、打ってこないであろうコースはそれほど意識しなくてよくなる。

相手がベースライン
もしくはそれより
後ろで打つ時は
すかさず前へ！
深いロビングに
なると相手は
強打しにくくなる

## ロブが深くなったら前に出て平行陣にする

相手後衛をベースラインの外に追い出して打たせた時は、こちらのチャンスになりやすい。すかさずネットに詰めて平行陣を作り、２人でプレッシャーをかけていく。

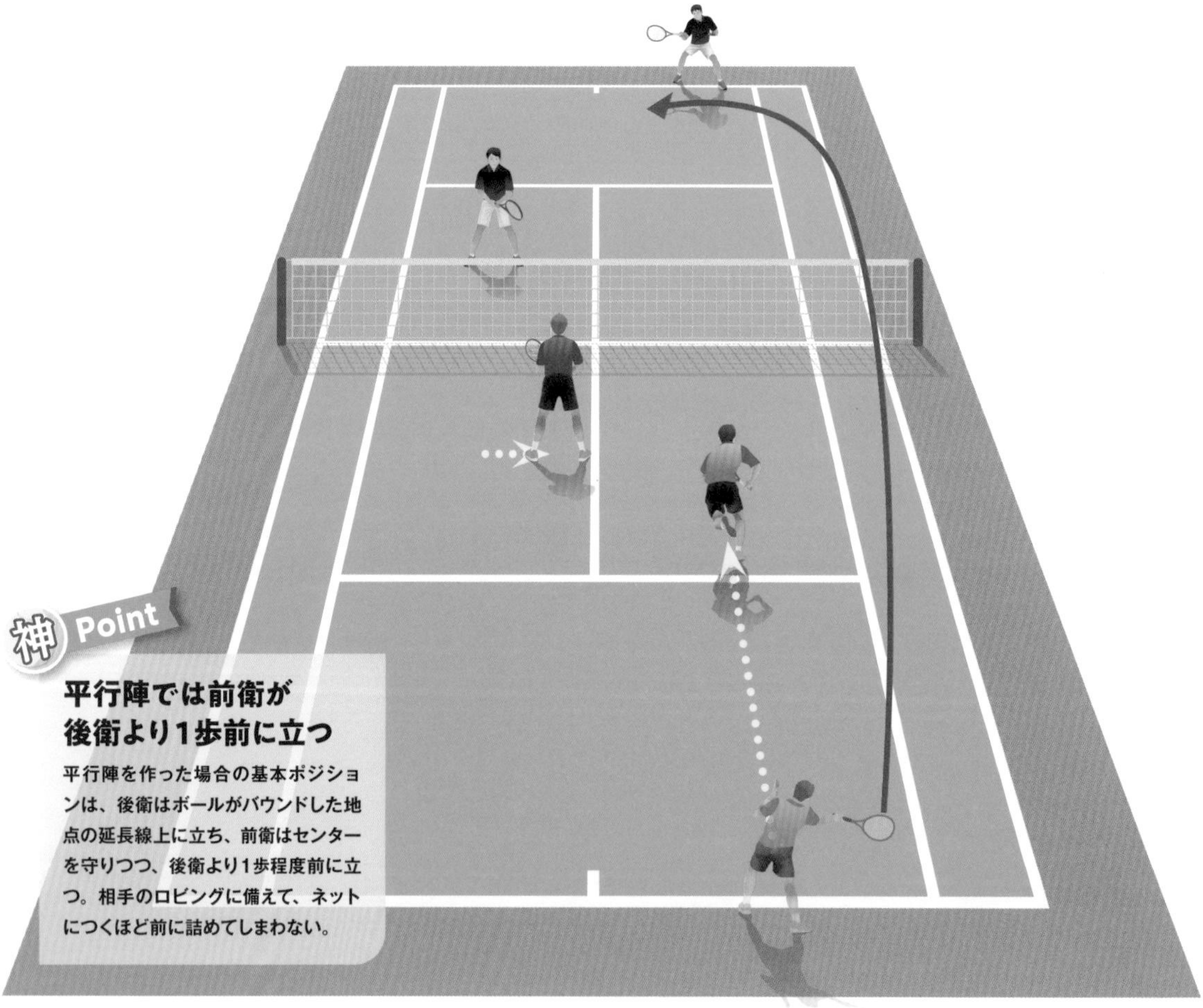

神 Point

### 平行陣では前衛が後衛より1歩前に立つ

平行陣を作った場合の基本ポジションは、後衛はボールがバウンドした地点の延長線上に立ち、前衛はセンターを守りつつ、後衛より1歩程度前に立つ。相手のロビングに備えて、ネットにつくほど前に詰めてしまわない。

## チャンスボールを処理できるポジションを取る

深いロビングを打てたら、後衛はすかさず前に詰めて、前衛はボールが落ちたサイドに1歩寄る*3*。2人で打ったボールの方向に近づくことで、次に攻めやすいポジショニングになる。

神 Point

### 雁行陣のペアもチャンスでは前に

通常は雁行陣を採用しているペアでも、チャンスと判断したら積極的に前に出て平行陣を作っていく。前に出ること自体が相手にプレッシャーをかけるので、ラリーの主導権を握ったまま、得点に結びつけよう。

## 深いロビングから前に詰めて平行陣に

雁行陣同士のラリー中、ロビングを深いゾーンに打つことができ、相手後衛がベースラインの外から打たざるを得ない時は、自分たちにとってチャンスボールになりやすい。通常は雁行陣を採用しているペアであっても積極的に平行陣を作りたい。

ロビングを打った後衛はすぐさま前に出て、ボールがバウンドした地点の延長線上に立ち、相手にプレッシャーをかける。前衛はセンターを守りつつ、後衛より1歩程度前に立つ。ネットにつくほど前に詰めてしまうと、頭越しにロビングを打たれるので、ロビングも取れるという姿勢を相手に見せられるぐらいのポジション取りがベストだ。身長や背後のボールをどれだけ取れるかのポテンシャルによって多少変わる。

後衛はロビングをケアできるように前衛はチャンスを逃さないために一歩前に!
平行陣を作っても前衛と後衛の役割はそのまま変わりません!

## 相手が平行陣でロブが浅くなったときのポジショニング

相手がボレーを打つ時に前衛は少し前に出てプレッシャーをかける。相手が余裕を持ってスマッシュを構えた時は大きなピンチだが、なんとか拾ってラリーをつなげたい。

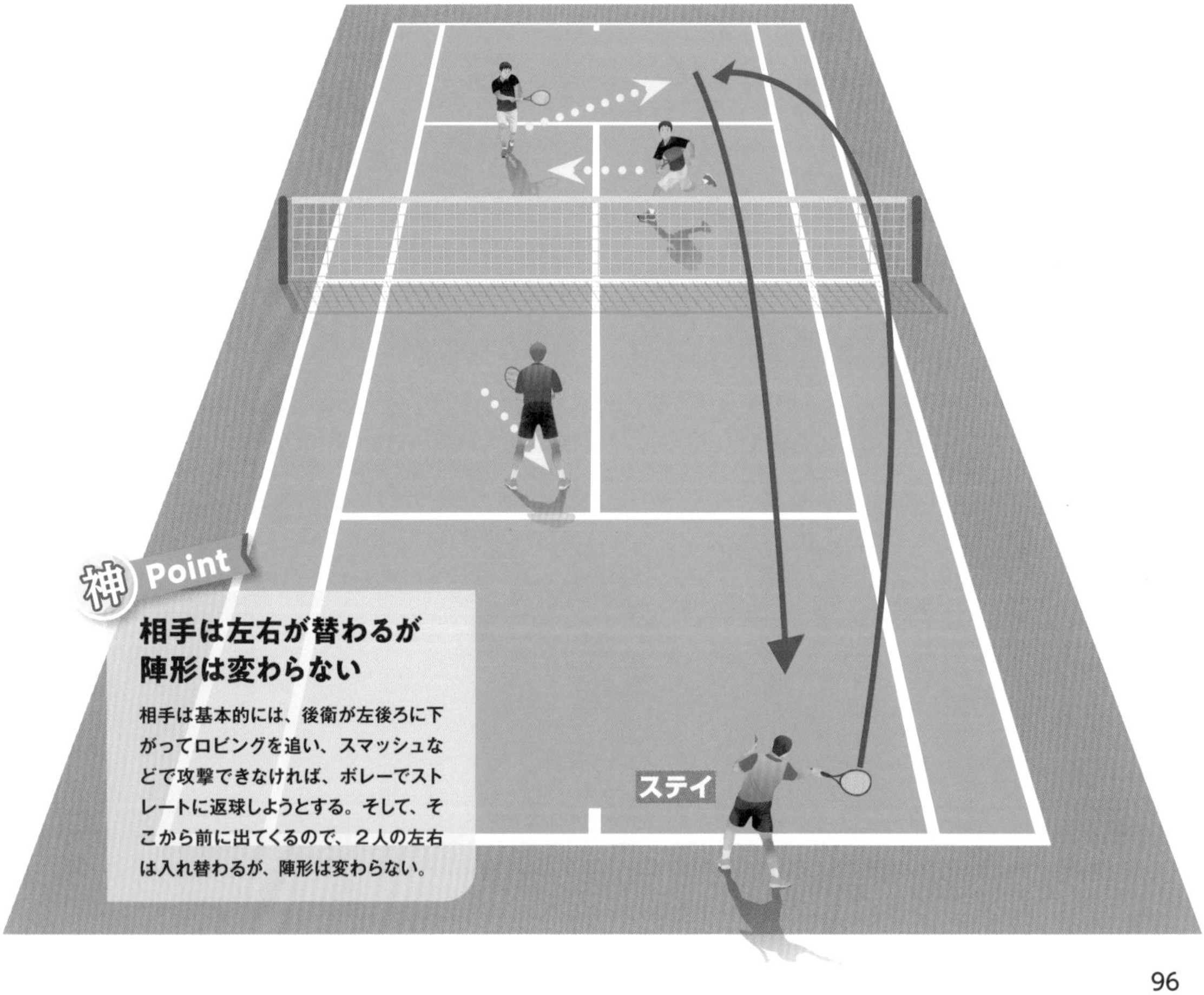
ステイ

神 Point

### 相手は左右が替わるが陣形は変わらない

相手は基本的には、後衛が左後ろに下がってロビングを追い、スマッシュなどで攻撃できなければ、ボレーでストレートに返球しようとする。そして、そこから前に出てくるので、2人の左右は入れ替わるが、陣形は変わらない。

# 相手が平行陣でロブが深くなったときのポジショニング

後衛は前に詰めて、平行陣を作る。基本的にロビングからの展開では、相手の陣形を崩せたら2人で前に詰め、ロビングが甘くなったら雁行陣のままで相手の攻撃に備える。

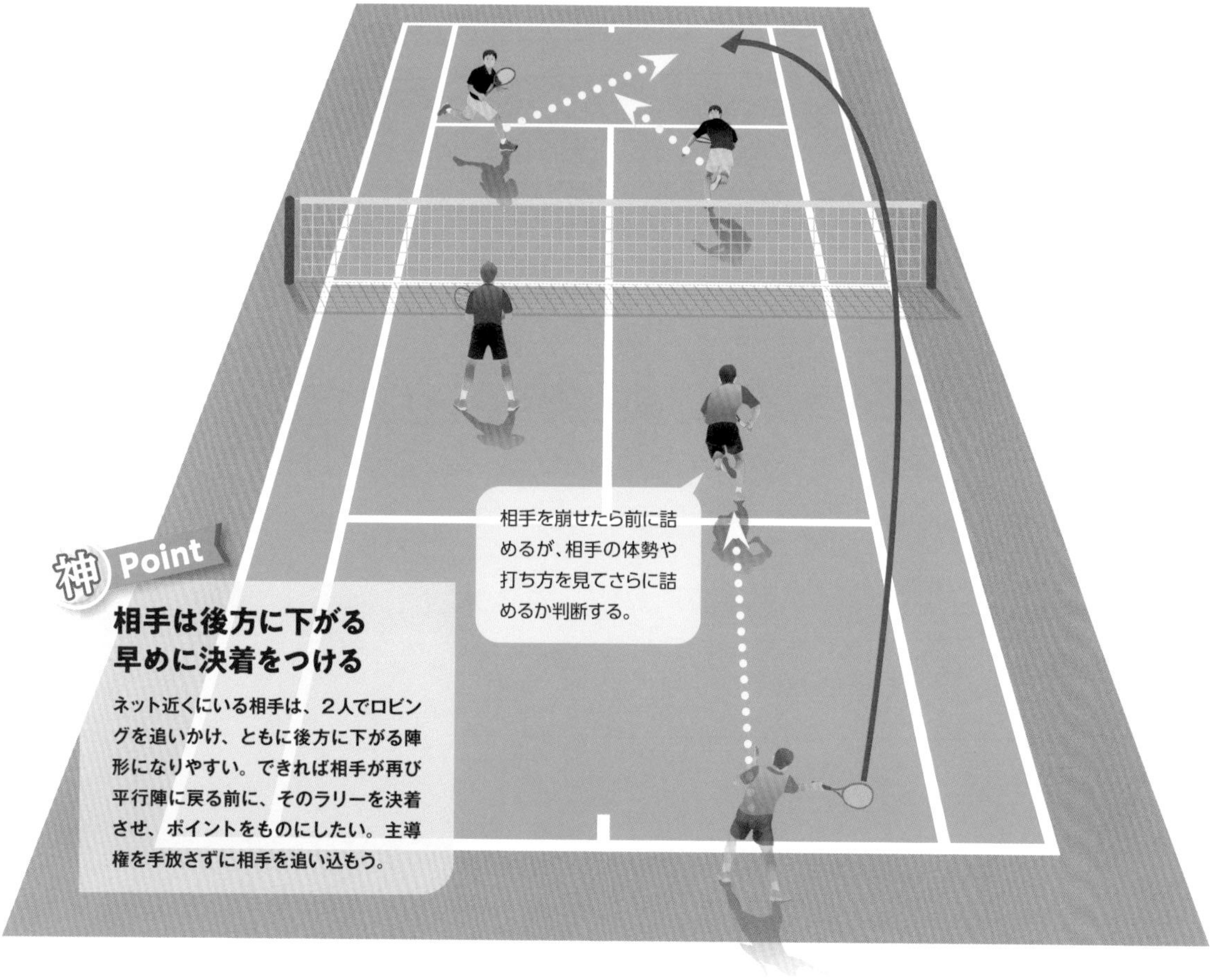
相手を崩せたら前に詰めるが、相手の体勢や打ち方を見てさらに詰めるか判断する。

神 Point

### 相手は後方に下がる早めに決着をつける

ネット近くにいる相手は、2人でロビングを追いかけ、ともに後方に下がる陣形になりやすい。できれば相手が再び平行陣に戻る前に、そのラリーを決着させ、ポイントをものにしたい。主導権を手放さずに相手を追い込もう。

## ロビングが浅ければ前衛は少し前に詰める

平行陣の相手に対して、ストレートへロビングを打った場面の動き方も考えておきたい。まずロビングが浅くなってしまった時は、相手は基本的に後衛が左後ろに下がり、ボレーでストレートに返球し、前に出て再び平行陣を作る。相手ペアは左右が入れ替わるものの、陣形は変わらない。自分たちの陣形も相手が雁行陣の時と大きく変わらないが、相手がボレーを打つ時に、前衛は少し前に出てプレッシャーをかける。

ロビングを深く打てた時は、相手は2人とも後方に下がった陣形になるため、自分たちは前に出て平行陣を作る。ここで後衛がそのままの位置にいると、ネットプレーヤーが前衛1人しかおらず、せっかくのチャンスで十分に攻め切れない。

## ロブを打たれた側の展開

# 相手のロブに対して攻め方とポジションを変える

### 浅いロブが来たときは、攻める気持ちを持つ

相手のロビングが甘い時は、こちらが攻撃する絶好のチャンス。回り込んでフォアハンドで打つ場合はもちろん、バックハンドで打つとしても攻める意識は持っておく。

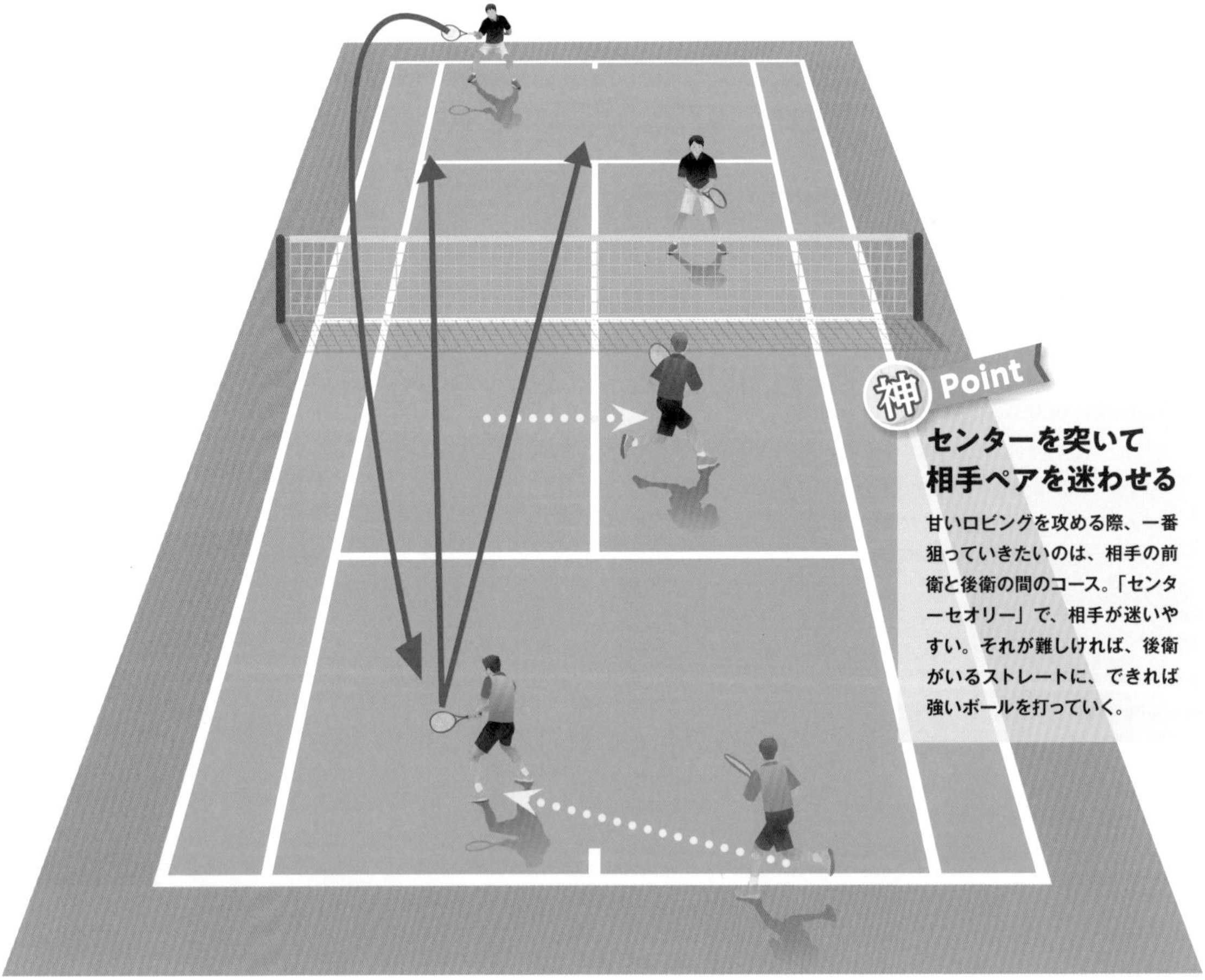

神 Point

**センターを突いて相手ペアを迷わせる**

甘いロビングを攻める際、一番狙っていきたいのは、相手の前衛と後衛の間のコース。「センターセオリー」で、相手が迷いやすい。それが難しければ、後衛がいるストレートに、できれば強いボールを打っていく。

## 浅いロブは相手の間、またはストレートへ

**後衛は相手ペアの間のコースに打てるのが理想。それが難しければ、相手後衛にストレートに返球する4。右サイドへのショートクロスは難易度が高いので避けた方がいい。**

1

2

3
センターを狙う時にしっかり肩を入れ、打つコースを隠せるとより決まりやすくなる。

4

神 Point

### リスクが高いことを頭に入れておく

**こういう場面でのショートクロスは、ネットにかけるミスをしやすい。ネットを越えても浮いて相手のチャンスになる可能性も高い。自信がある場合は狙っても良いが、リスクが高いという点は頭に入れておこう。**

## 甘いロビングなら相手ペアの間を狙う

雁行陣同士でクロス展開のラリーから、相手後衛がストレートにロビングを上げてきたら、後衛は左サイドに移動し、頭上を越された前衛は右サイドに移動する。つまり、2人で左右のポジションをチェンジすることになる。

ここで相手のロビングが浅く甘い時は、バックハンドで打つにせよ、回り込んでフォアハンドで打つにせよ、後衛は相手ペアの間のコースに打てるのが理想だ。それが難しければ、相手後衛にストレートに返球する。

右サイドへのショートクロスは難易度が高く、また、前衛の頭を越すロビングも相手は警戒している場合が多いため、打たない方がいいだろう。そもそもチャンスなので、ロビングで返すこと自体がもったいない。

深いロビングで返球して相手を崩せると形勢逆転できる
強打しようとしてもボレーヤーにとってはそこまで脅威ではない！

## 深いロブが来たら ロブで返球するのがセオリー

相手は前に詰めて平行陣を作ってくる。この時点ですでにラリーの主導権は相手にあるが、焦ったり慌てたりしないことが重要。１球ずつ局面を打開し、何とか挽回していく。

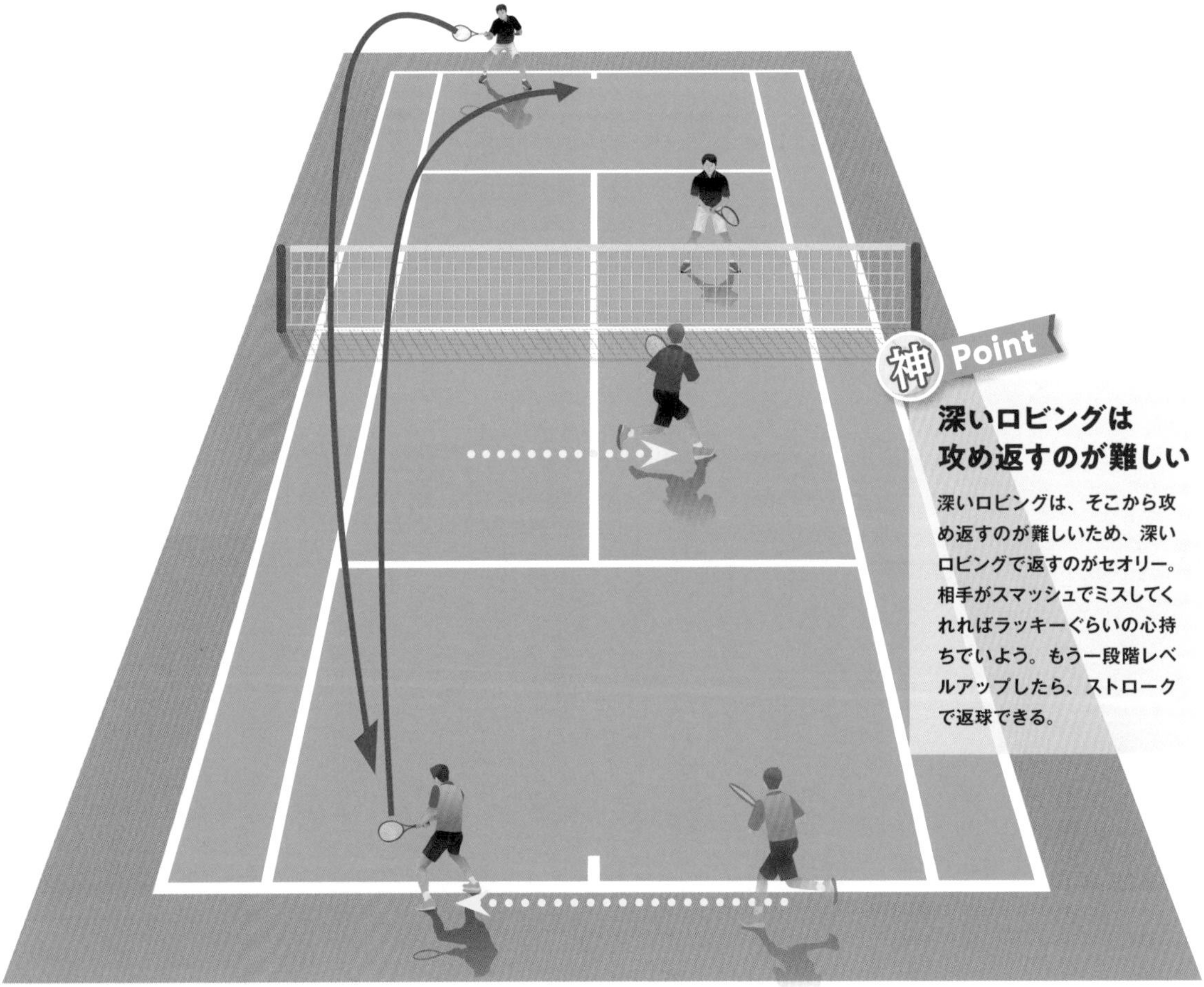

神 Point

### 深いロビングは攻め返すのが難しい

深いロビングは、そこから攻め返すのが難しいため、深いロビングで返すのがセオリー。相手がスマッシュでミスしてくれればラッキーぐらいの心持ちでいよう。もう一段階レベルアップしたら、ストロークで返球できる。

## 余裕があるなら センターに打ち返す

ロビングでコースを狙う余裕があれば、2人の間のやや深い場所を狙う。すでに相手前衛は前に詰めており3、相手後衛に最も難しいバックのハイボレーで取らせることができる4。

相手が打ってきたロビングと同じ弾道で返球すると、深いロビングが返しやすい。

神 Point

### 試合の流れや相手を見て対応を考える

ここで紹介している攻め方やポジショニングはあくまでも一般的な内容で、必ずそうしないといけないという絶対的なものではない。相手のポジションやタイプ、試合の流れなどを見極めて、別の対応をした方がいいケースもある。

## 深いロビングは深いロビングで返す

雁行陣同士でクロス展開のラリーから、相手後衛がストレートにロビングを上げてきた場面で、相手からのロビングが深かった場合、つまり相手がやや優位な局面ではどのように対応するべきなのか。

自分たちが深いロビングを打った時の逆を考えればいい。相手は深いロビングの後は前に詰めて平行陣を作ろうとする。そこでは、こちらも同じように深いロビングでつなぐのが王道だ。コントロールして返球するのは非常に難しいため、ストロークで返すのは次のレベルの段階。ロビングでつなぎ、相手がスマッシュをミスしてくれればいい、という程度の感覚でいいだろう。ロビングでコースを狙える余裕がある時は、2人の間のやや深い場所を狙っていきたい。

## ストレートアタックからの展開

# コート内で返球できるならストレートアタックが王道だ

### コートの中で打てば決まりやすい

コートの中で振られた時、相手前衛はそれを見て、ポーチに出ようという意識が働き、ストレートのコースが空きやすい。その瞬間がストレートアタックのチャンスになる。

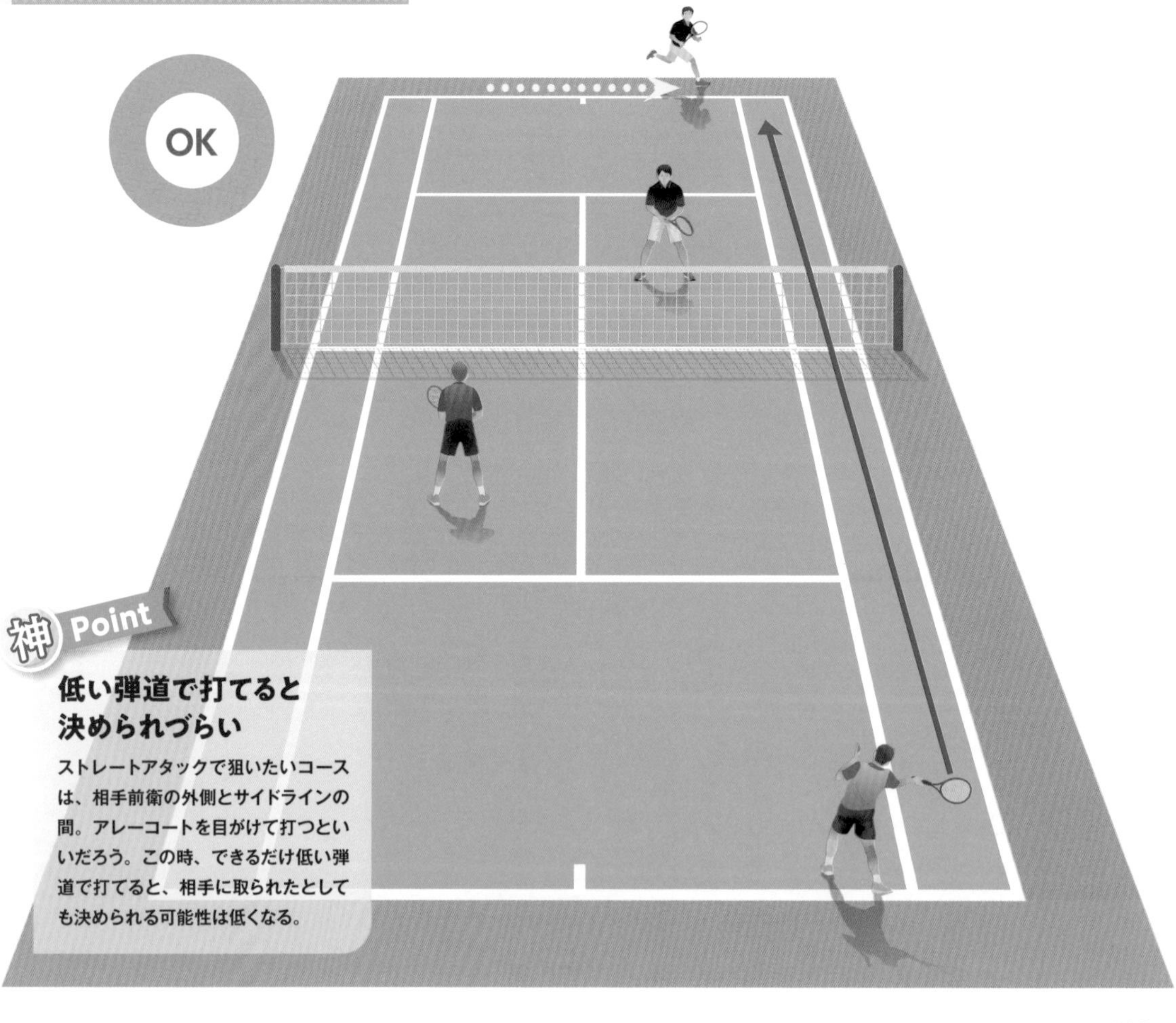


神 Point

**低い弾道で打てると決められづらい**

ストレートアタックで狙いたいコースは、相手前衛の外側とサイドラインの間。アレーコートを目がけて打つといいだろう。この時、できるだけ低い弾道で打てると、相手に取られたとしても決められる可能性は低くなる。

## コート内で振られた時決まりやすい

雁行陣同士で後衛がクロス展開のラリーを行う中、ストレートアタックでポイントを取りに行く。これが有効なのは、後衛がコートの中にいるケース。なかでもコート内で振られた時に打つストレートアタックは決まりやすい。なぜなら相手前衛は、後衛が振られたのを見て、ポーチに出ようという意識が働き、ストレートが空くからだ。

ただし、コートの外に振られた時は、相手前衛はストレートをケアしていることが多く、アタックは決まりづらい。しかも、すでに自分たちにはオープンコートができており、そこに打たれてしまう。こういう時はストレートアタックはせず、クロスやセンターにしっかり返す。本当に厳しかったらストレートにロビングでつなぐ。

### コートの外で打つと決まりづらい

コートの外に振られた時、相手前衛はそれを見て、ストレートをケアしようという意識が働く。ここで強引にストレートアタックを打っても、決まる可能性は低い。

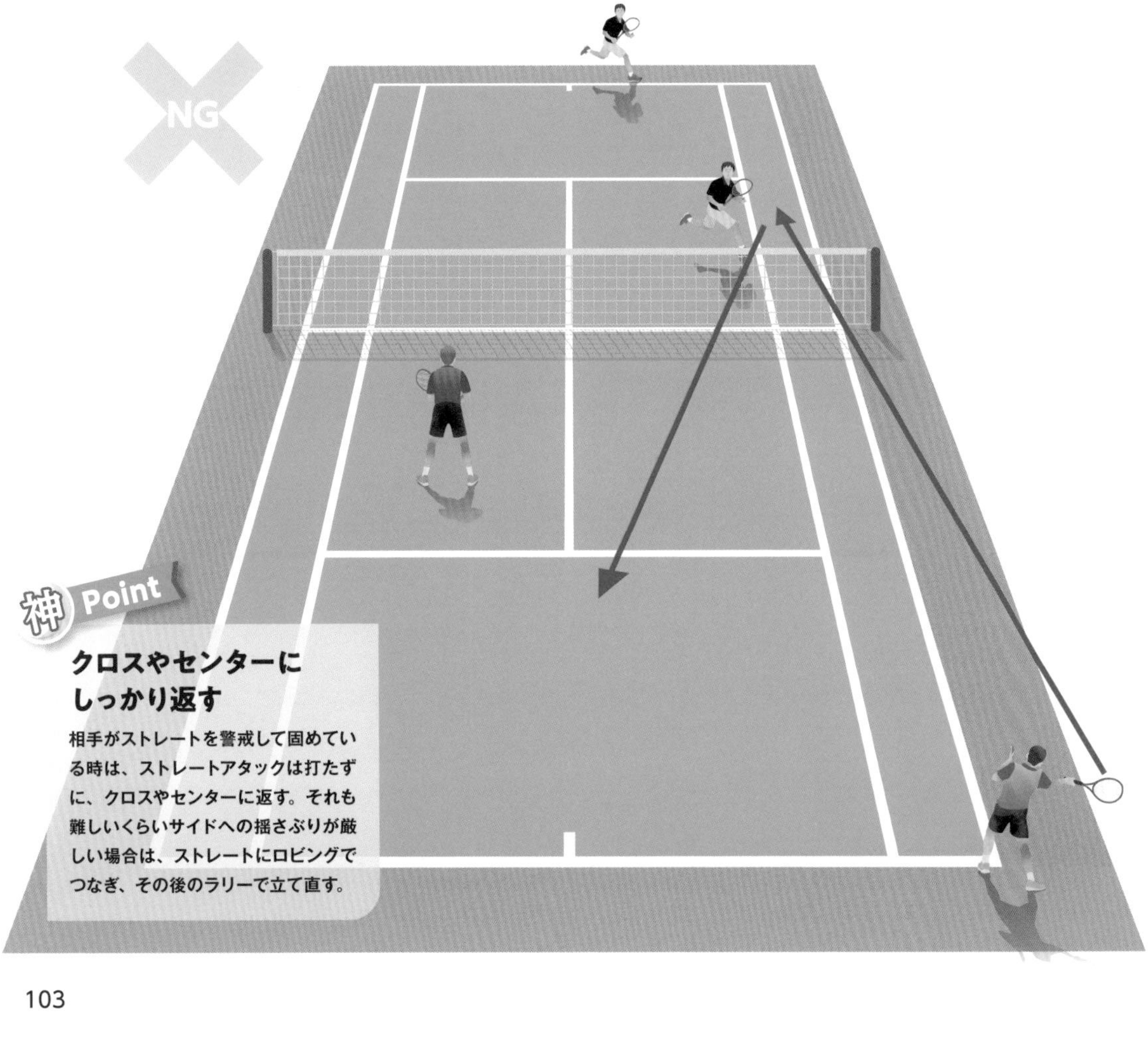


神 Point

**クロスやセンターにしっかり返す**

相手がストレートを警戒して固めている時は、ストレートアタックは打たずに、クロスやセンターに返す。それも難しいくらいサイドへの揺さぶりが厳しい場合は、ストレートにロビングでつなぎ、その後のラリーで立て直す。

ストレートに打ったら前へのポジショニングの動作をワンセットで覚えておこう！
ストレートアタックの次のボレーは浅くなりやすい

## ストレートアタックをしたら前のエリアをケアする

ポーチに出た前衛に対するアタックなら、仮に取られてもそれほど良いボレーは来ない。少し前に出て、右サイドをケアしておけば、比較的容易にフォローができるはずだ。

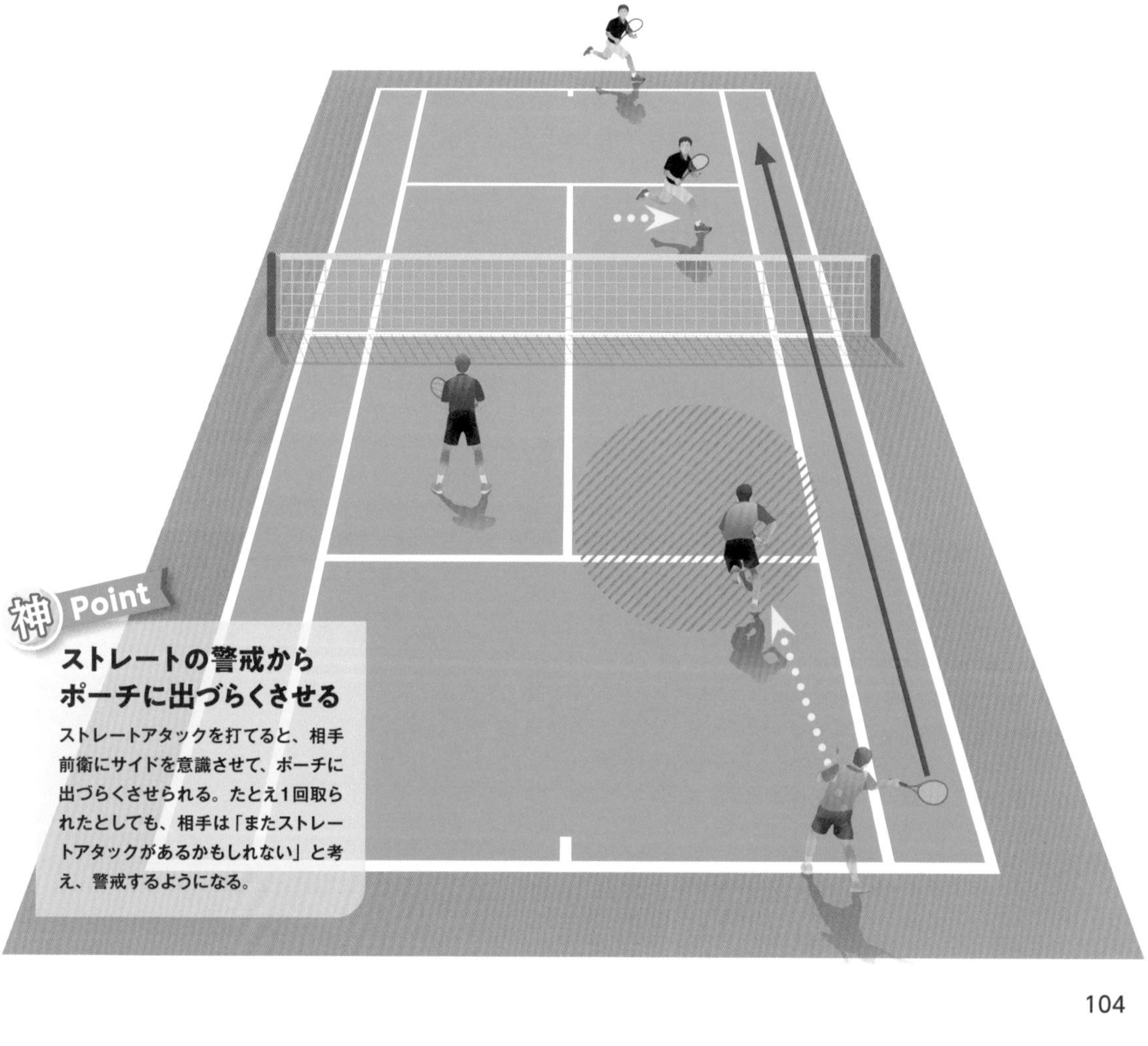

神 Point

### ストレートの警戒からポーチに出づらくさせる

ストレートアタックを打てると、相手前衛にサイドを意識させて、ポーチに出づらくさせられる。たとえ1回取られたとしても、相手は「またストレートアタックがあるかもしれない」と考え、警戒するようになる。

# 逆クロス展開でバックで打つのが苦手な人は？

逆クロスの展開からのストレートアタックは、バックハンドで打たなければならないため、やや難易度が高くなる。難しい場合は、ストレートへのロビングでつなげよう。

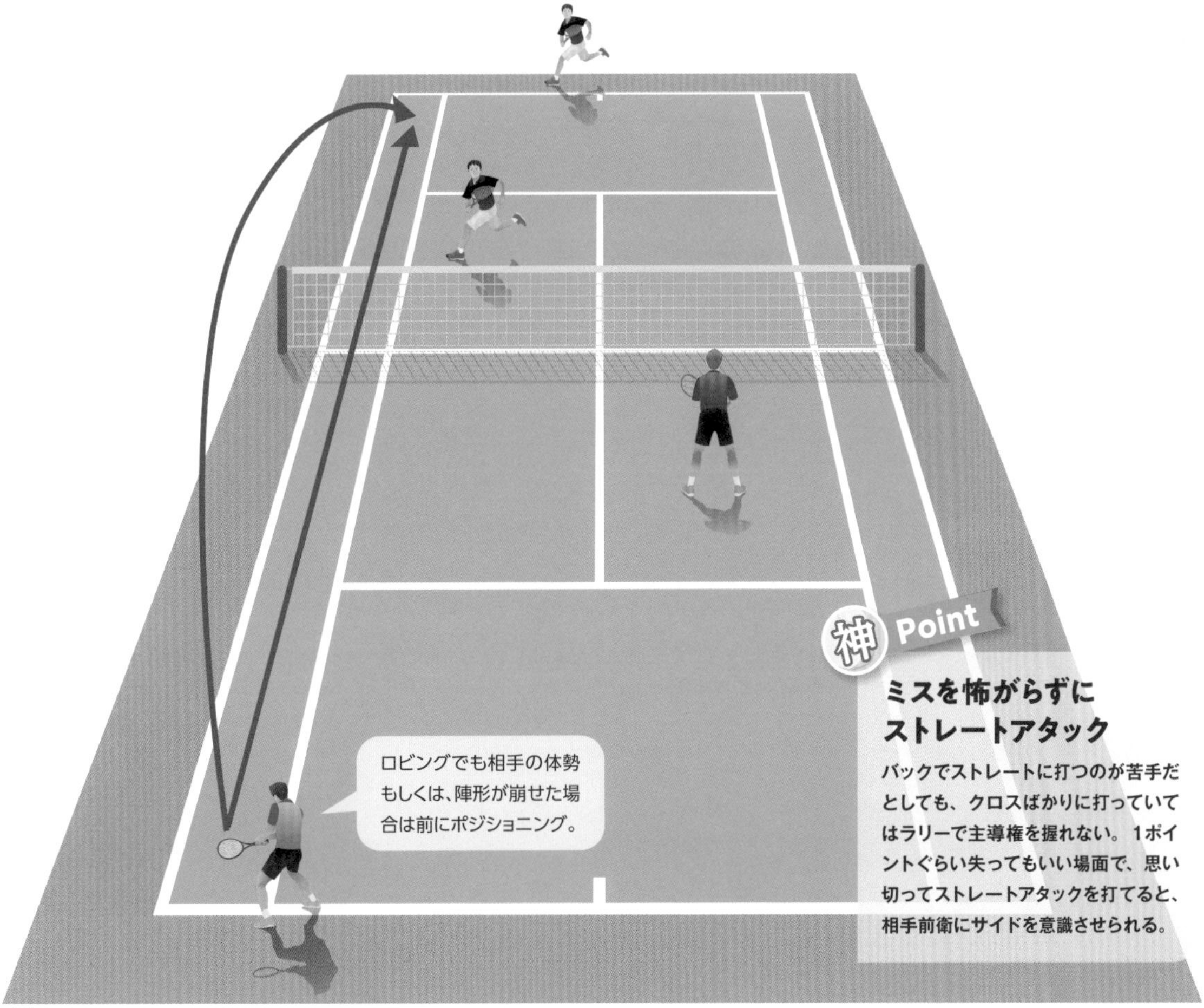
ロビングでも相手の体勢もしくは、陣形が崩せた場合は前にポジショニング。

神 Point

### ミスを怖がらずにストレートアタック

バックでストレートに打つのが苦手だとしても、クロスばかりに打っていてはラリーで主導権を握れない。1ポイントぐらい失ってもいい場面で、思い切ってストレートアタックを打てると、相手前衛にサイドを意識させられる。

## 1回取られても相手を警戒させられる

ストレートアタックを打った時、相手前衛がとっさにポーチを止めて、ストレートに戻れたとしても、ボールに飛びつかなければならない。結果的にそれほど良いボレーは来ないため、ストレートアタックをした後衛は少し前に出て、右サイドをケアしておけばいい。

逆クロス展開からのストレートアタックも考え方は同じ。ただし、アタックをバックハンドで打つことになり、難易度がやや上がる。自信がない場合は、ストレートにロビングを上げる。ストレートアタックを打てると、相手前衛にサイドを意識させておくことができる。1回打って取られたとしても、相手に「ストレートアタックもあるかもしれない」と警戒させられる。ぜひチャレンジしてほしい。

## ショートクロスの重要性

# ショートクロスの質が ラリーで優位性をもたらす

### 雁行陣同士の後衛は シングルスコート内でラリー

アレーゾーンまで使おうとすると、コート外に振られた相手後衛はストレートアタックへの意識が高くなる。ペアの前衛はそれを警戒することになり、ポーチに出づらくなる。

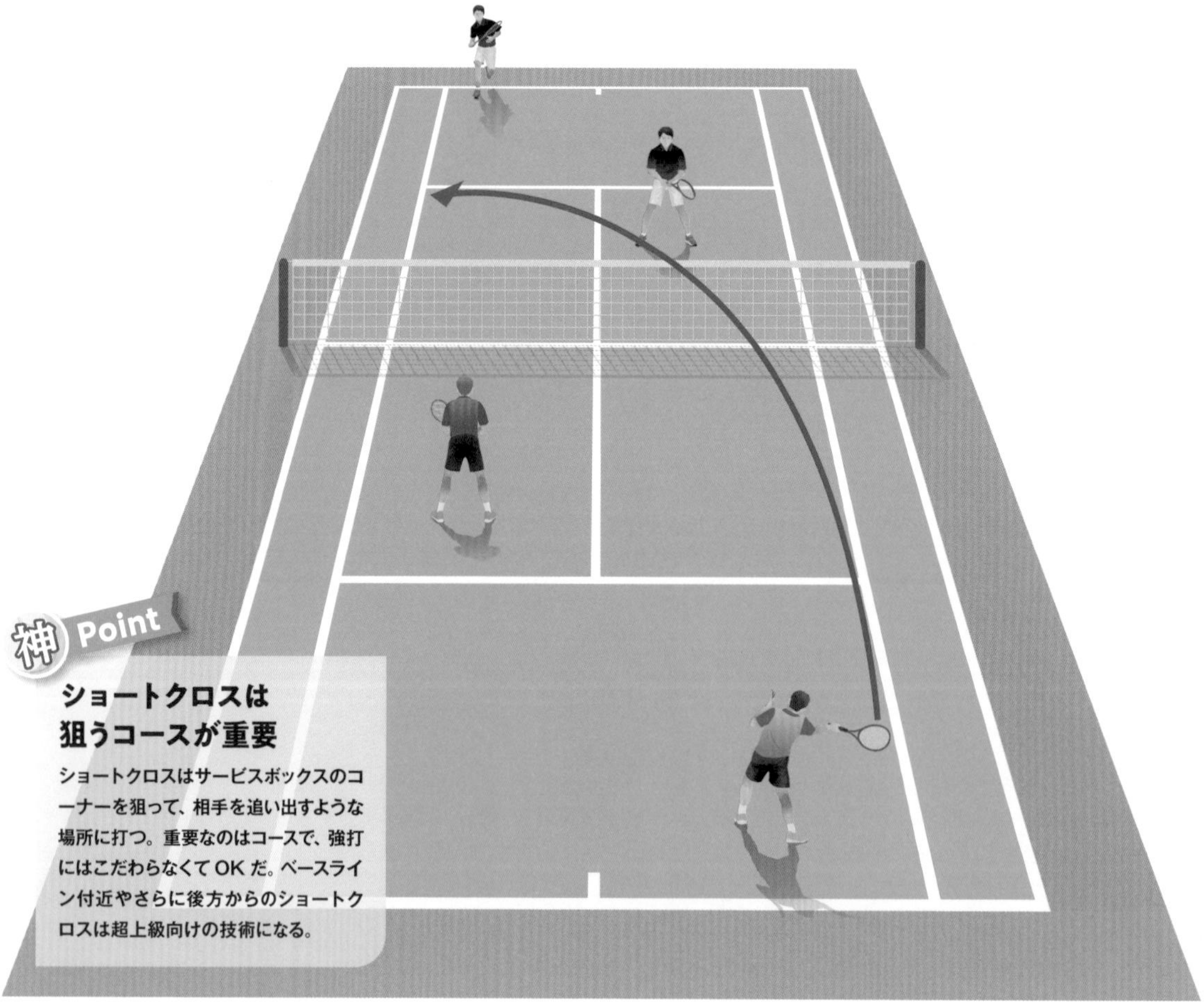

神 Point

**ショートクロスは 狙うコースが重要**

ショートクロスはサービスボックスのコーナーを狙って、相手を追い出すような場所に打つ。重要なのはコースで、強打にはこだわらなくてOKだ。ベースライン付近やさらに後方からのショートクロスは超上級向けの技術になる。

# 短いボールを打てれば駆け引きで優位に立てる

**コートの中から打つ時は、ストレートアタックを決めやすい。その裏をかくようにショートクロスを打つと2、相手は足止めされて、エースを取れる確率が高くなる。**

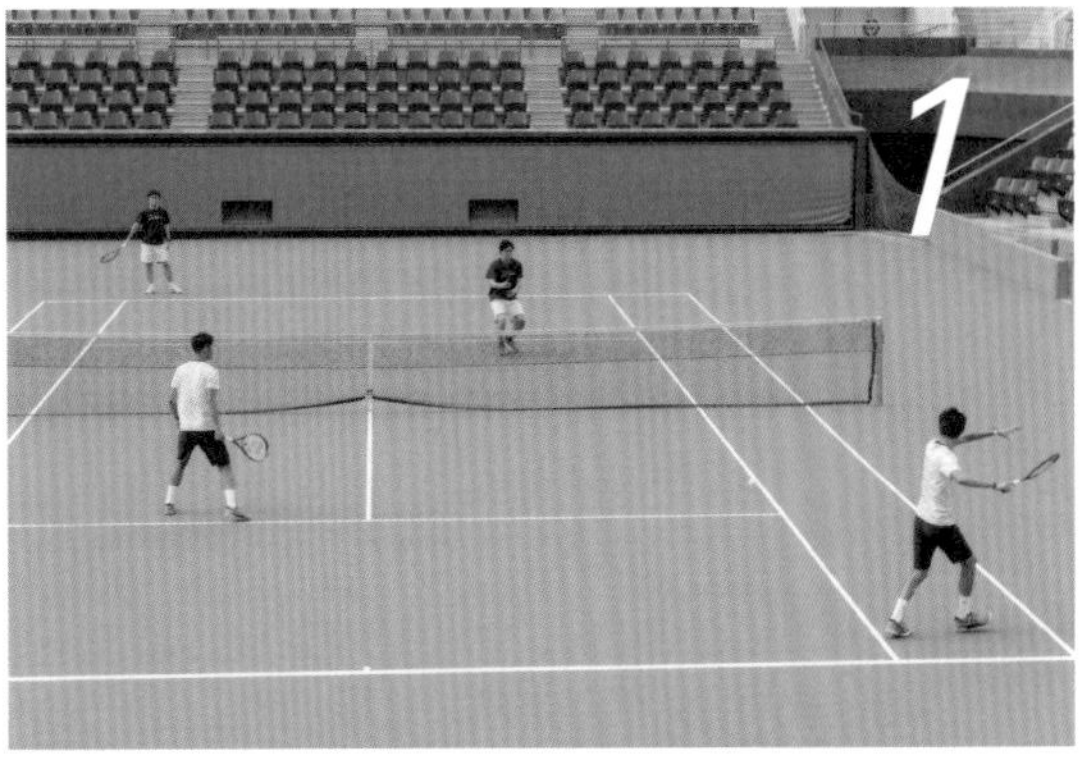
1

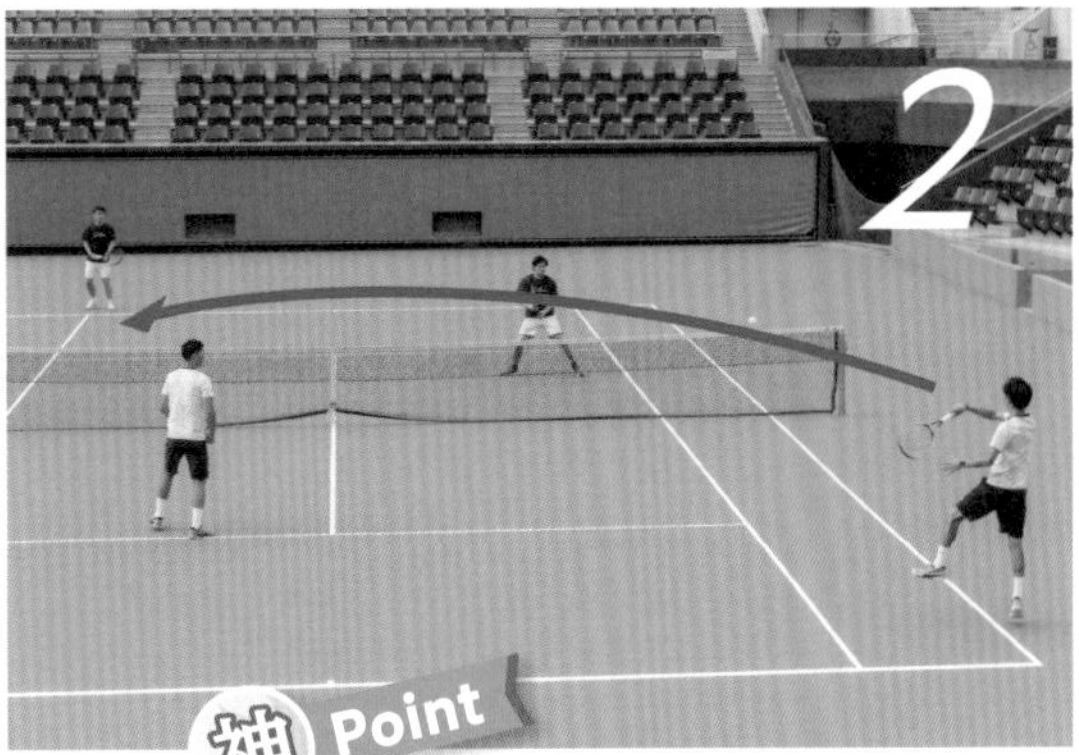
2

3

4
球速は速くなくていいが
相手のチャンスボールにな
らないように低い弾道で。

神 Point

### 相手を動かしてコースを限定する

相手を動かすことで、打ってくるコースを限定させるのが狙い。ここでは、ショートクロスを返してくるか、ロビングでつないでくるか、センターに浮いたボールが来るかの3パターンが予想されるので、それに応じた準備をする。

## ショートクロスで相手の守備力を下げる

雁行陣同士のクロス展開のラリーでは、後衛は互いにシングルスコート内で打ち合う。なぜならアレーゾーンに打って相手後衛をコート外に追い出しても、ペアの前衛はそこからのストレートアタックを警戒しなければならず、身動きが取れないからだ。ポーチに出づらく、ポイントを取りにくくなる。

シングルスコート内でラリーを続けながら、後衛は短いボールが来たらストレートにも打てるし、ショートクロスもあるとなれば、相手は守らないといけないエリアが広くなり、守備力が弱くなる。ショートクロスは、1本でエースを取りに行こうとしなくていい。緩い打球で構わないので、サービスボックスのコーナーを狙い、相手を追い出すような場所に打っていく。

## 相手が平行陣の場合はセンターかロブが基本

主な選択肢は2つ。1つは2人の間を狙う。センターセオリーの考えにあるように、相手はどちらが取るべきか迷いやすい。もう1つはストレートにロビングを上げる。

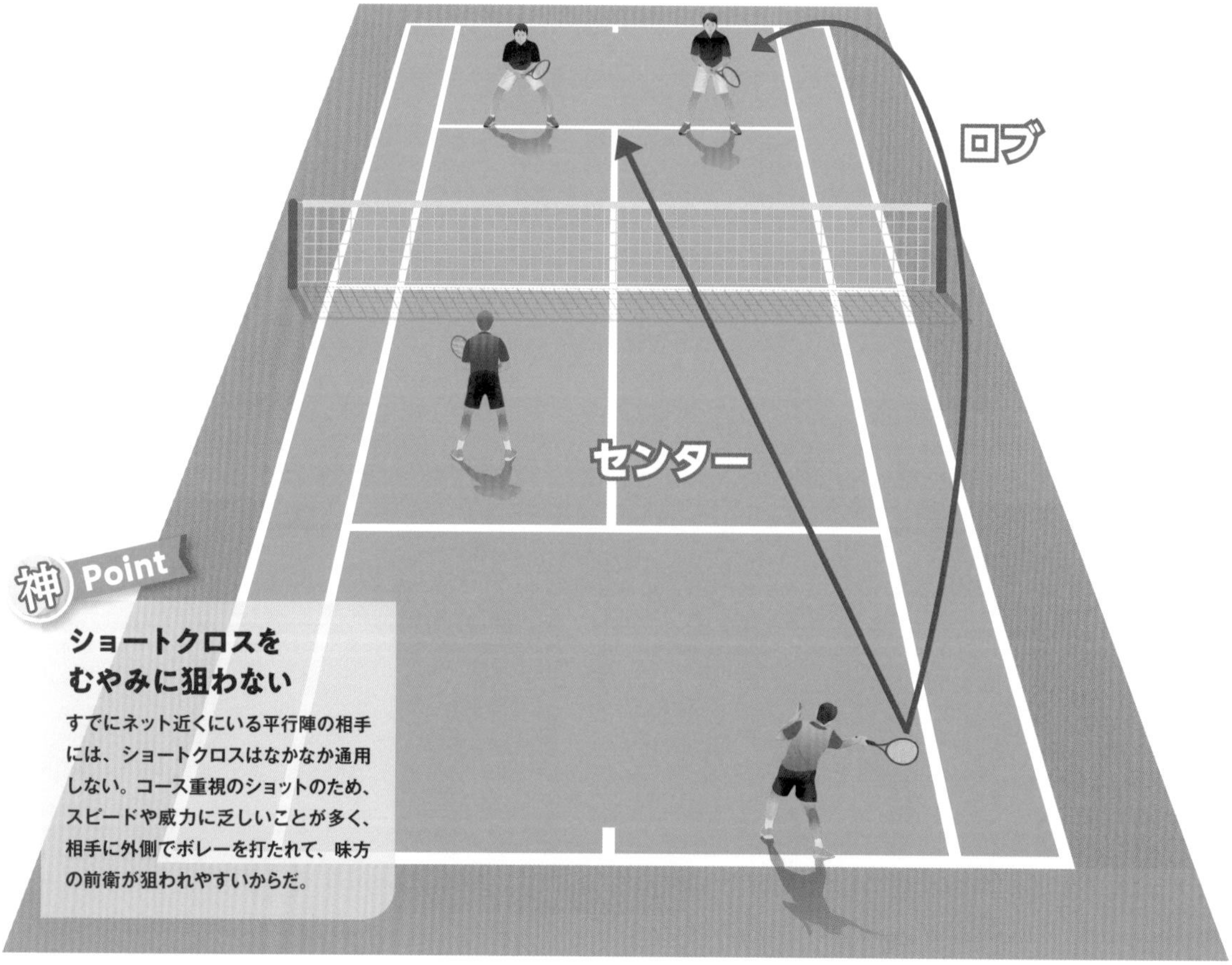


神 Point

### ショートクロスをむやみに狙わない

すでにネット近くにいる平行陣の相手には、ショートクロスはなかなか通用しない。コース重視のショットのため、スピードや威力に乏しいことが多く、相手に外側でボレーを打たれて、味方の前衛が狙われやすいからだ。

# ショートクロスが打ちやすい状況にする

平行陣の相手にショートクロスを絶対に打ってはいけないということではない。まずはセンターやロビングを意識させ、ショートクロスのコースに隙ができた時を狙う。

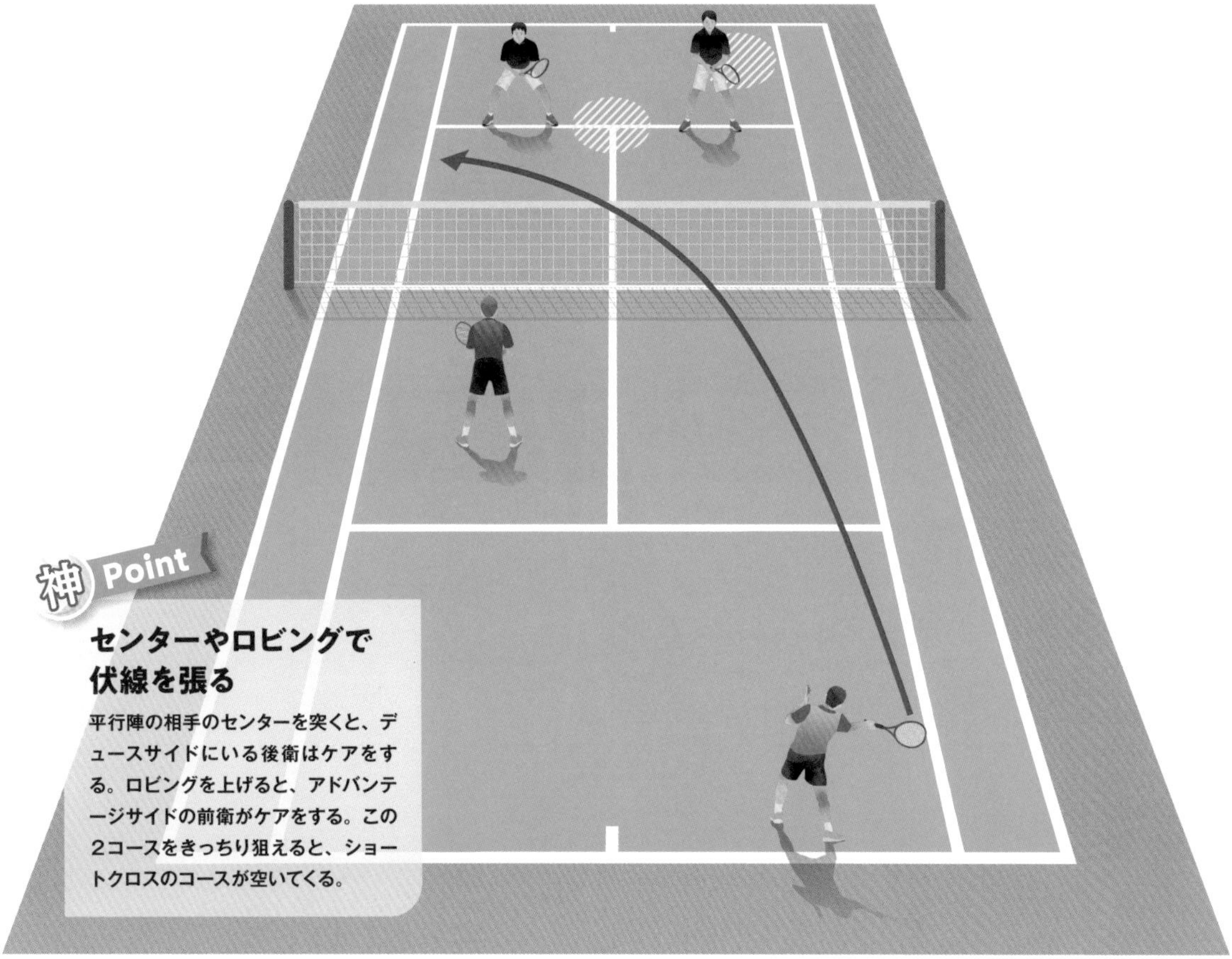

神 Point

### センターやロビングで伏線を張る

平行陣の相手のセンターを突くと、デュースサイドにいる後衛はケアをする。ロビングを上げると、アドバンテージサイドの前衛がケアをする。この2コースをきっちり狙えると、ショートクロスのコースが空いてくる。

## ショートクロスは対平行陣では控える

ショートクロスは、相手が平行陣の時はむやみに使わない方がいい。すでにネットに近い位置にいる相手にショートクロスを打っても、比較的余裕を持って相手の外側でボレーを打たれ、ペアの前衛が狙われてしまう。

　平行陣の相手に対しては、センターセオリーの考え方から、2人の間を狙うか、あるいはストレートにロビングを上げる。その基本がしっかり打てるようになってからなら、ショートクロスを考えていい。2人の間を狙っていくことで、デュースサイドにいる後衛はセンターをケアし、アドバンテージサイドにいる前衛はロビングをケアするので、ショートクロスのコースが空いてくる。いろいろな伏線を張った上で、ショートクロスを生かしていく。

ただし早く打ってしまうと浮いてしまったりミスにつながるので球速は落として丁寧に！
しっかり構える余裕があり狙える自信があればリスクはあるが打ってもOK！

## 逆サイドはバックハンドのポテンシャル次第

ラリーでバックハンドを多く使うことになる逆クロス展開では、ショートクロスは狙いにくい。ネットにかかったり、甘くなって相手に攻められたりするリスクが高い。

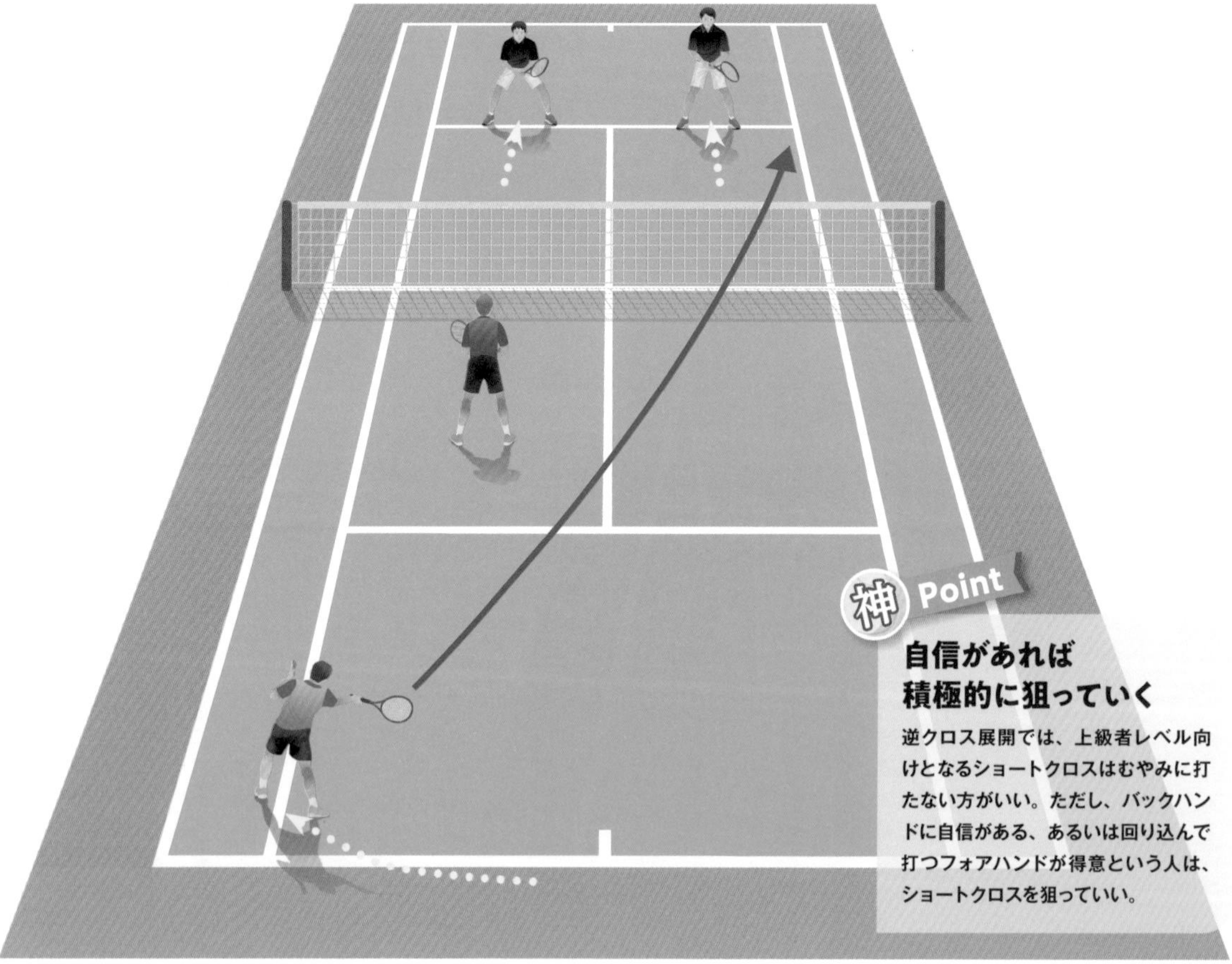

神 Point

### 自信があれば積極的に狙っていく

逆クロス展開では、上級者レベル向けとなるショートクロスはむやみに打たない方がいい。ただし、バックハンドに自信がある、あるいは回り込んで打つフォアハンドが得意という人は、ショートクロスを狙っていい。

# 相手が平行陣の場合は センターかロブを中心に

相手が平行陣の場合の逆クロス展開では、2人の間のセンターか、ストレートへのロビングが基本。いきなりショートクロスを狙おうとしないこともクロス展開の場合と同じだ。

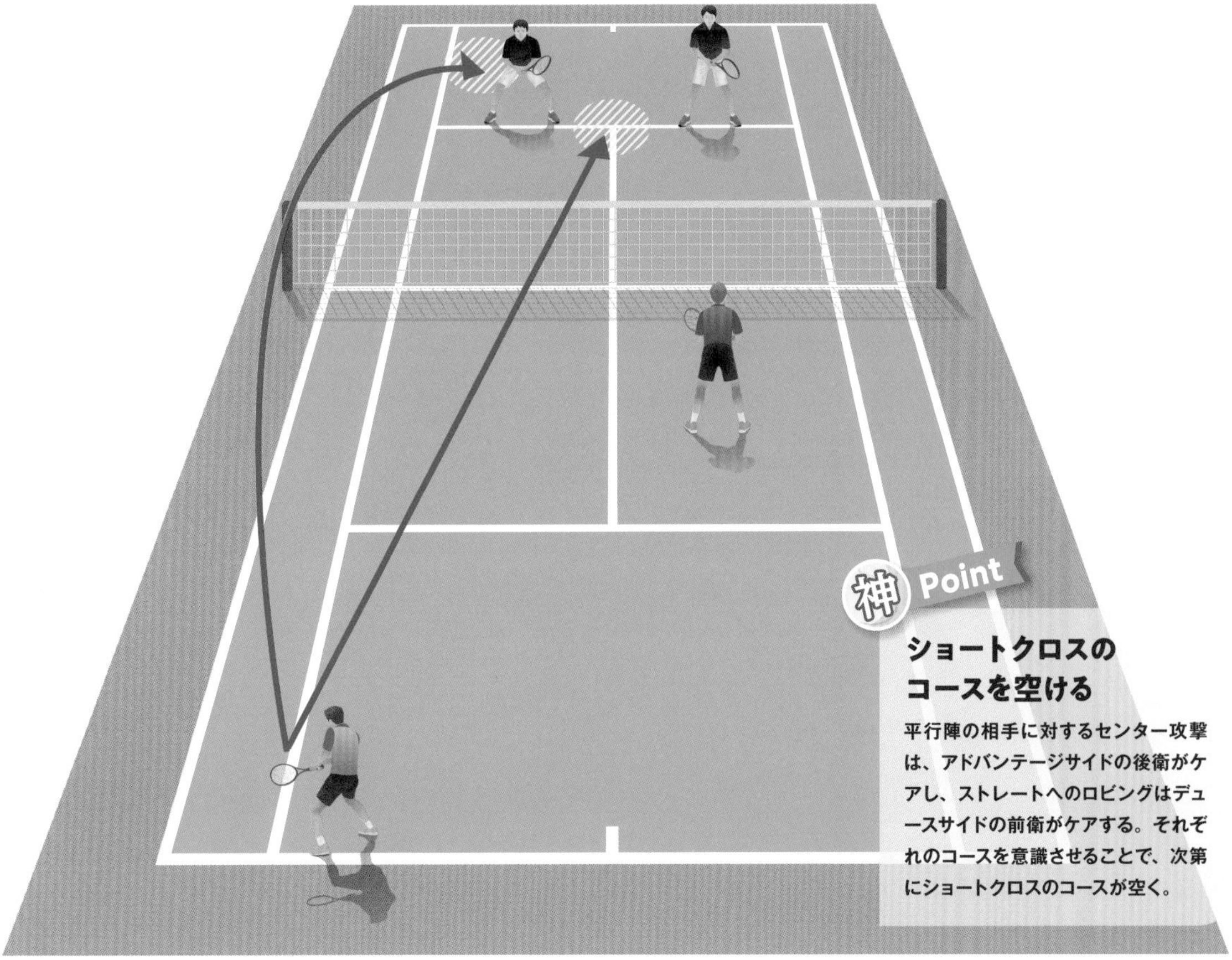

神 Point

**ショートクロスのコースを空ける**

平行陣の相手に対するセンター攻撃は、アドバンテージサイドの後衛がケアし、ストレートへのロビングはデュースサイドの前衛がケアする。それぞれのコースを意識させることで、次第にショートクロスのコースが空く。

## バックで狙うのはハイレベル

逆クロス展開のラリーでは、バックハンドで打つことが多くなる。バックのポテンシャルにもよるが、ショートクロスをむやみに狙わない方がいいだろう。もちろん、バックに自信があるとか、回り込んでフォアハンドで打つことができる人は、逆クロス展開からもショートクロスを狙う戦術があっていい。

ただし、相手が平行陣の時は、クロス展開の時と同じで、ショートクロスを狙えるコースをあらかじめ作っていくことが必要になる。ここでも狙いたいのは、2人の間のセンターかストレートへのロビングだ。アドバンテージサイドの後衛にセンターをケアさせ、デュースサイドの前衛にロビングを意識させる。その上で隙ができたショートクロスのコースを突く。

# 相手が平行陣の場合は3つの攻め方で攻略する

## 相手後衛の足元を狙って攻める

相手の足元を狙い、ローボレーを打たせる。とくに後衛は前衛より１歩程度後ろにポジショニングしているので、高い打点でボレーさせなければ、攻められる可能性は低い。

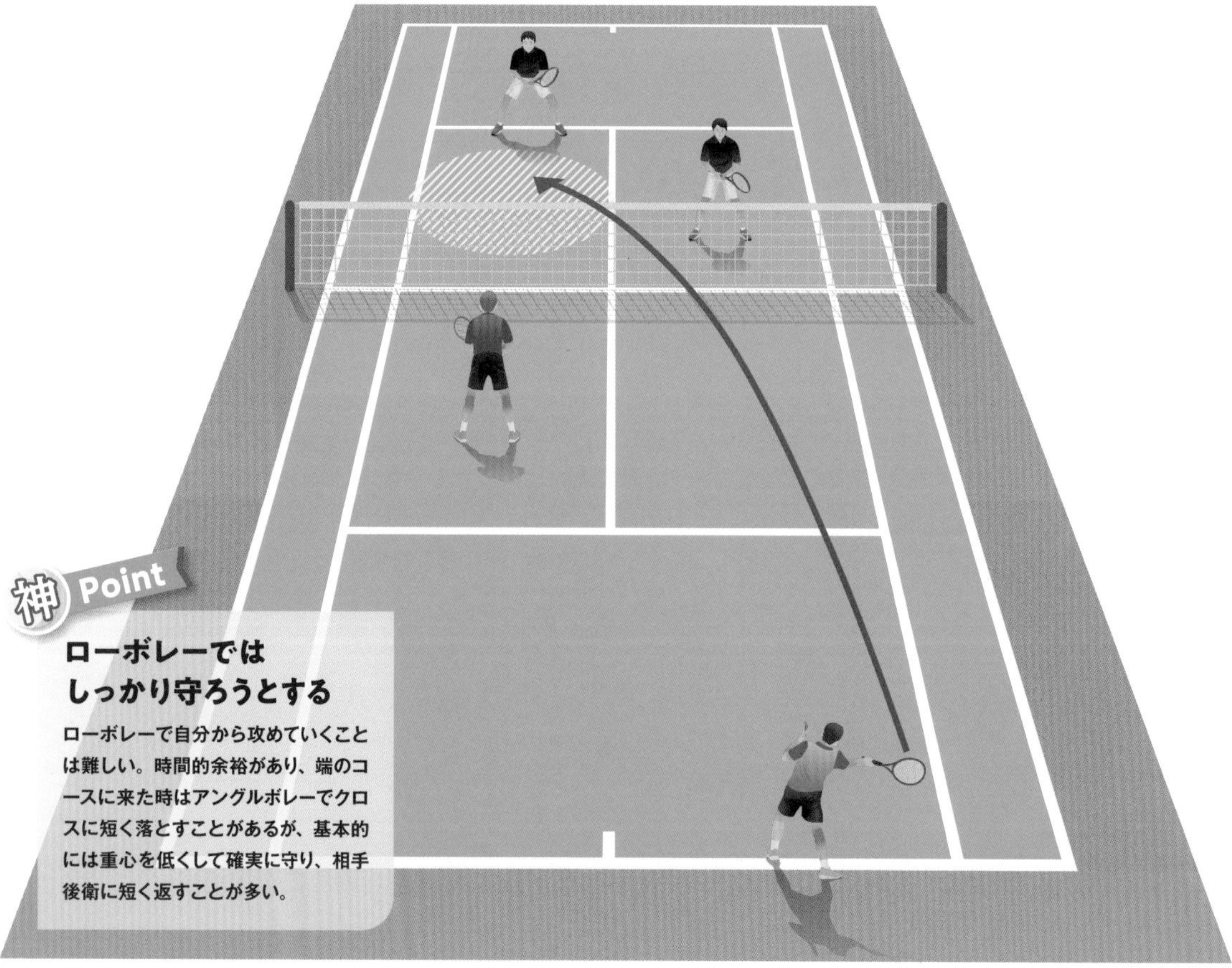

神 Point

**ローボレーでは しっかり守ろうとする**

ローボレーで自分から攻めていくことは難しい。時間的余裕があり、端のコースに来た時はアングルボレーでクロスに短く落とすことがあるが、基本的には重心を低くして確実に守り、相手後衛に短く返すことが多い。

## 相手を動かさずにポイントが取れる

**後衛の足元を狙っていく戦術は3、相手を動かすことはないものの、ポイントを取れる可能性が高い。相手にとっては陣形を崩されていないのにポイントを取られる嫌な展開となる。**

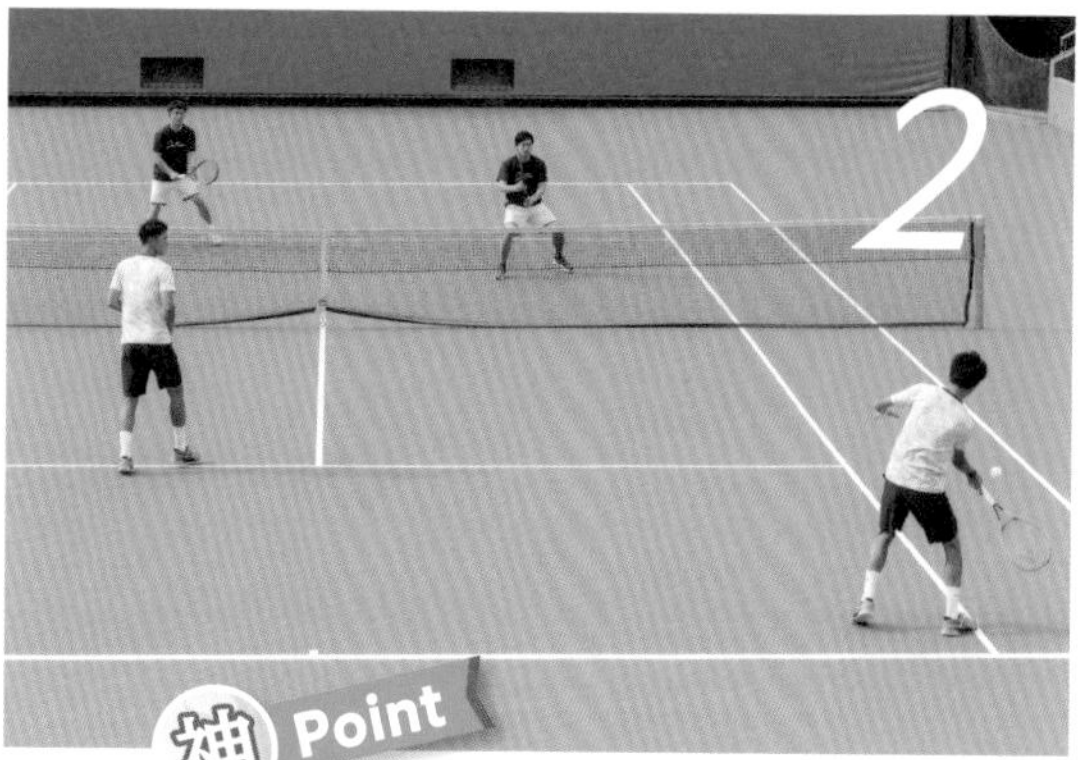

神 Point

### コントロールすれば緩いボールでもOK

**相手に２人で前に詰められると、速いボールで攻めていかないとと考えがちだが、そんなことはない。重要なのはコントロールで、緩いボールでも構わない。ただし、相手の前でバウンドするような浅すぎるボールは禁物だ。**

## 足元を狙ってローボレーを打たせる

自分たちが雁行陣で平行陣の相手に対しては、主に3つの効果的な対策がある。この3つをきっちり打てると、相手に攻撃の機会を与えないだけでなく、ペアの前衛がポイントを取りに行きやすい。ここからはデュースサイドのみを解説するが、アドバンテージサイドは左右対称にした形になるだけで、考え方はどちらも変わらない。

平行陣対策の1つ目は、相手後衛の足元を狙うショットだ。いくら前に詰めていても、低い打点で打たなければいけないローボレーは、自分から攻めていくことが難しい。まして足元でショートバウンドするようなボールなら、返すだけで精一杯になることもある。相手の返球が浮いてきたら、前衛がポイントを決めるチャンスになる。

## ストレートロブを使い後方のスペースを狙う

ストレートに深いロビングを上げると、相手はやや後ろに立っているデュースサイドの後衛が追いかけるケースが多い。しかもバックで苦しい体勢からの返球になりやすい。

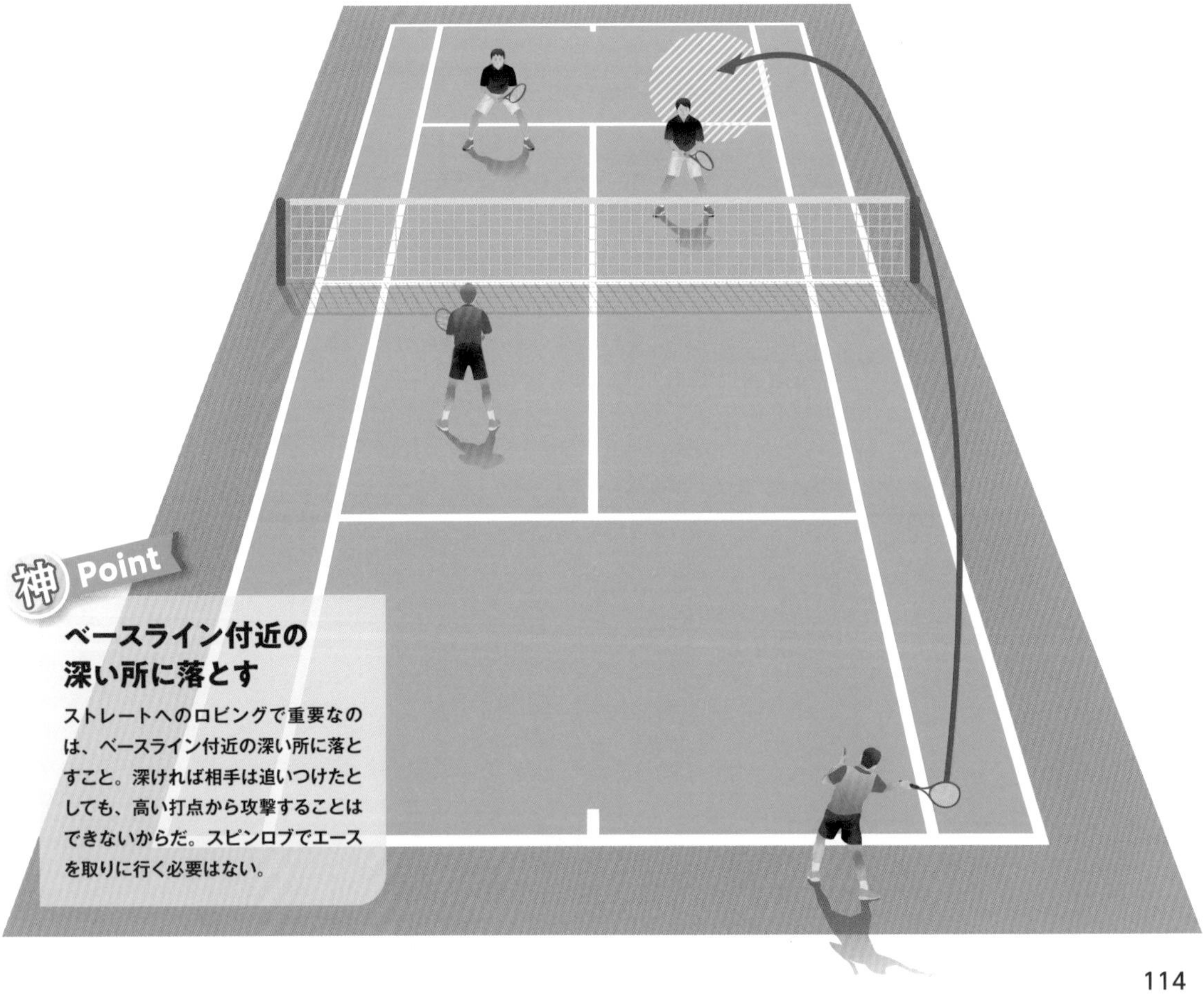

神 Point

### ベースライン付近の深い所に落とす

ストレートへのロビングで重要なのは、ベースライン付近の深い所に落とすこと。深ければ相手は追いつけたとしても、高い打点から攻撃することはできないからだ。スピンロブでエースを取りに行く必要はない。

## 相手の陣形を崩せる攻め方

ストレートへのロビング 2 は、相手の足元を狙ったショットと違い、相手の陣形を崩すことで平行陣の良さを出させないようにする。ロビングが得意な人は使っていきたい。

神 Point

### すかさず自分たちが平行陣を作る

平行陣の1人を後方に下げて陣形を崩すことができれば後衛はすぐさまネットに詰めて、今度は自分たちが平行陣を作る。相手は本来の陣形ではない上、こちらが上げたロビングを返すだけになるので、一気に攻め込みやすい。

## 深いロビングで相手を後ろに下げさせる

平行陣対策の2つ目は、ストレートへのロビングだ。相手は2人がネットに近い位置にいるため、そもそも後方のスペースが空いている。センターセオリーの考えから、相手はセンターを守ろうとする意識が高い場合が多い。そこでストレートにロビングを上げると、相手後衛がバックハンドで対応しなければならなくなる。

ここで注意したいのは、ロビングはスピードのあるスピンロブでエースを取りに行く必要はないということ。ロビングが浅くなり、スマッシュを決められるリスクが高い。スライスショットで相手にこちらの狙いを読まれても構わないので、ベースライン付近に落ちるような深いロビングで、相手のポジションを下げることが重要になる。

相手がバックのローボレーになればすかさず味方前衛は少し前に詰める
センターベルトの上あたりを通すと狙いやすい！

## 相手後衛のセンター寄りの内側を狙う

センターはセンターでも、後衛のバック側の足元が相手にとっての急所になる。ここに打てれば、相手後衛はほぼクロスにしか返せないため、ペアの前衛がポーチに出やすい。

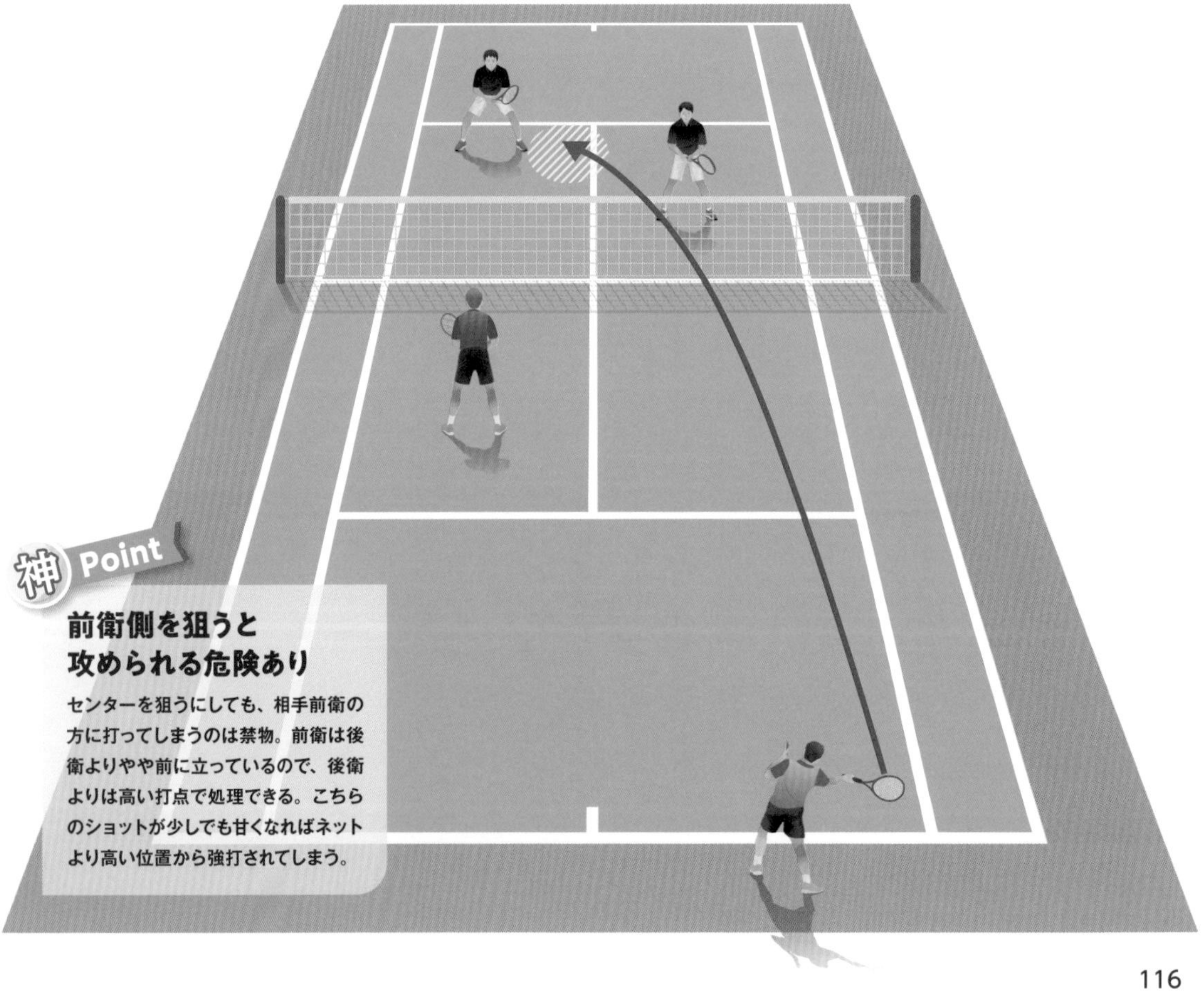

神 Point

**前衛側を狙うと攻められる危険あり**

センターを狙うにしても、相手前衛の方に打ってしまうのは禁物。前衛は後衛よりやや前に立っているので、後衛よりは高い打点で処理できる。こちらのショットが少しでも甘くなればネットより高い位置から強打されてしまう。

## 相手を足止めできるエリアを狙う

**相手後衛のバック側の足元は、その相手をその場に足止めするのに効果的。腕だけで打つことになり、少し横に振られて足を動かせる時に比べてコースを狙いにくい。**

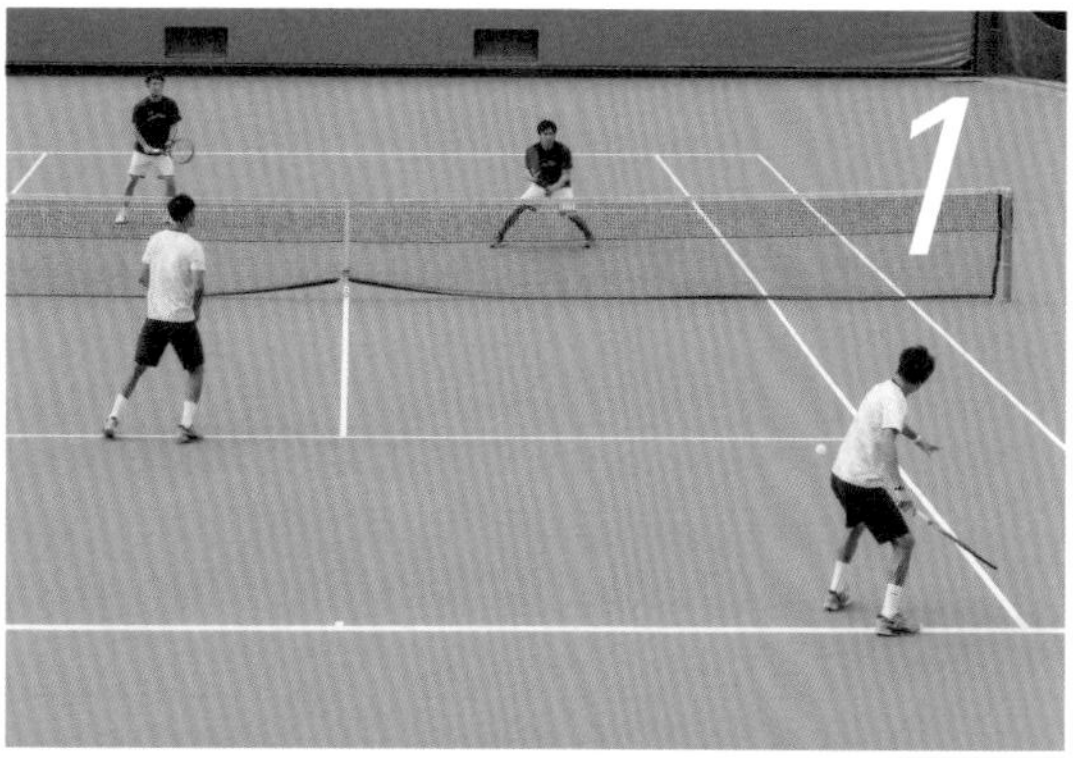

### 神 Point

### 自分の得意プレーで平行陣を攻略する

**平行陣対策の3つのショットのうち、ストロークが得意な人は相手後衛の足元、できればバック側の足元を狙い、ロビングやボレーが得意な人はストレートへのロビングから自分が前に詰めて、ボレーで仕留めるのがいいだろう。**

## 相手後衛のバック側の足元を突く

　平行陣対策の3つ目は、センターセオリーの考え方から相手のセンターを攻める。ただし、単純に2人の間のセンターというだけでなく、相手後衛のバック側の足元を突いていきたい。よりピンポイントになるため、難易度は上がるが、このコースに打てると相手は足止めされ、腕だけで打つことになり、コースを狙いにくい。少し横に振られた時の方が足を動かせるため、コースを変えやすいのだ。

　平行陣対策1つ目で足元を狙ったのと同様、相手の陣形を崩すことはないものの、ポイントを取れるので、相手に精神的ダメージを与えられる。平行陣の相手は、ロビングが得意、ストロークのコントロールには自信があるなど、自分のプレースタイルに適した作戦で攻略する。

# サービスエリアを3分割して攻守を考える

## サービスボックスを3分割する

サービスボックスを横に3分割し、ネットに近いゾーンを❶、サービスラインに近いゾーンを❸として考える。❶に入ることはほぼないので、ここでは考えなくていい。

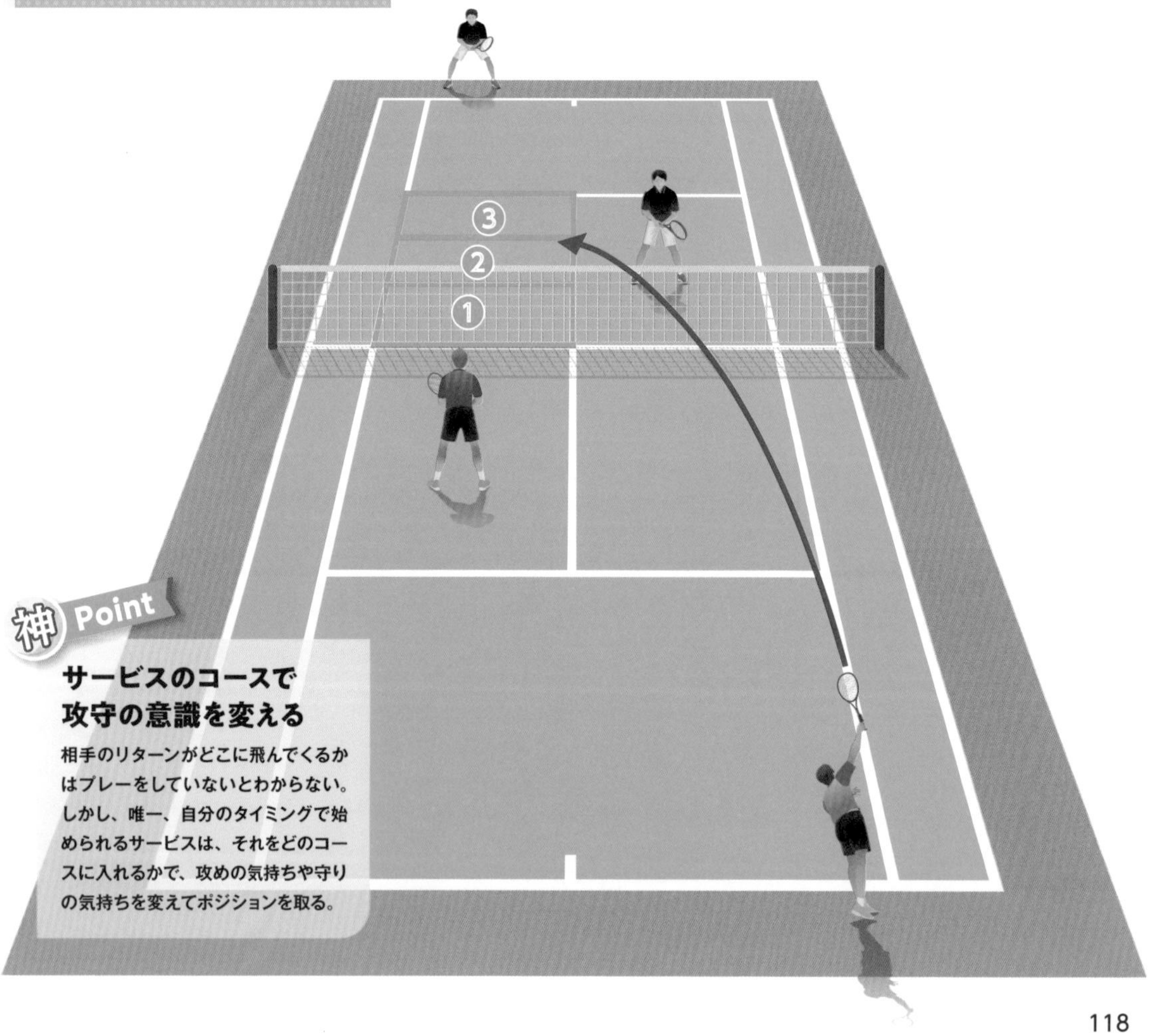


神 Point

### サービスのコースで攻守の意識を変える

相手のリターンがどこに飛んでくるかはプレーをしていないとわからない。しかし、唯一、自分のタイミングで始められるサービスは、それをどのコースに入れるかで、攻めの気持ちや守りの気持ちを変えてポジションを取る。

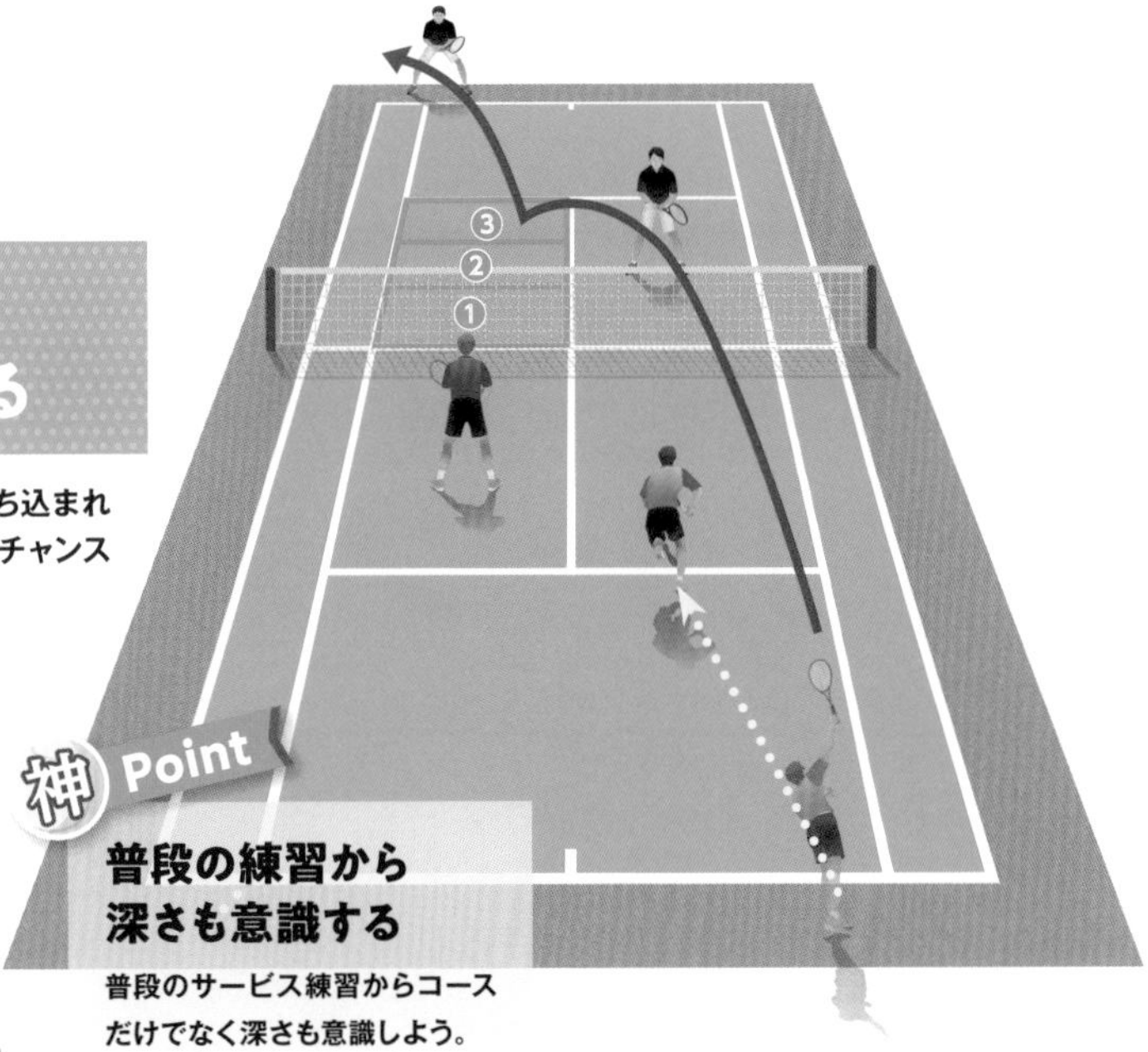


## サービスボックスの❸に入ったときは攻める

深いサービスなので、コースが多少甘くなっても打ち込まれる可能性は少ない。サービスダッシュを仕掛けて、チャンスにはいつでも決められるという準備をしておく。

**神 Point**

### 普段の練習から深さも意識する

普段のサービス練習からコースだけでなく深さも意識しよう。

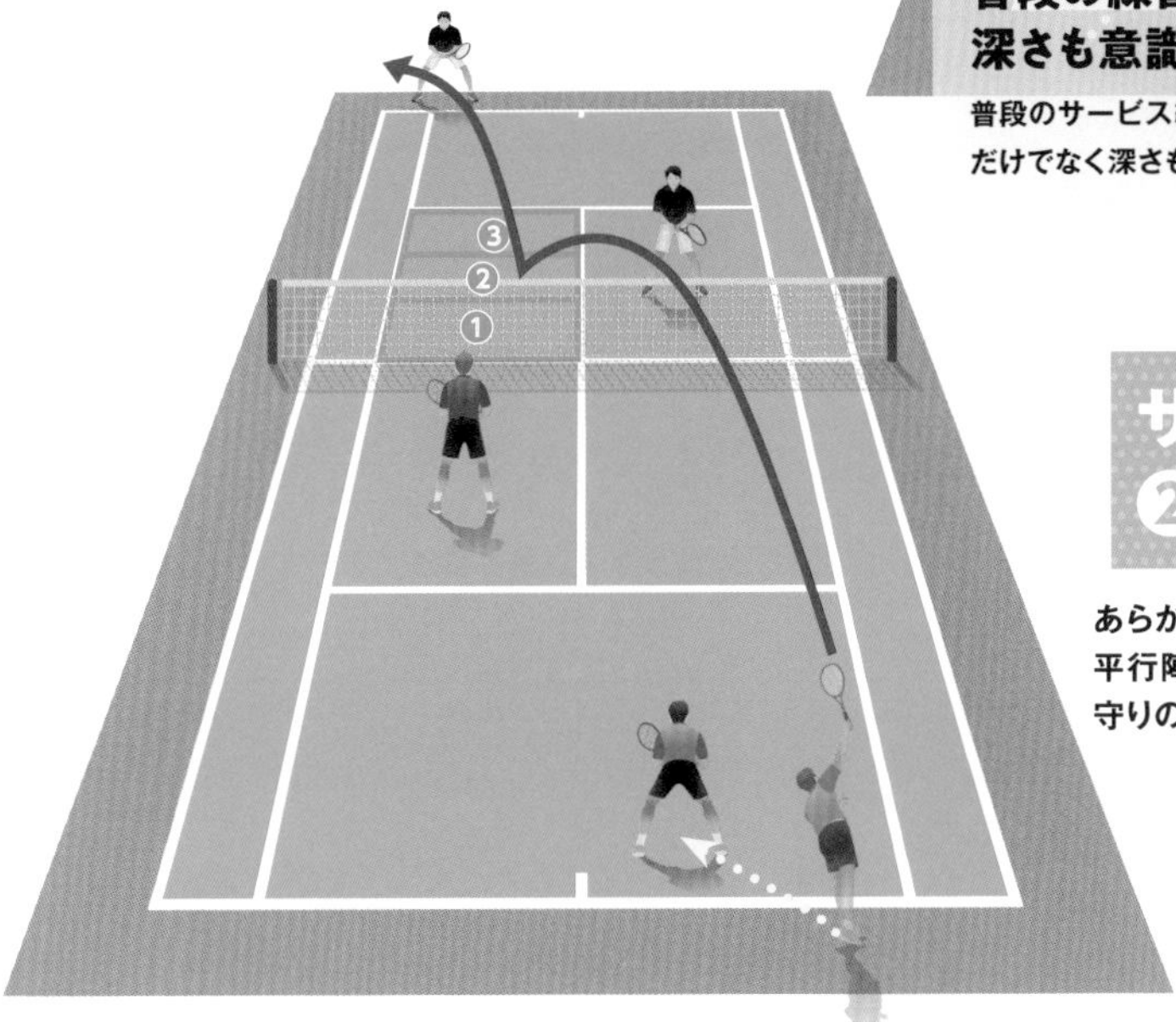


## サービスボックスの❷に入ったときは守る意識

あらかじめ足元や速いリターンが来ると想定できていれば、平行陣を作ることはそれほど難しくない。ただし、まずは守りの意識を持っておいた方がいいだろう。

## サービスが深ければ攻めの意識を高める

サービスダッシュを行う場合、サービスがどこに入るかで、次のプレーや意識の持ち方を変える必要がある。ここではサービスボックスを横に3分割し、ネットに近い方から❶❷❸のゾーンとして考える。なお、サービスが❶に入ることはまずないので、ここでは取り上げない。

ノープレッシャーで打てるファーストサービスは、❸に入ることが多い。深いゾーンなのでコースが多少甘くなっても相手から打ち込まれることは少ない。したがってサービスダッシュで前に行き、チャンスはいつでも決めるという準備をしておく。サービスが❷に入った時、とくにセカンドサービスではリターンを強く打たれることが多い。前に出たとしても守りの意識で相手の返球を待つ。

## リターンダッシュからの攻めと守り

# 相手のセカンドサーブの時にリターンダッシュで攻める

### コートのなかに入って行うブロックリターン

ブロックリターンとは、コートの中に入っていき、速いテンポで返すリターンのこと。コンパクトにスイングすることで、より早く前に詰めて平行陣を作ることができる。

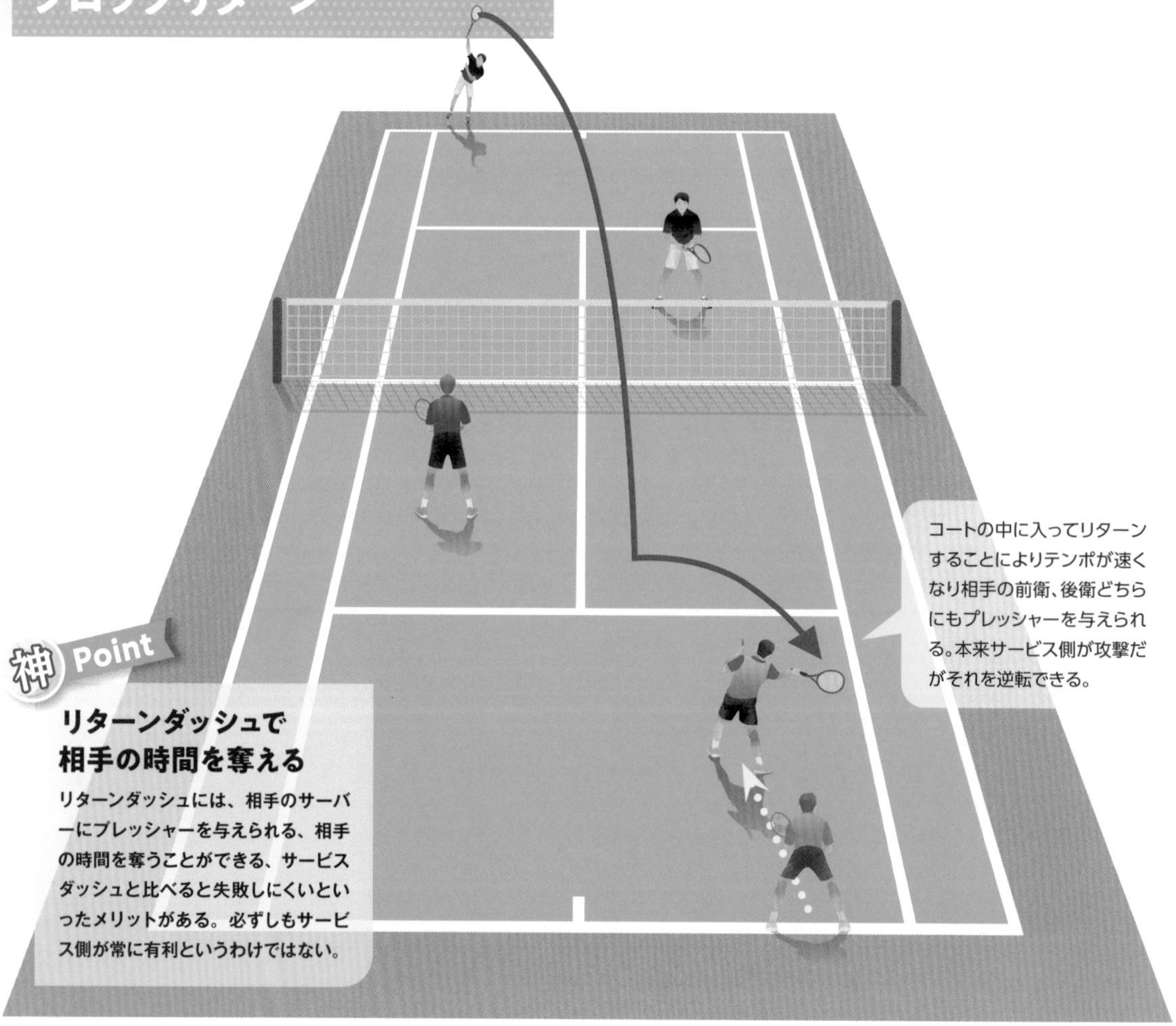

コートの中に入ってリターンすることによりテンポが速くなり相手の前衛、後衛どちらにもプレッシャーを与えられる。本来サービス側が攻撃だがそれを逆転できる。

神 Point

**リターンダッシュで相手の時間を奪える**

リターンダッシュには、相手のサーバーにプレッシャーを与えられる、相手の時間を奪うことができる、サービスダッシュと比べると失敗しにくいといったメリットがある。必ずしもサービス側が常に有利というわけではない。

# リターンダッシュでプレッシャーを与える

リターンダッシュとは、相手のサービスをリターンし、そのままネットに詰めるテクニック。リターンダッシュによって、サーバーにプレッシャーを与えたり、相手の時間を奪ったりできる。また、サービスダッシュと比べて、リターンの動きの流れで前に移動できるのも特徴だ。基本的には、相手のファーストサービスでは、あまりリターンダッシュをしない方がいい。

リターンダッシュでは、コートの中に入って、速いテンポで返すブロックリターンを使うのが前提になる。これはできるだけ早くサービスラインの中に入って平行陣を作りたいから。ベースライン上やベースラインより後ろでリターンをすると、そこから前に行って平行陣を作るのが難しくなる。

## 相手のファーストサーブのときはリターンダッシュはしない

相手が思い切って打てるファーストサービスでは、リターンダッシュをしない方がいい。ファーストサービスが入ってくると、リターンで正確にコースを突くのは難しいからだ。

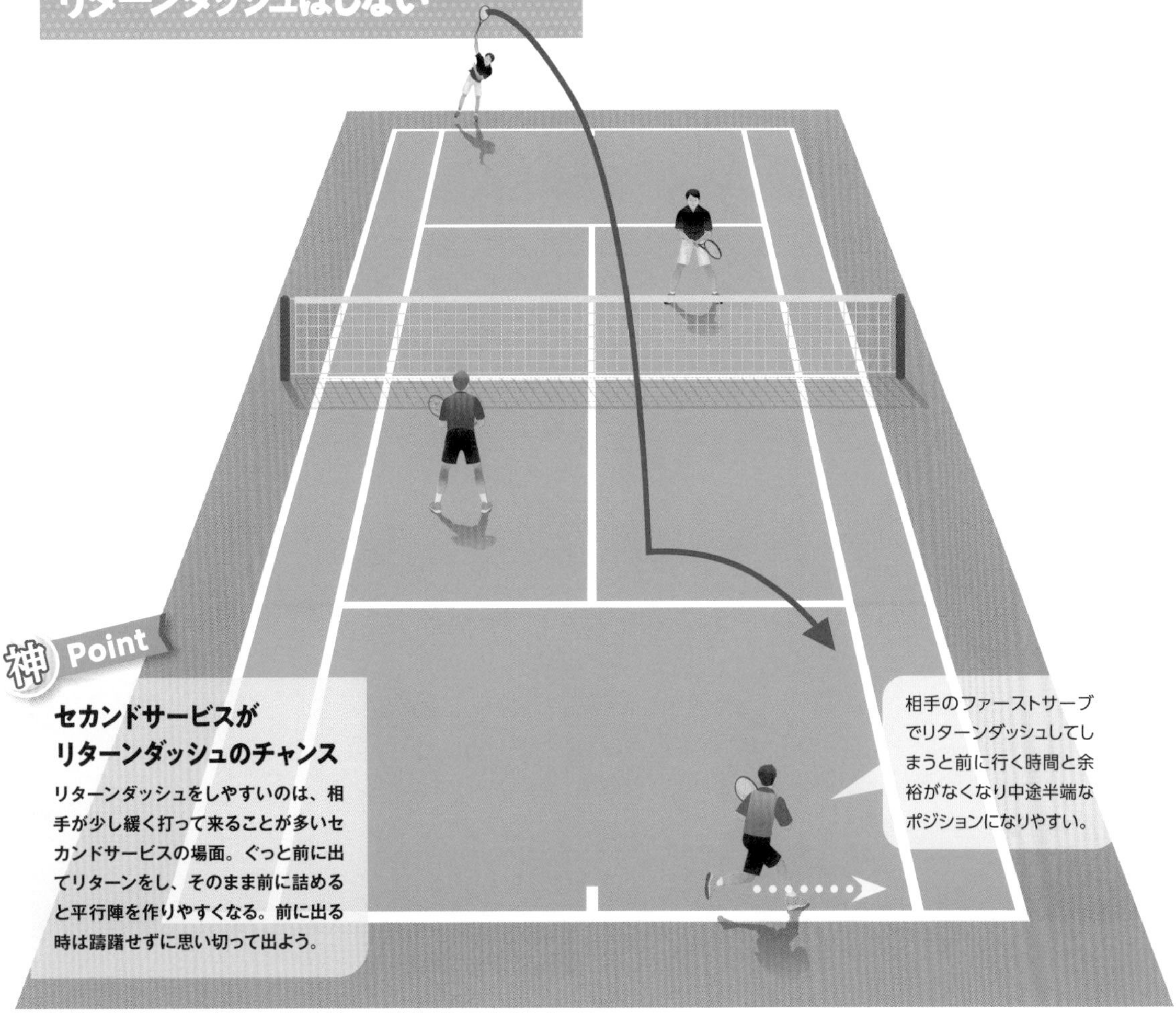
相手のファーストサーブでリターンダッシュしてしまうと前に行く時間と余裕がなくなり中途半端なポジションになりやすい。

神 Point

### セカンドサービスがリターンダッシュのチャンス

リターンダッシュをしやすいのは、相手が少し緩く打って来ることが多いセカンドサービスの場面。ぐっと前に出てリターンをし、そのまま前に詰めると平行陣を作りやすくなる。前に出る時は躊躇せずに思い切って出よう。

## 低い弾道でリターンできたら攻めの体勢を取る

リターンの弾道が低ければ、攻めの姿勢を強くするチャンス。リターンダッシュでサービスライン内に入り、２人で通常の平行陣よりもう1歩分ポジションを上げる。

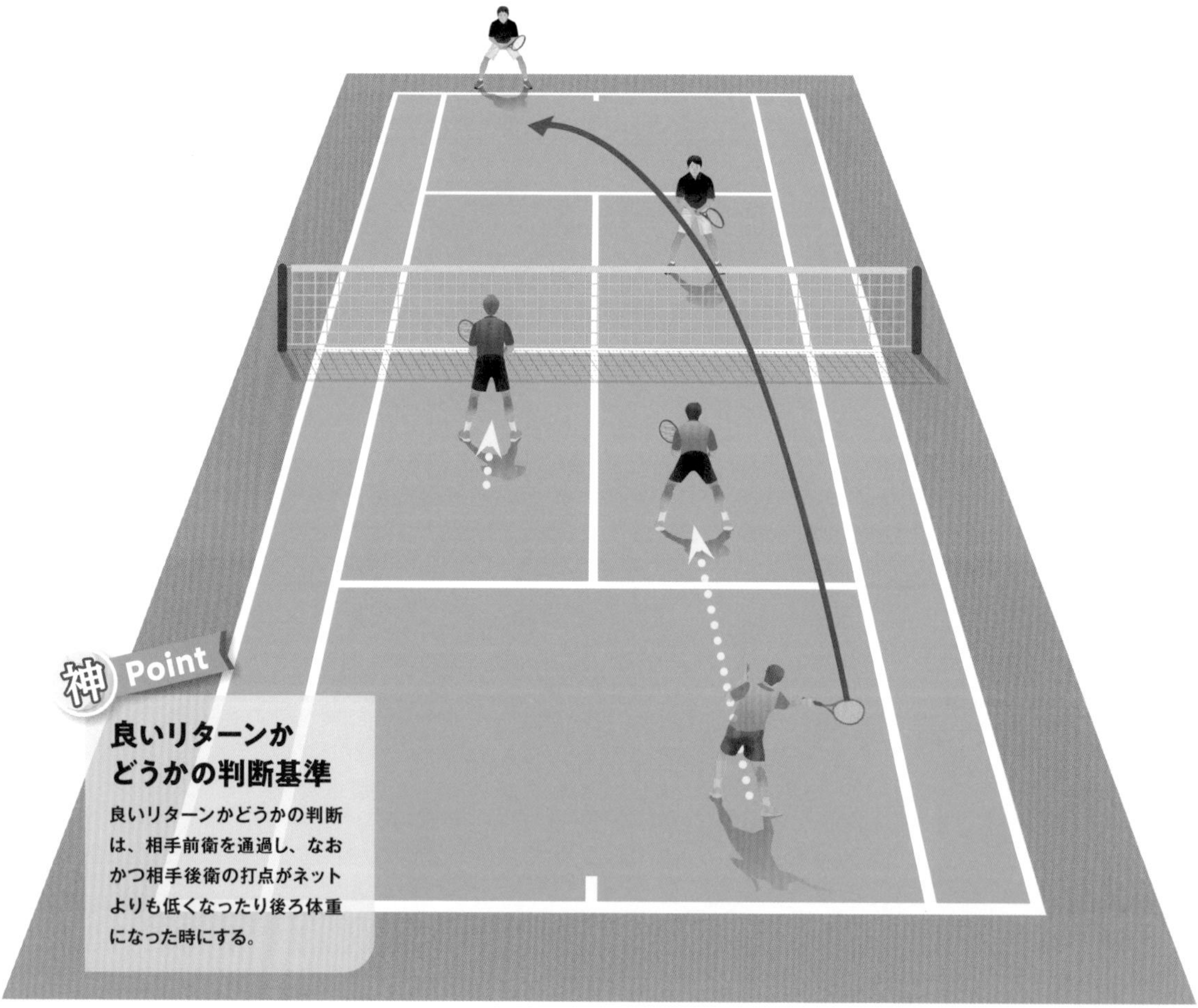

神 Point

### 良いリターンかどうかの判断基準

良いリターンかどうかの判断は、相手前衛を通過し、なおかつ相手後衛の打点がネットよりも低くなったり後ろ体重になった時にする。

# 相手の返しのボールが浮きやすくなる

リターンが低い弾道になったということは、相手の次のショットの打点を低くさせたということ。このとき相手は持ち上げるイメージで打とうとしてボールが浮きやすくなる。

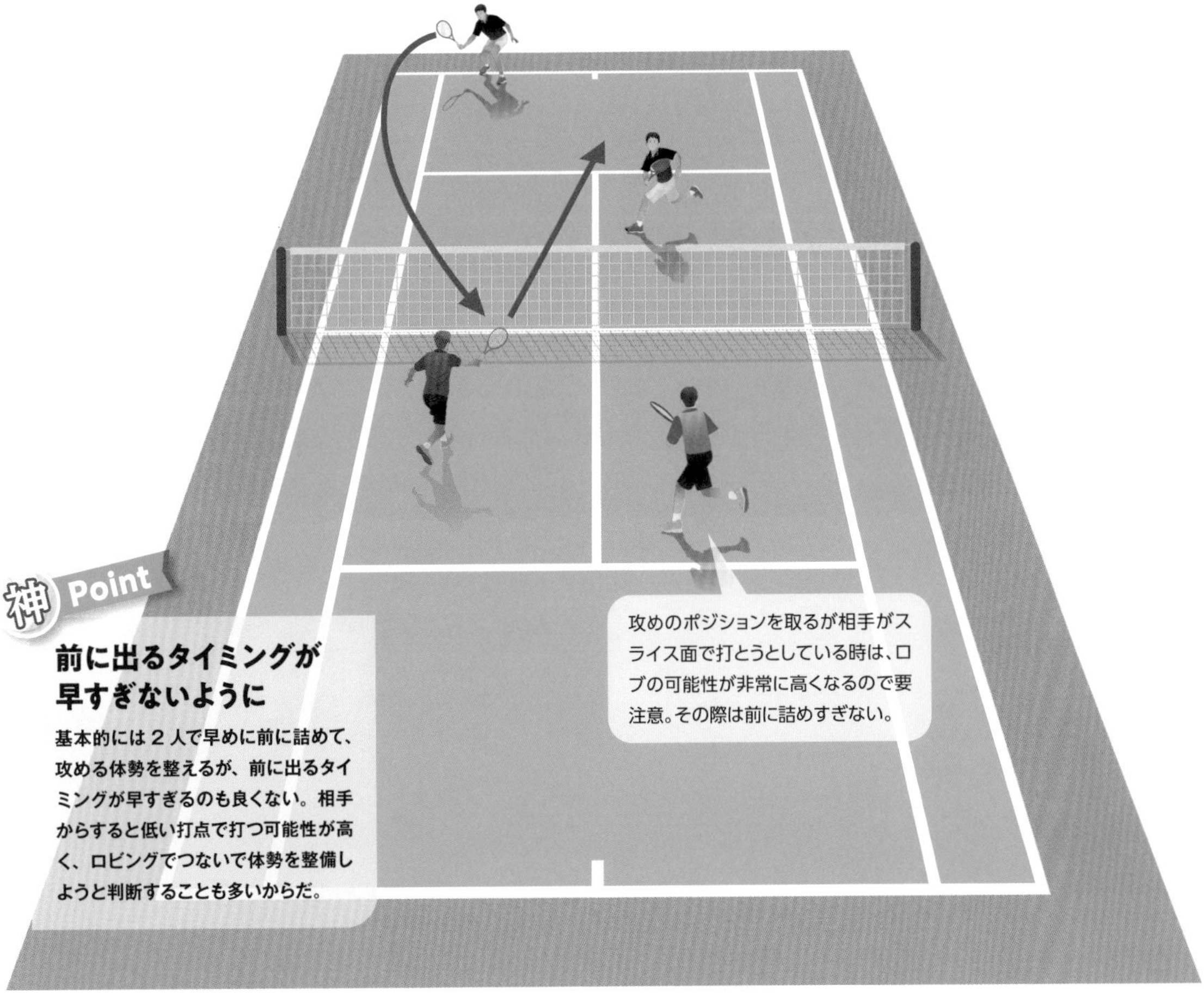
攻めのポジションを取るが相手がスライス面で打とうとしている時は、ロブの可能性が非常に高くなるので要注意。その際は前に詰めすぎない。

神 Point

### 前に出るタイミングが早すぎないように

基本的には２人で早めに前に詰めて、攻める体勢を整えるが、前に出るタイミングが早すぎるのも良くない。相手からすると低い打点で打つ可能性が高く、ロビングでつないで体勢を整備しようと判断することも多いからだ。

## リターンが低ければ2人でさらに1歩前へ

　ブロックリターンがうまくクロス方向に低い弾道で飛んでいき、相手の次のショットの打点を低くさせることができた時は、リターンダッシュでサービスライン内に入り、2人でさらに前に踏み込む。通常の平行陣よりもう1歩分ポジションを上げ、攻める体勢を作る。低い打点で打つことになる相手は、持ち上げるイメージで打とうとしてボールが浮きやすくなる。

　ある程度の高さに浮いてきたボールは見逃してはいけない。通常の平行陣よりややポジションを上げたのは、この時にサービスラインあたりにいると攻めにくくなるからだ。リターンが低い弾道になったケース以外では、威力がある深いリターンになった時も、通常より1歩分前に出て攻めの意識を高める。

## リターンが浮いたら足元に来るボールをケア

技術的にやや難しいブロックリターンは、浮いてしまうこともある。そういう時は相手にとって攻撃チャンスになるため、前には行かず、ベースライン付近に戻って守備を固める。

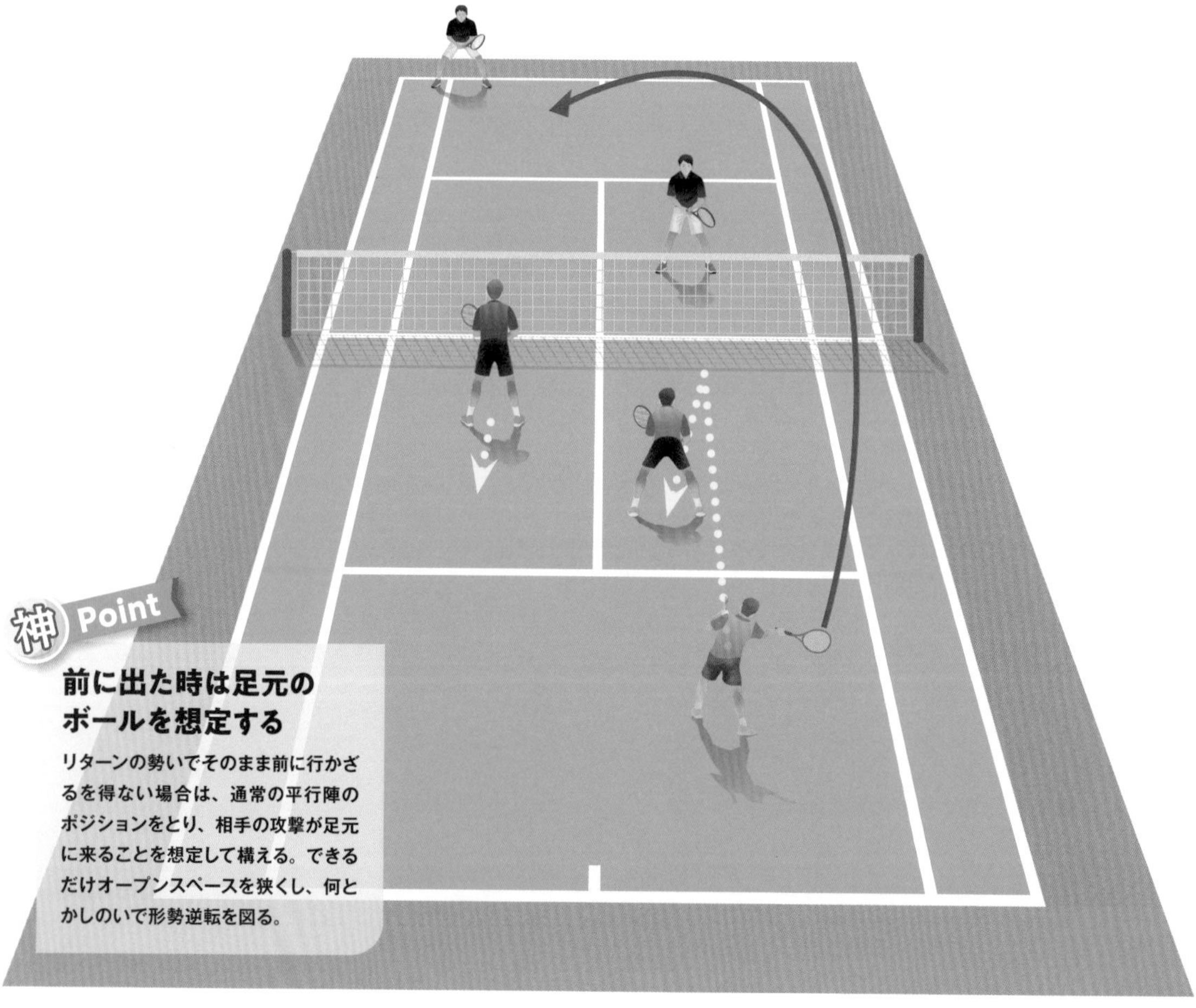

神 Point

### 前に出た時は足元のボールを想定する

リターンの勢いでそのまま前に行かざるを得ない場合は、通常の平行陣のポジションをとり、相手の攻撃が足元に来ることを想定して構える。できるだけオープンスペースを狭くし、何とかしのいで形勢逆転を図る。

# 相手がスライスの構えをしたときの対処法

**リターンを返した後、相手がスライスを打つ構え（コンチネンタルグリップ）をしていたら、次にロビングを打って来ると考えられる。そういう時はポジションを上げすぎない。**

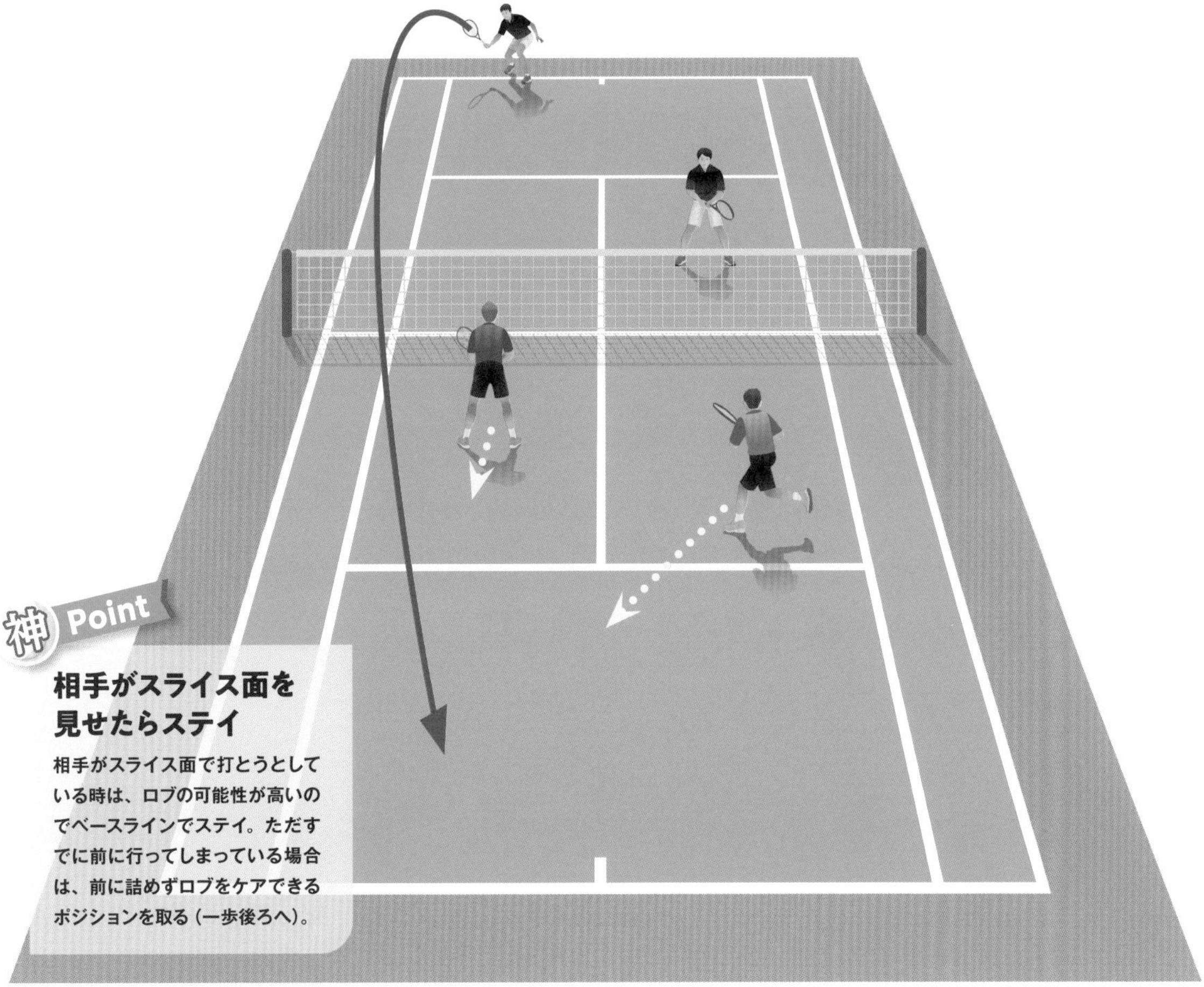

**神 Point**

### 相手がスライス面を見せたらステイ

**相手がスライス面で打とうとしている時は、ロブの可能性が高いのでベースラインでステイ。ただすでに前に行ってしまっている場合は、前に詰めずロブをケアできるポジションを取る（一歩後ろへ）。**

## リターンダッシュをしない方がいい場面も

　ブロックリターンはやや難しい技術なので、相手にとって攻めやすい浮いたボールになってしまうこともある。そういう時はリターンダッシュはせず、ベースライン付近に戻る。そのままの勢いで前に行かざるを得ない場合は、通常の平行陣のポジションで、足元に来るボールを想定して構えケアしておく。

　リターンダッシュをするか、しないかは、相手のグリップや構え方によっても変わる。リターンした後、相手のグリップがコンチネンタルだったり、スライスを打つ構えをしていたりすれば、次にロビングを打ってくる可能性が高い。そういう時にポジションを上げすぎると、頭上を抜かれてしまうので、リターンダッシュをするべきではない。

センターセオリーとは？

# 相手が平行陣の時には積極的にセンターを狙う

## 入る確率の高いエリアがセンター

両サイドとセンターを比べると、確率的にはセンターの方がミスをしにくい。サイドアウトの心配がなく、中央がやや低く張られているネットにかかる可能性も少ない。

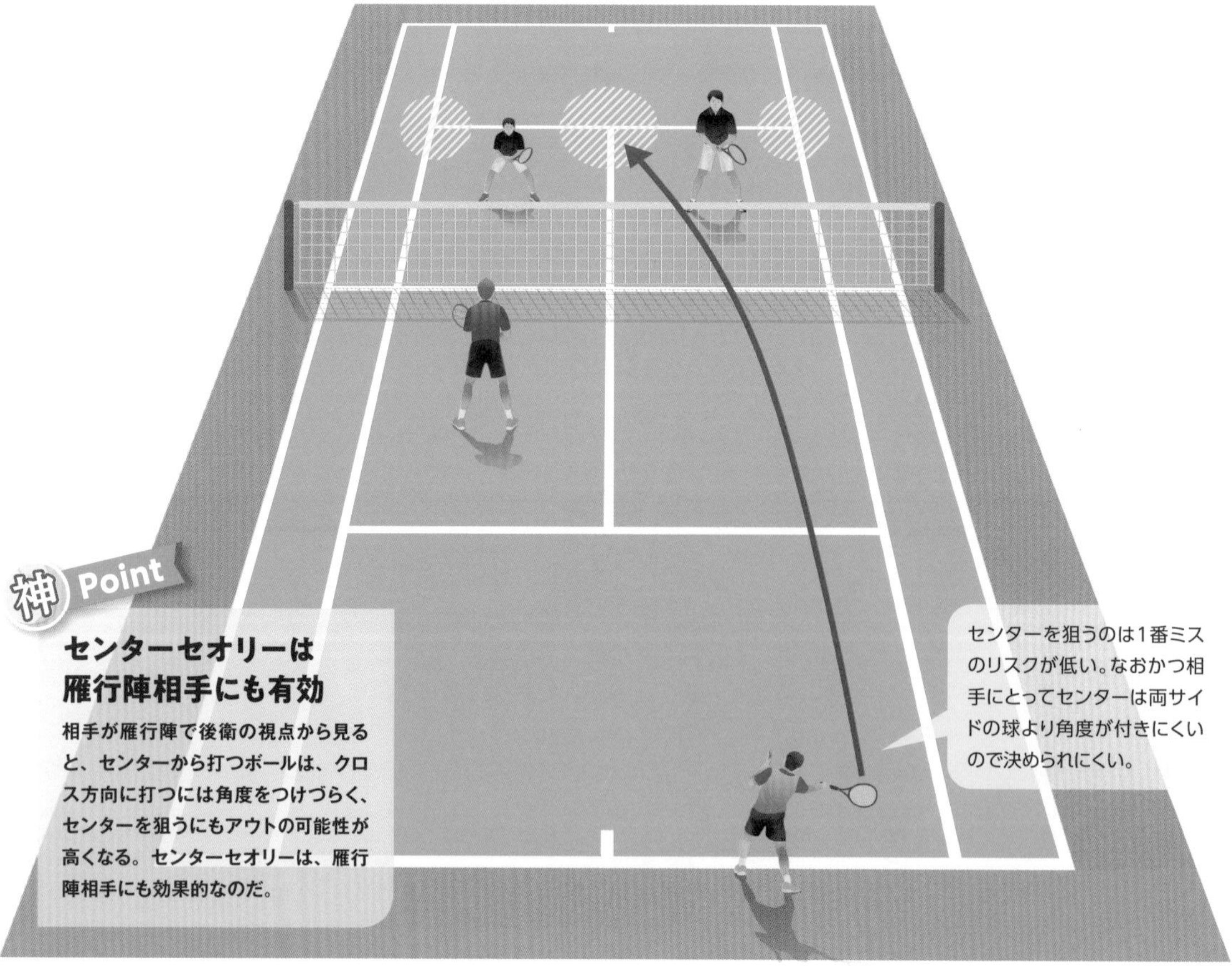
センターを狙うのは1番ミスのリスクが低い。なおかつ相手にとってセンターは両サイドの球より角度が付きにくいので決められにくい。

神 Point

### センターセオリーは雁行陣相手にも有効

相手が雁行陣で後衛の視点から見ると、センターから打つボールは、クロス方向に打つには角度をつけづらく、センターを狙うにもアウトの可能性が高くなる。センターセオリーは、雁行陣相手にも効果的なのだ。

# 相手2人が迷うセンター狙い

**センター攻撃をされた相手からすると、2人の間を狙われると 2、どちらが取るべきかを迷いやすい 4。とくに初級レベルのペアは、譲り合ってそのまま抜けていくことが少なくない。**

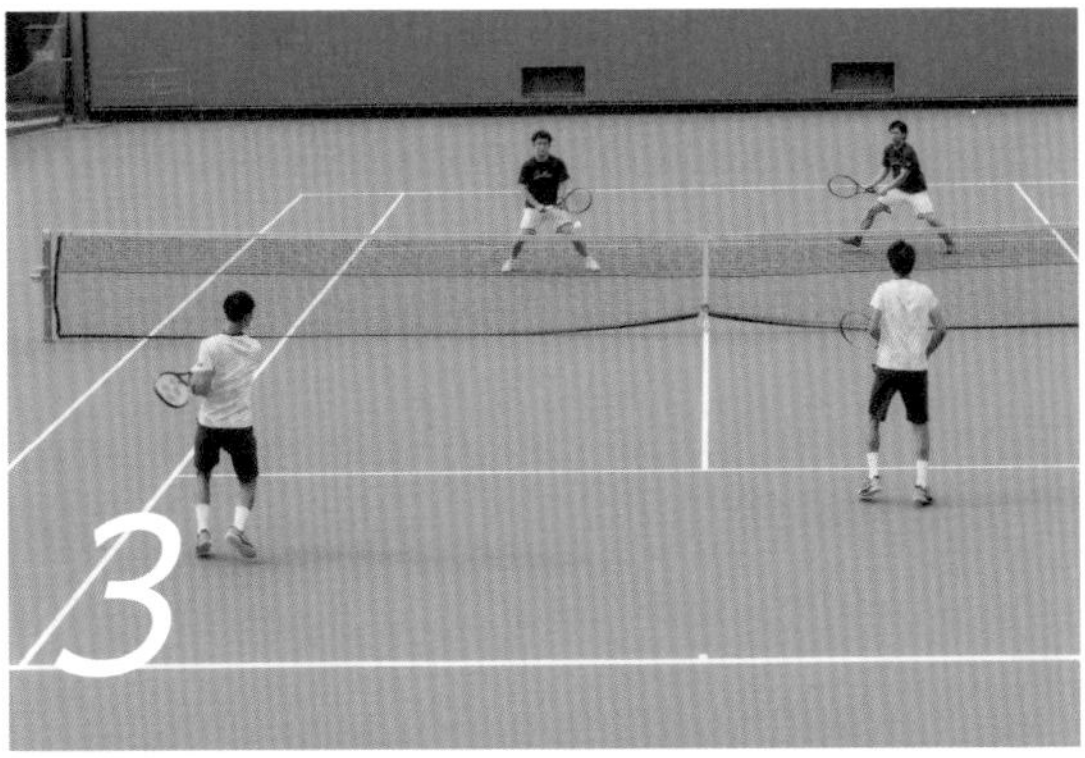

神 Point

### センターばかり狙わず他のコースにも打つ

**常にセンターを狙ってばかりいると、相手も読みを働かせ、ポーチされやすくなる。時々はストレートに打って相手前衛を警戒させたり、ロビングを上げて後方を意識させたりすると、センター攻撃がより生きてくる。**

## 考えの基礎になるのが「センターセオリー」

いろいろな場面で有効なセンター攻撃。その考えの基礎となる「センターセオリー」には、センターへ打つ方がサイドを狙うよりミスをしにくい、相手は対応しづらいなどのメリットがある。攻撃側からすると、ポイントを取りやすいコースだ。

とくに相手が平行陣の時は、自分たちが雁行陣であっても平行陣であっても、積極的にセンターを狙っていきたい。ストロークを打つ瞬間、空いているコースは両サイドと2人の間になるが、両サイドは強く打つとサイドアウトのリスクがある。また、ネットは中央がやや低く張られているので、サイドの方がネットにかかりやすい。攻撃的に行きたい時は思い切って攻めるべきだが、常にサイドを狙っていくのは難しい。

苦手な人が多い
バックのローボレーを
相手に打たせよう
フォアボレーよりも
バックボレーの方が
苦手な人の割合は多い

## 相手後衛にバックボレーを打たせるようにする

平行陣の後衛が右利きであれば、センター攻撃によってバックボレーで対応させせることになる。ボレーでもフォアよりバックが苦手な人が多いので、ミスを誘いやすい効果がある。

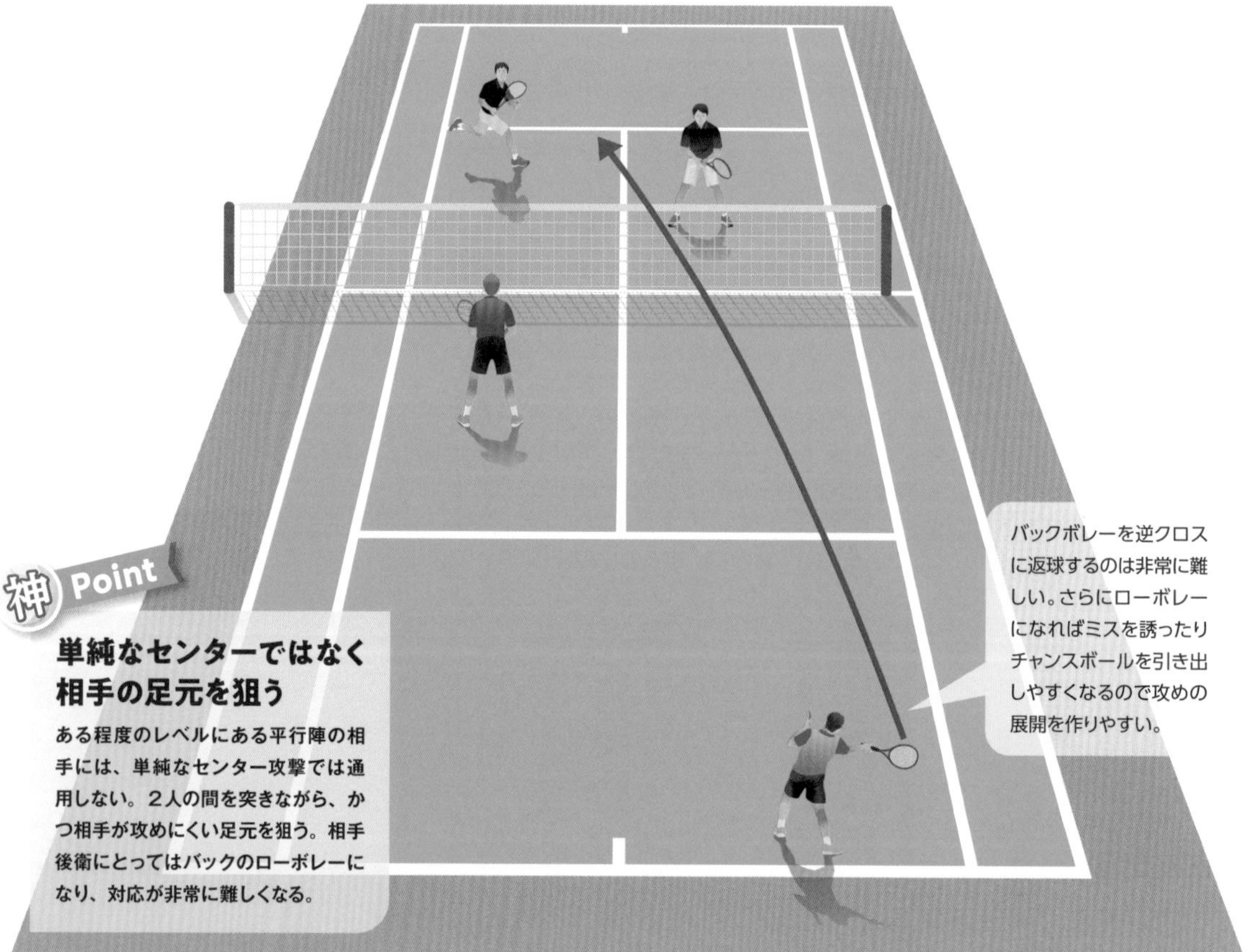
バックボレーを逆クロスに返球するのは非常に難しい。さらにローボレーになればミスを誘ったりチャンスボールを引き出しやすくなるので攻めの展開を作りやすい。

神 Point

### 単純なセンターではなく相手の足元を狙う

ある程度のレベルにある平行陣の相手には、単純なセンター攻撃では通用しない。２人の間を突きながら、かつ相手が攻めにくい足元を狙う。相手後衛にとってはバックのローボレーになり、対応が非常に難しくなる。

# 「2人の間」を狙うと穴ができ得点になりやすい

相手が雁行陣の場合でも、センター攻撃は有効だ。たとえば雁行陣の相手後衛がストレートに打ってきた時、相手後衛と相手前衛の間を突くようなショットを打つと決まりやすい。

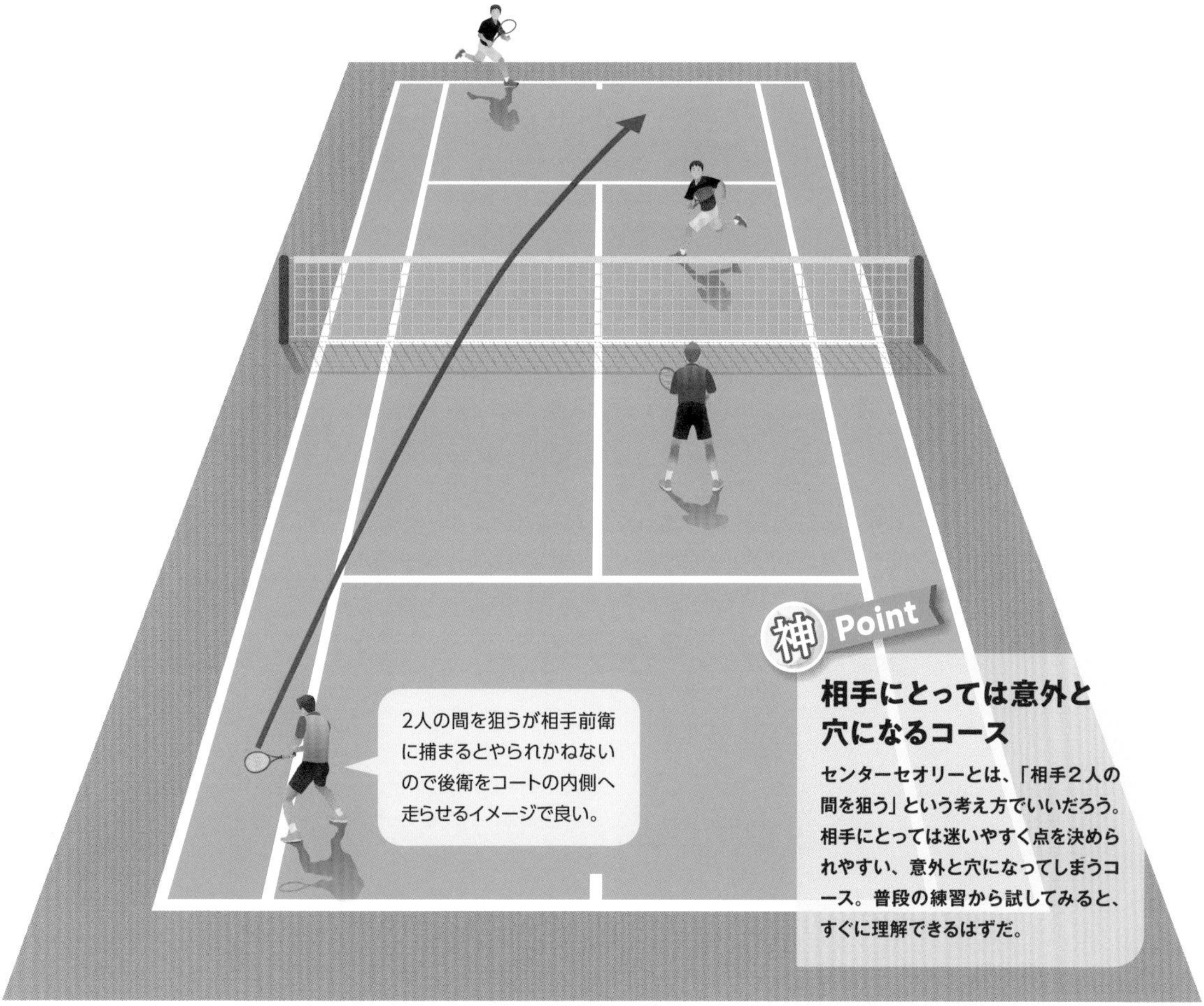
2人の間を狙うが相手前衛に捕まるとやられかねないので後衛をコートの内側へ走らせるイメージで良い。

神 Point

### 相手にとっては意外と穴になるコース

センターセオリーとは、「相手２人の間を狙う」という考え方でいいだろう。相手にとっては迷いやすく点を決められやすい、意外と穴になってしまうコース。普段の練習から試してみると、すぐに理解できるはずだ。

## 相手が攻めにくい足元を狙っていく

平行陣の相手に対するセンター攻撃はいろいろな面でメリットがあるが、ある一定のレベルに達したペアには、単純なセンター攻撃では通用しないことがある。ストロークのスピードや球質にもよるだろう。そこで2人の間を突きながら、かつ相手が攻めにくい足元を狙っていく。クロス展開では相手後衛にとってバックボレーになり、それが足元へのボールだと対応しにくい。ローボレーで逆クロスに返すのはフォアでも難しいが、バックになればなおさらだ。

他にもセンターを狙うべき場面がある。自分たちが平行陣で、相手後衛がストレートに打ってきた時、前衛はボレーで2人の間のセンターを狙う。センターセオリーとは、「相手2人の間を狙う」という考え方でいい。

# 緩急を使って相手が体感するよりも速球に感じさせる

## 相手が平行陣のときはゆっくりなボールで足元を狙う

ネットに詰めている相手には、足元の低い所を狙ったボールが効果的。ローボレーを打たせて強打を封じ、甘く返ってきたボールは速いアタックで決めに行く。

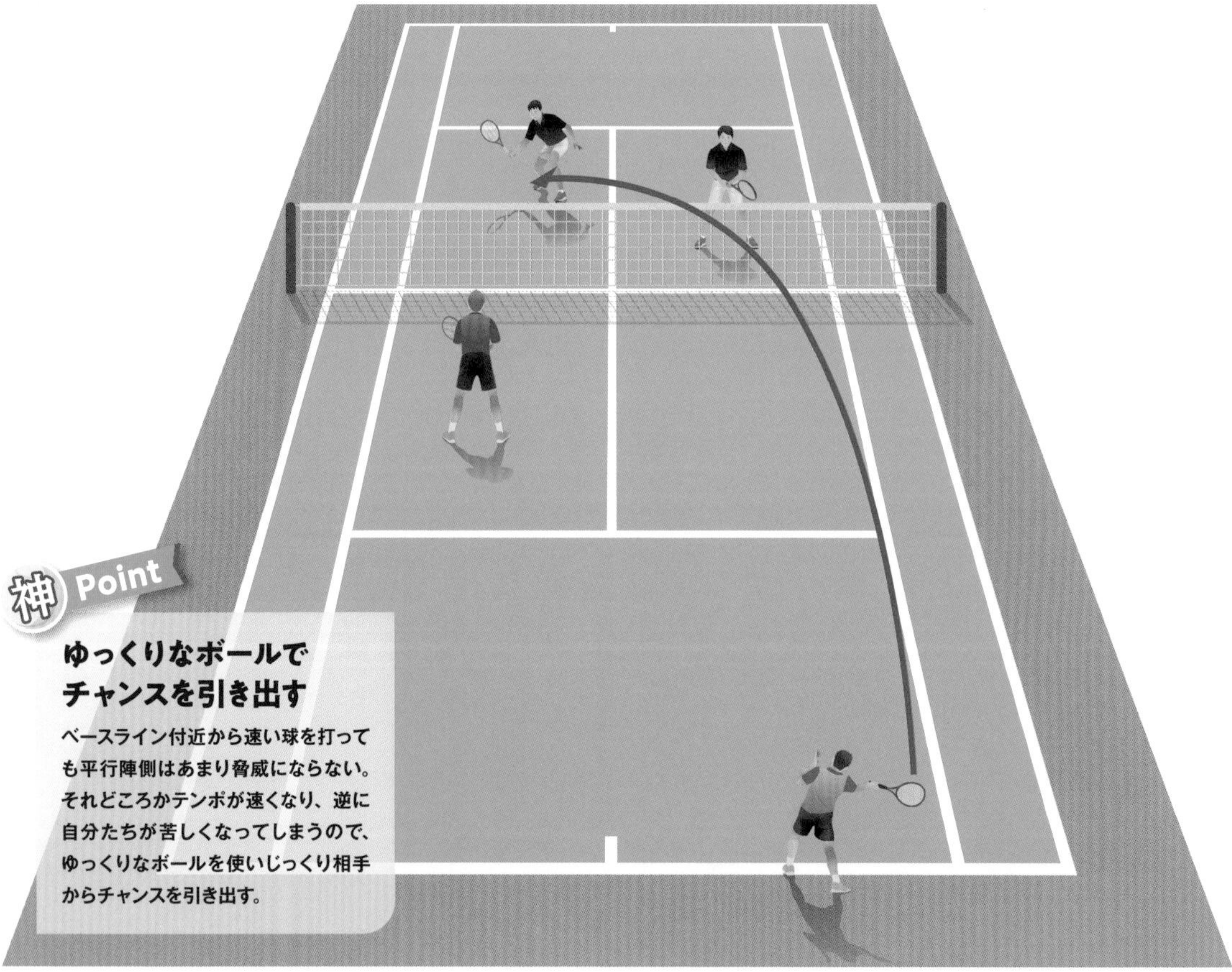

神 Point

### ゆっくりなボールでチャンスを引き出す

ベースライン付近から速い球を打っても平行陣側はあまり脅威にならない。それどころかテンポが速くなり、逆に自分たちが苦しくなってしまうので、ゆっくりなボールを使いじっくり相手からチャンスを引き出す。

# ショットのリズムに緩急をつける

ラリーは一定のリズムで続けていては相手も次第に慣れてくる。ゆっくりしたラリーの中に 2、時おり速いボールを混ぜたりすると 4、相手のリズムを崩すことができる。

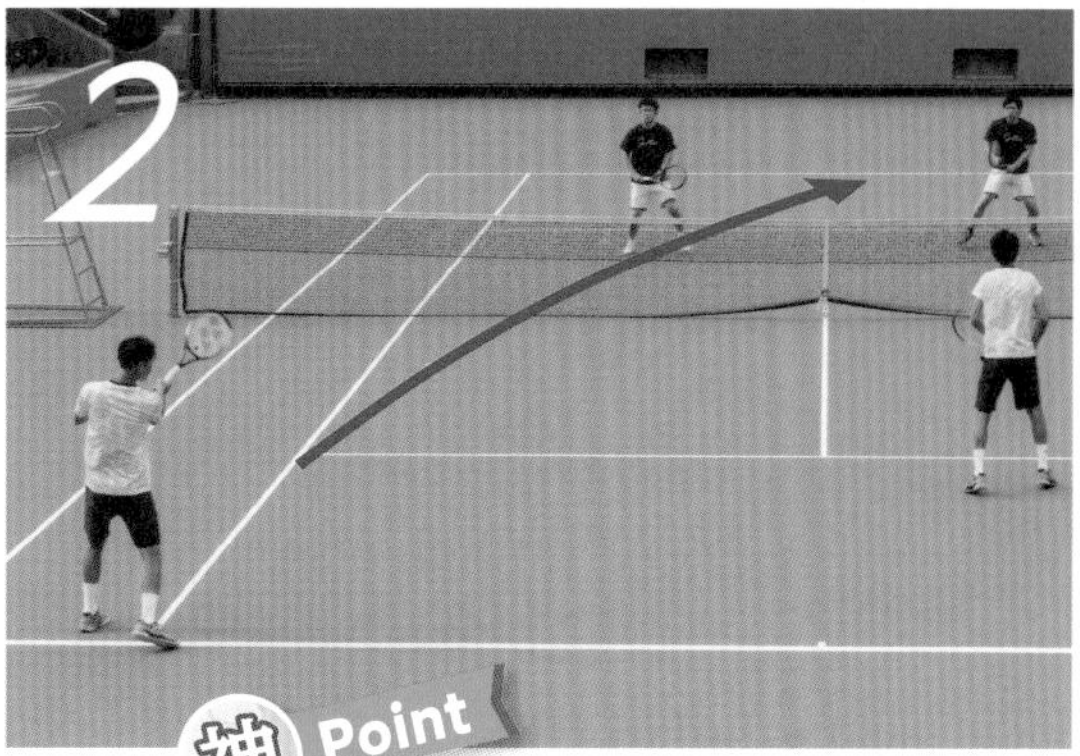


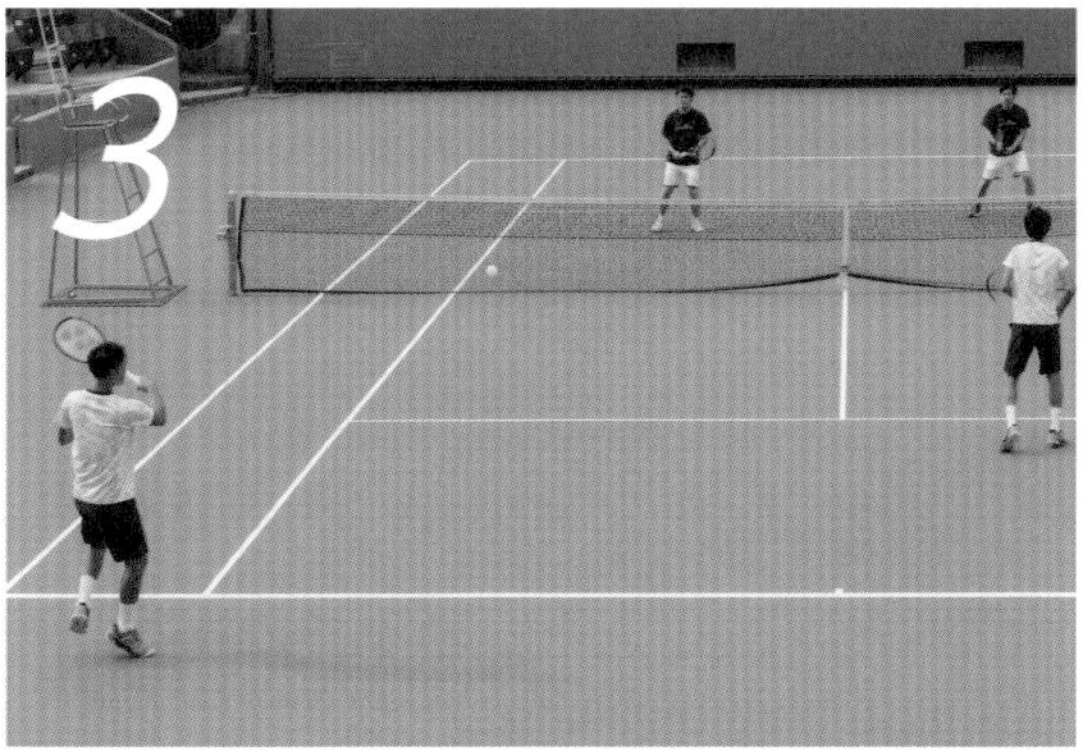

神 Point

### 速いボールは常に打ち続けられない

どれだけレベルの高い選手でも、常に速いボールを打ち続けることはできない。しかし、緩いボールばかりでは相手にプレッシャーがかからず、ポイントも取れない。そこでショットに緩急をつけることが重要になってくる。

## ゆっくりしたラリーに速いボールを混ぜる

どの陣形でも速いボールを常に打ち続けることは難しい。しかし、常に緩い打球ばかりでは相手にプレッシャーもかからず、ポイントも取りにくくなってしまう。そこでラリーでうまくリズムを変えて、相手に慣れさせない。ゆっくりしたラリーの中に速いボールを混ぜると、相手のリズムを崩すことができる。

面だけしっかり作れば返せるボレーは、ストロークほど振り遅れる心配がなく、速いボールは速いボレーで返されやすい。したがって平行陣の相手には、緩いボールでも足元の低い所を狙っていく。相手のローボールが甘くなった時に、速球でセンターやストレートにアタックすると、相手は急に速いボールが来たと、いつもの体感スピードよりも速く感じる。

リズムが狂えば
余裕がなくなり
相手はコントロールが
難しくなる
そこがポーチ
ボレーのチャンス！
緩急を使えば
相手のリズムを
崩すことができる

## ポーチボレーを狙うための戦略的な緩急の使い方

山なりのボールのゆっくりしたラリーの中で、若干速いボールを使うと、相手は少し振り遅れて、前衛がポーチに出るチャンスができる。その前に相手がミスをする可能性もある。

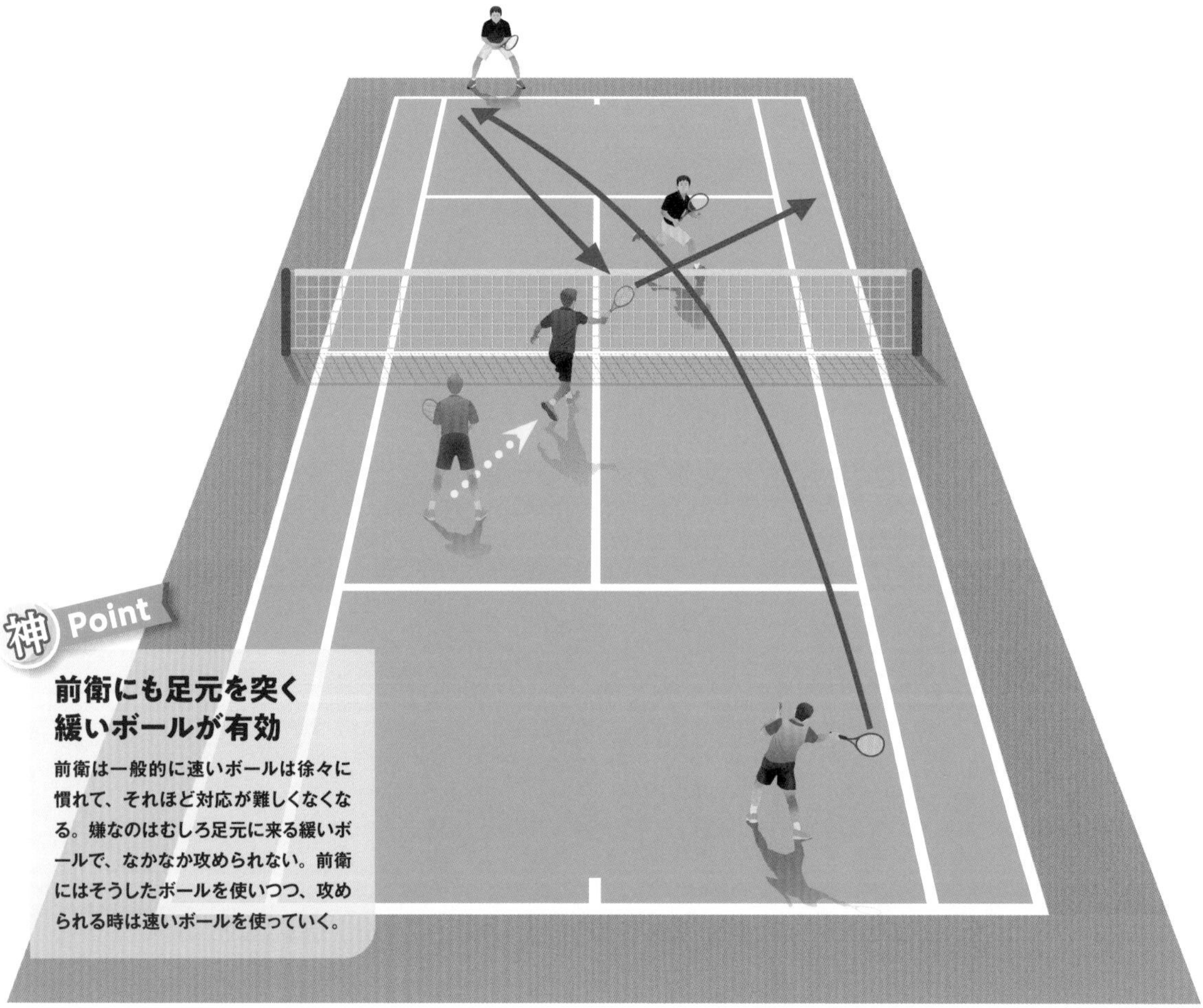

神 Point

### 前衛にも足元を突く緩いボールが有効

前衛は一般的に速いボールは徐々に慣れて、それほど対応が難しくなくなる。嫌なのはむしろ足元に来る緩いボールで、なかなか攻められない。前衛にはそうしたボールを使いつつ、攻められる時は速いボールを使っていく。

# 自分たちの時間を作る 戦略的な緩急の使い方

**速い展開のラリーがしんどいと感じた時、ゆっくりしたボールが効果的で、これも緩急の1つ。相手のリズムを変えるだけでなく、自分たちの時間を作るためにも緩急が役に立つ。**

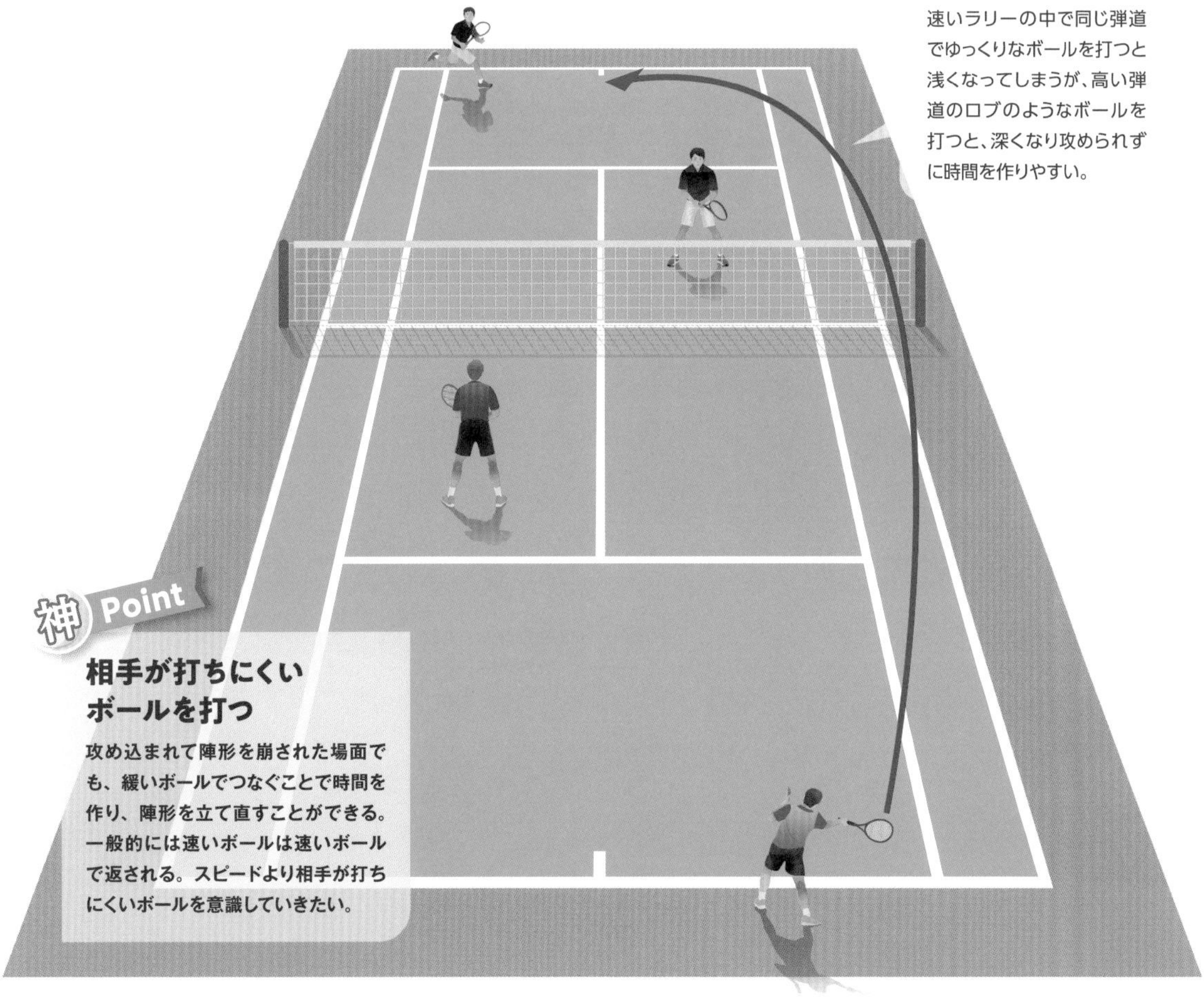

速いラリーの中で同じ弾道でゆっくりなボールを打つと浅くなってしまうが、高い弾道のロブのようなボールを打つと、深くなり攻められずに時間を作りやすい。

**神 Point**

### 相手が打ちにくいボールを打つ

**攻め込まれて陣形を崩された場面でも、緩いボールでつなぐことで時間を作り、陣形を立て直すことができる。一般的には速いボールは速いボールで返される。スピードより相手が打ちにくいボールを意識していきたい。**

## 前衛がポーチに出るチャンスも作れる

ラリーに緩急をつけることには、他にもメリットがある。ペアの前衛にポーチをさせたいという時、ゆったりとしたラリーを展開する中、やや速いボールを使っていく。意表を突かれた相手は少し振り遅れ、前衛がポーチに出るチャンスが生まれる。

自分たちの時間を作りたい時も緩急を使うといい。速いラリーになっていて少ししんどいという時に、ロビング系のゆっくりしたボールを打つと、自分たちの時間を作ることができる。攻め込まれて陣形を崩された場面でも、緩いボールで時間を作れば、陣形を立て直すことが可能だ。基本的に速いボールを打てば速く返ってくるため、スピードを重視するよりも、相手が打ちにくいと感じるボールを打つことを意識していこう。

# ゲームの序盤、中盤、終盤で試合の入り方を調整しよう

神 Point

### 無理をした攻撃はリスクが高い

やや思い切った攻撃を序盤からしていくと、うまくはまれば、点が取れたり勝てたりもするが、そうした戦い方はギャンブル的な点が否めない。はまらない時は相手に流れが傾き、一気にリードを離されることになる。

神 Point

### 序盤、中盤、終盤で試合を考える

試合の流れは無限にあり、この場面ではこうしましょうと1つ1つ挙げることはできない。プレイヤーそれぞれのタイプや考え方もあるだろう。ここでは試合全体を序盤、中盤、終盤に分けて、基本的な進め方を紹介する。

# 無理に攻めない 試合の序盤の入り方

攻撃的に行った方がいいが、まずは少し丁寧に打っていく。相手が前にいたらセンターを狙い、リターンはクロスにしっかり返す。序盤は難しい所を狙いすぎないようにする。

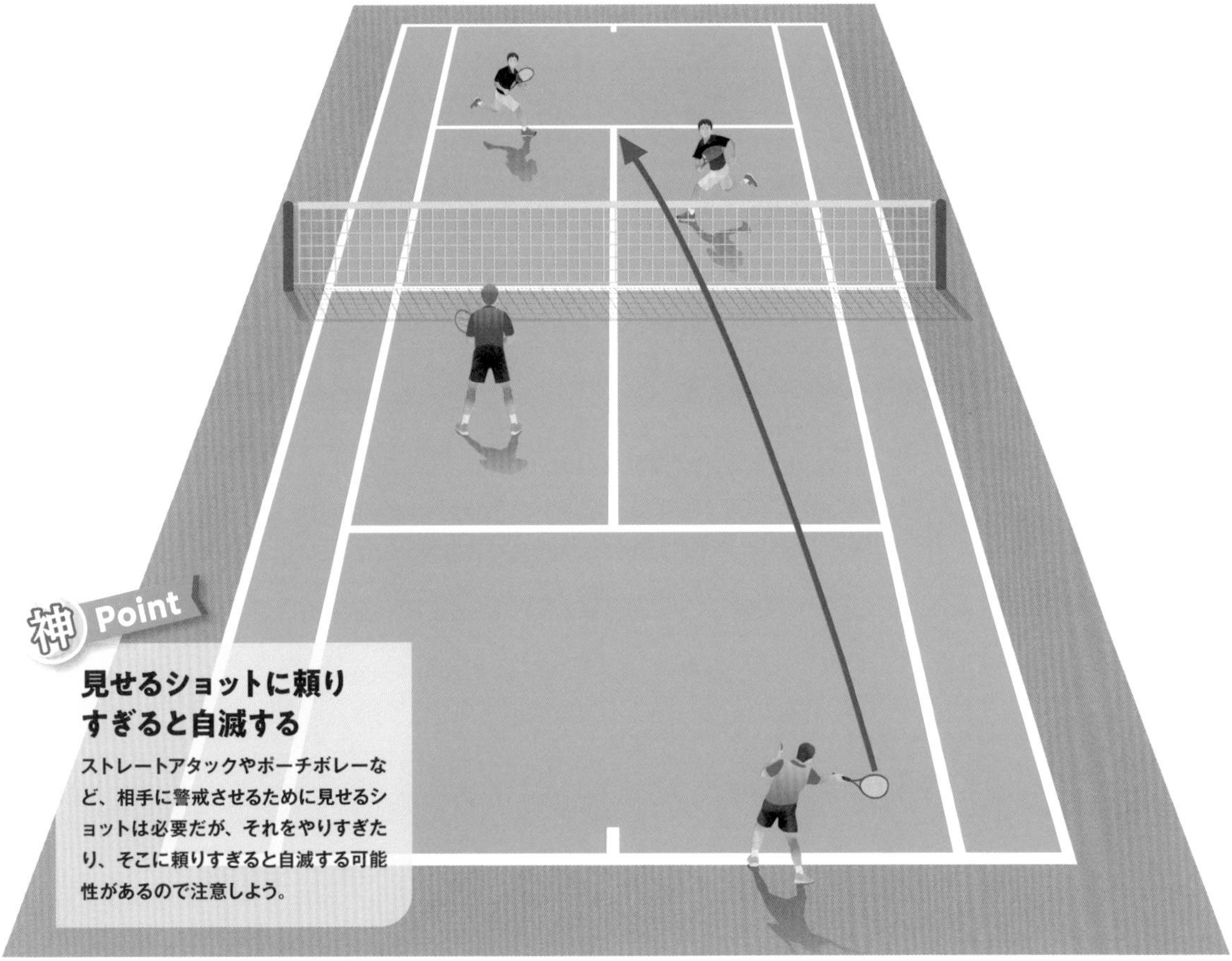

**神 Point**

**見せるショットに頼りすぎると自滅する**

ストレートアタックやポーチボレーなど、相手に警戒させるために見せるショットは必要だが、それをやりすぎたり、そこに頼りすぎると自滅する可能性があるので注意しよう。

## 序盤は無理な攻め方をしない

試合の流れは無限にあり、考え方も人それぞれなので、これが正解という絶対的なものはない。ただ、試合全体で、序盤、中盤、終盤と分けた時、基本的に序盤は攻め急ぎすぎないこと。攻撃的な姿勢は必要だが、難しいコースを狙いすぎない。相手が前にいたらセンターセオリーでいい。無理にリターンダッシュはせず、しっかりクロスにリターンを返すなど、まずは丁寧に試合に入っていく。

自分たちより格上相手で、攻めないと勝つのは難しいと思っても、無理をして攻めた結果、ミスを重ねてしまうことも多い。気づいたらゲームカウント0－5だったとなれば、そこからの挽回は相当に厳しい。うまくはまれば、ポンポンと点が取れたり勝てたりもするが、リスクは高い。序盤は無理をしないことが大切だ。

自分たちの調子の良し悪しに意識が行きすぎないようにしよう！
相手の出方もここら辺で変わる可能性があるのでそこも注意して見ておきたい

## 試合の中盤は展開によってガラッと戦略を変える

序盤の戦い方がうまく行っていなければ、より攻撃的に行ったり、逆に守りを固めたりするなど、作戦を変える必要がある。うまく行っていれば、序盤の流れのままでいい。

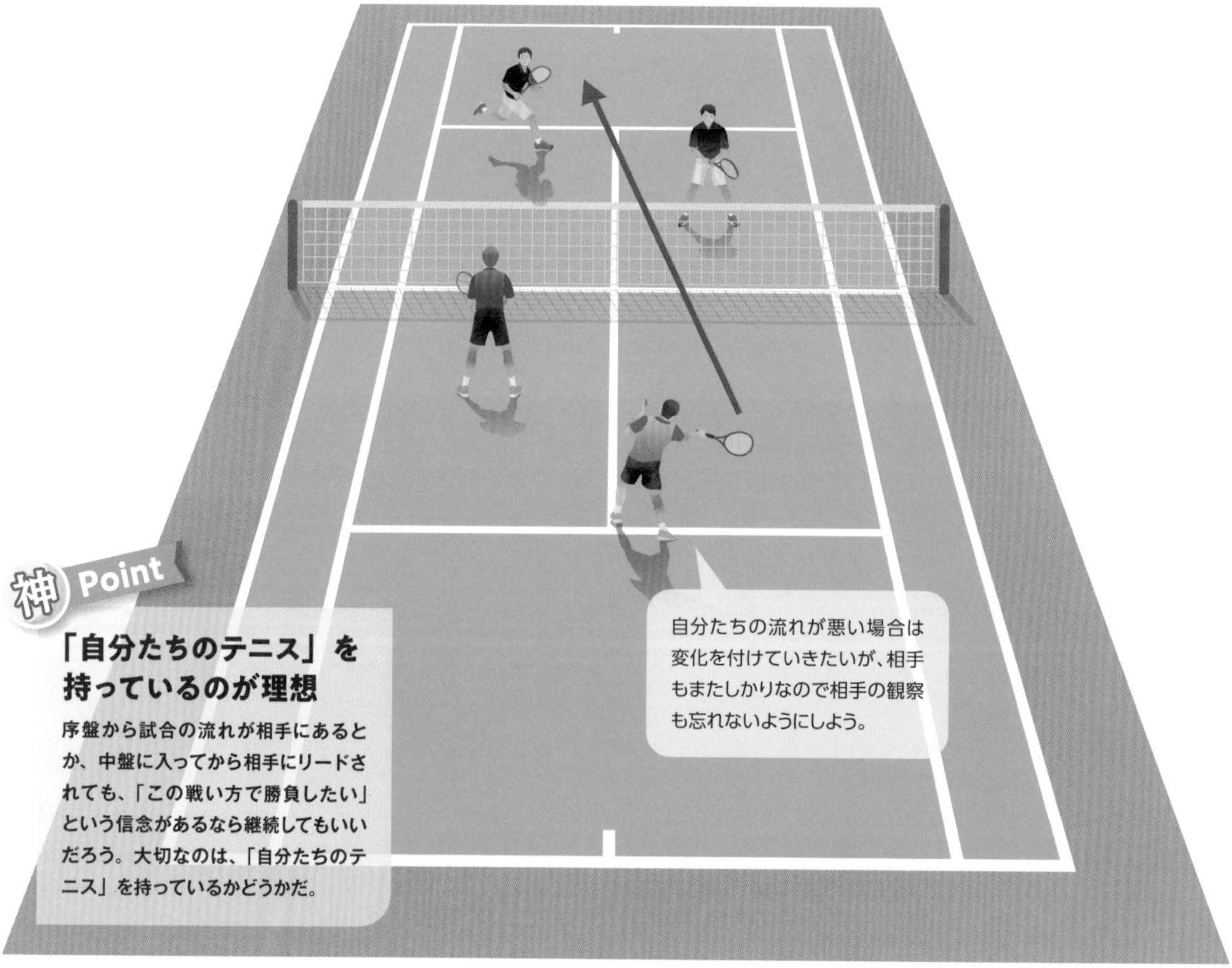
自分たちの流れが悪い場合は変化を付けていきたいが、相手もまたしかりなので相手の観察も忘れないようにしよう。

神 Point

### 「自分たちのテニス」を持っているのが理想

序盤から試合の流れが相手にあるとか、中盤に入ってから相手にリードされても、「この戦い方で勝負したい」という信念があるなら継続してもいいだろう。大切なのは、「自分たちのテニス」を持っているかどうかだ。

# 試合終盤は気を抜かず イージーミスをしない

ちょっとした流れの変化がすぐに逆転につながる。終盤は勝っていれば気を抜かず、中盤の戦いを続ける、または序盤のように丁寧にプレーする。イージーなミスをしない。

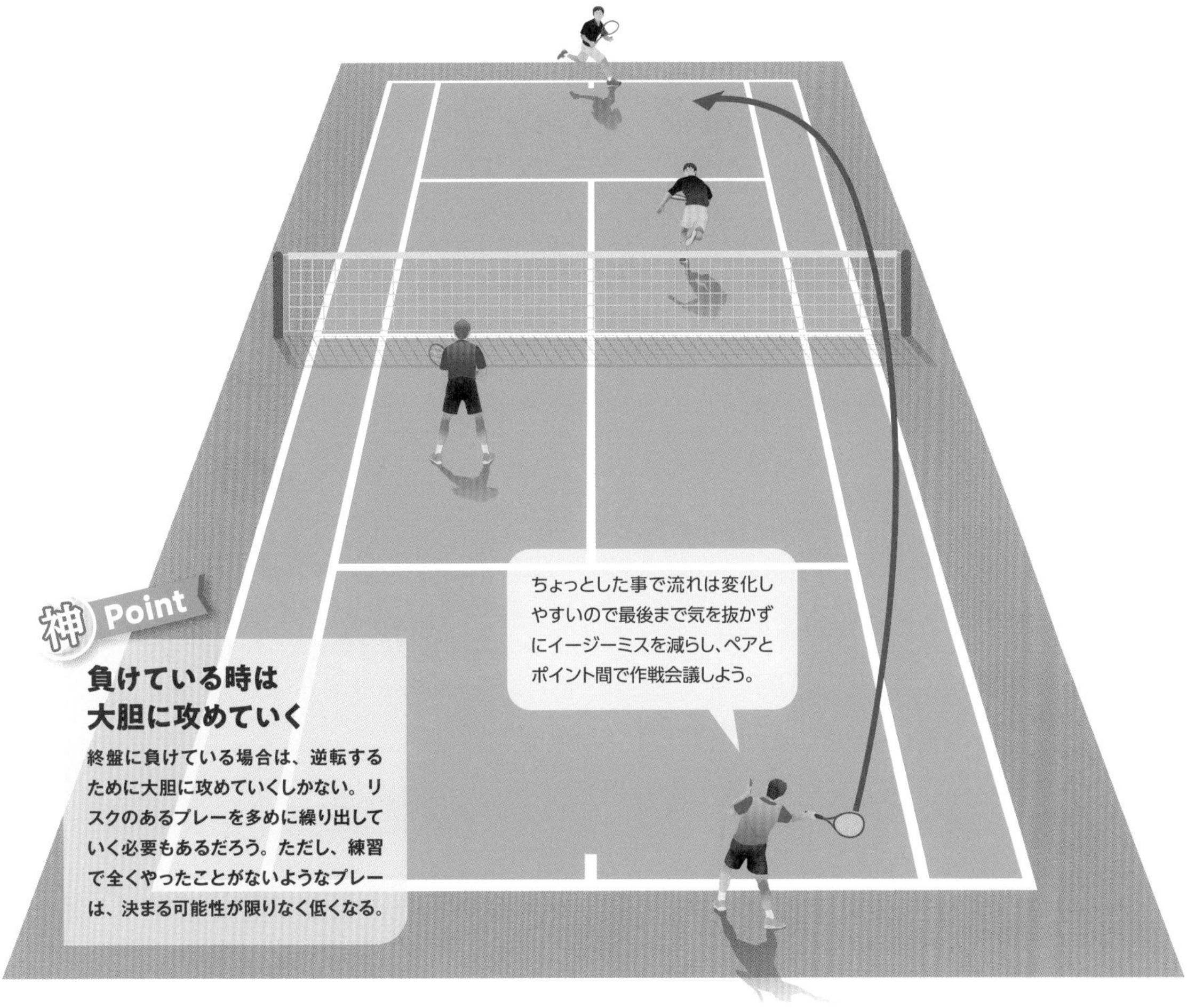
ちょっとした事で流れは変化しやすいので最後まで気を抜かずにイージーミスを減らし、ペアとポイント間で作戦会議しよう。

神 Point

### 負けている時は大胆に攻めていく

終盤に負けている場合は、逆転するために大胆に攻めていくしかない。リスクのあるプレーを多めに繰り出していく必要もあるだろう。ただし、練習で全くやったことがないようなプレーは、決まる可能性が限りなく低くなる。

## 負けている時は作戦を変えていく

無理をせずに丁寧に入るという序盤の作戦がうまくいけば、そのままのペースで中盤を迎え、さらに終盤まで行ってしまってい い。相手が有利な状況や、場合によっては拮抗した状況では、中盤以降に少し作戦を変えていかないといけない。より攻めに行く、もしくは若干無理をしないといけない部分も出てくる。

カウントによってガラッと作戦を変えることがあるのが中盤だ。流れ次第ではずっとロビングを使い続けるなど、守りに徹する戦い方も想定しておこう。

終盤は、勝っている場合は気を抜かずに中盤の戦いを続けるか、序盤のように丁寧なプレーを心掛ける。負けている場合は、それまでの作戦を大きく変えて、多少無理をしてでもガンガン攻めて行くしかない。

ファーストポイントはそのゲームの流れを左右するので攻撃的に行こう
リスクを負いすぎるのも良くないのでしっかりポイント間にペアと作戦を立てよう

## ファーストポイントを逃さないために攻める

どの場面で取っても同じ1ポイントには変わらない。しかし、ゲームの最初のポイントを取れると、「行ける」という雰囲気が生まれ、次のポイントをやや大胆に攻めていける。

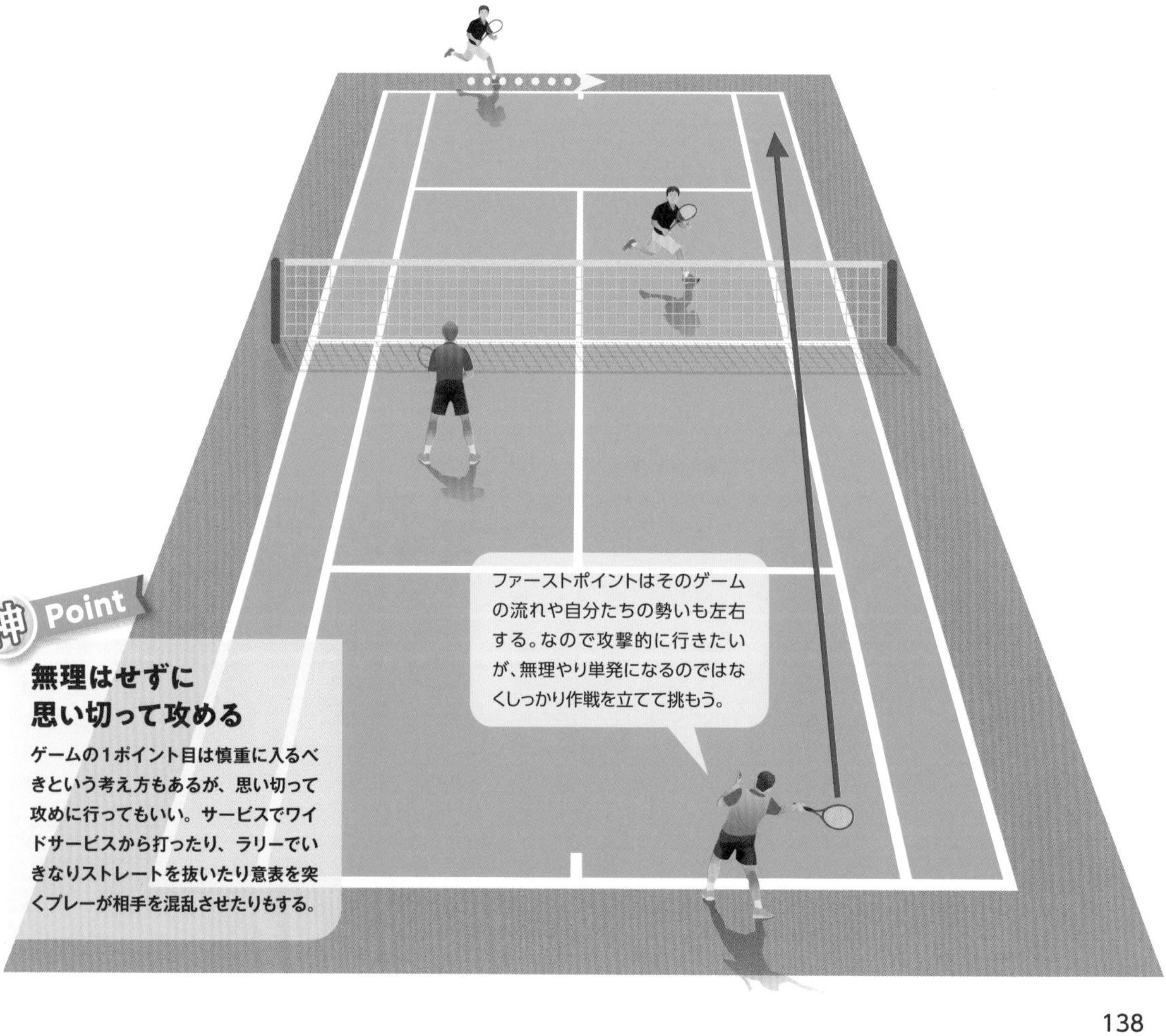
ファーストポイントはそのゲームの流れや自分たちの勢いも左右する。なので攻撃的に行きたいが、無理やり単発になるのではなくしっかり作戦を立てて挑もう。

神 Point

### 無理はせずに思い切って攻める

ゲームの1ポイント目は慎重に入るべきという考え方もあるが、思い切って攻めに行ってもいい。サービスでワイドサービスから打ったり、ラリーでいきなりストレートを抜いたり意表を突くプレーが相手を混乱させたりもする。

# 同じカウント(30-30)になったら攻めにいく

30－30など同じカウントになった時も攻撃的なギアを上げ、次のポイントをゲームポイントに迎えるのが理想だ。ただ、30－0から追いつかれた時は流れを引き戻す必要がある。

神 Point

### ゲームの進め方でも正解はない

ゲームの中での考え方も絶対的な正解はない。自分たちの調子や疲労度、相手ペアとの実力差などによっても大きく変わってくる。いずれにしても、「ああしておけば良かった」という思いだけは残さないようにしよう。

## 最初のポイントを取り流れを引き寄せる

1ゲームの中のカウントで考えた時、やはり最初のポイントを取れると流れが良くなることが多い。なかでも自分たちのサービスゲーム、とくにそれが第1ゲームだった時はしっかりキープしたいので、最初のポイントを取る、取れないはかなり重要になる。いきなり0-15から始まってしまうと、気持ち的に下がりがちになりかねない。無理はしないながらも、セオリーとは違うコースを狙ったり、意表を突いて攻めたりしても面白い。

30-30など同じカウントになった場面では、積極的に攻めていく。このポイントを取って40-30になるか、取られて30-40になるかで局面は大きく変わってくる。ペアでポイント間に作戦をすり合わせ、協力し合って挑んでいきたい。

# サービスボックスのどこにボールが来るかで変える

## ネットから遠い③のエリアはローボレーを前提に構える

③にいる時は、相手から足元を狙われることが多い。高い打点で打てるなら、もちろん積極的に攻めて構わないが、ローボレーで対応する時は自分から攻めにいくのは難しい。

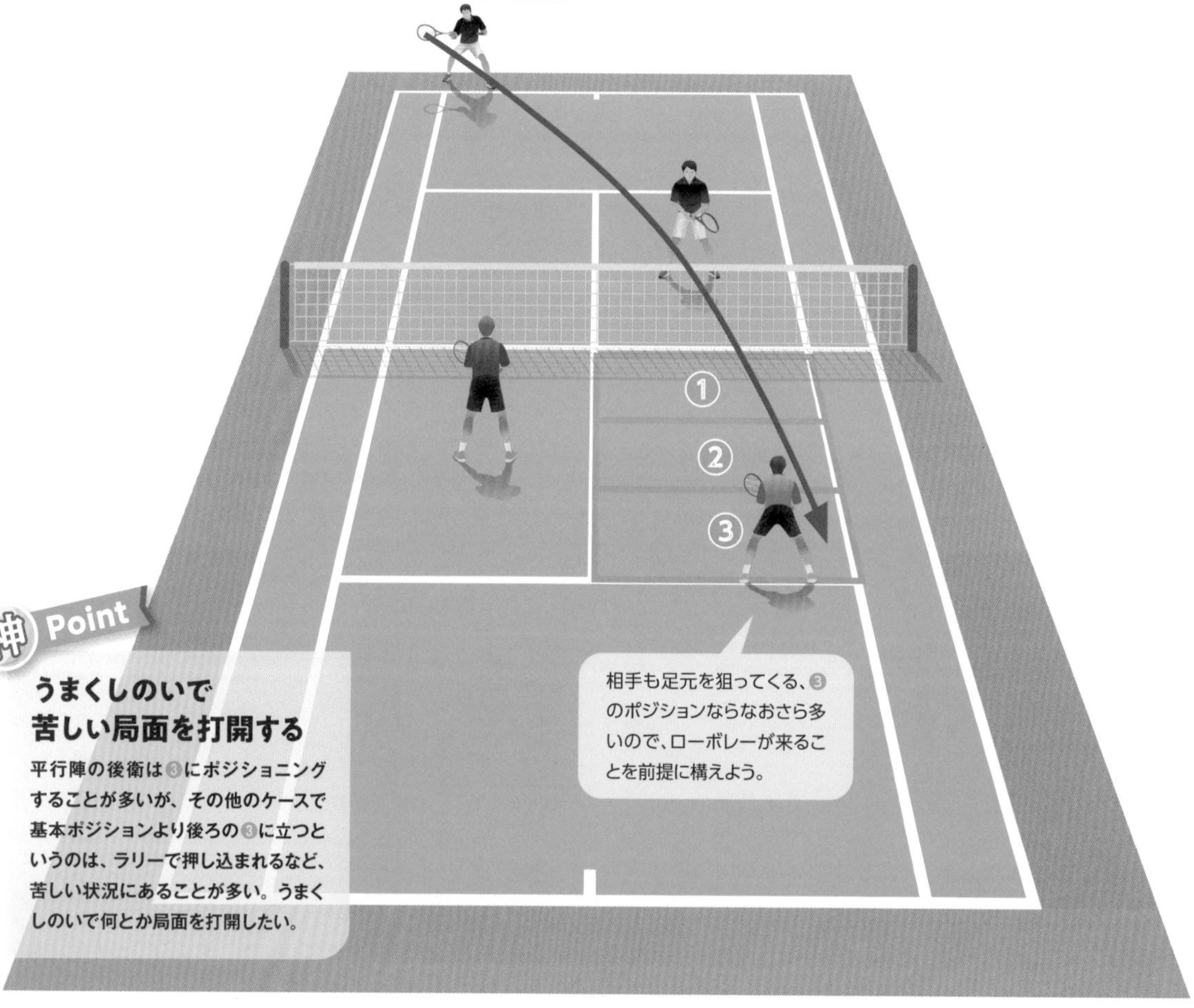
①
②
③
相手も足元を狙ってくる、③のポジションならなおさら多いので、ローボレーが来ることを前提に構えよう。

神 Point

### うまくしのいで苦しい局面を打開する

平行陣の後衛は③にポジショニングすることが多いが、その他のケースで基本ポジションより後ろの③に立つというのは、ラリーで押し込まれるなど、苦しい状況にあることが多い。うまくしのいで何とか局面を打開したい。

## ラケットを寝かせて使う

ローボレーはラケットを下げ気味に構えて、ボールの軌道を正しく見極める。そこからボールの下にラケットをセットし1、インパクトでは腕全体でラケットを打ちたい方向に運ぶ2。

### バックのローボレー

### フォアのローボレー

神 Point

**ローボレーは足を動かして打つ**

ローボレーで大切なのは、飛んでくるボールに合わせて足を踏み込むこと。足を動かせないとお尻が引けて腕だけで打つことになり、安定感が欠けてしまう。踏み込む足の横でボールを捉えるようなイメージだ。

## ローボレーになる③は重心を低く構える

ボレーは、サービスボックスのどこにポジションを取っているかで、身体の使い方や打ち方が変わる。ここではサービスボックスを横に3分割し、ネットに近い方から①②③のゾーンとして考える。サービスボックスの③に立つのは、平行陣の後衛、ラリーで相手に押し込まれた場面、サービスやリターン後にネットに詰める局面などが考えられる。

③はネットからの距離が遠いため、相手の打球が下半身や足元に来ることが多い。したがってローボレーで対応することを前提に構えておく。

足をすっと動かせるように重心をやや低くするが、ヒザは曲げすぎずに少し曲がっている程度でいい。ラケットは上げすぎないようにし、やや下げ気味で構えると手を出しやすい。

## ネットから近い❷のエリアは ミドルボレーを前提に構える

❷は、サービスボックスのど真ん中に立つという前衛の基本ポジションを含む。ミドルボレーになることが多く、試合では攻めるべき場面も守らなくてはいけない場面も訪れる。

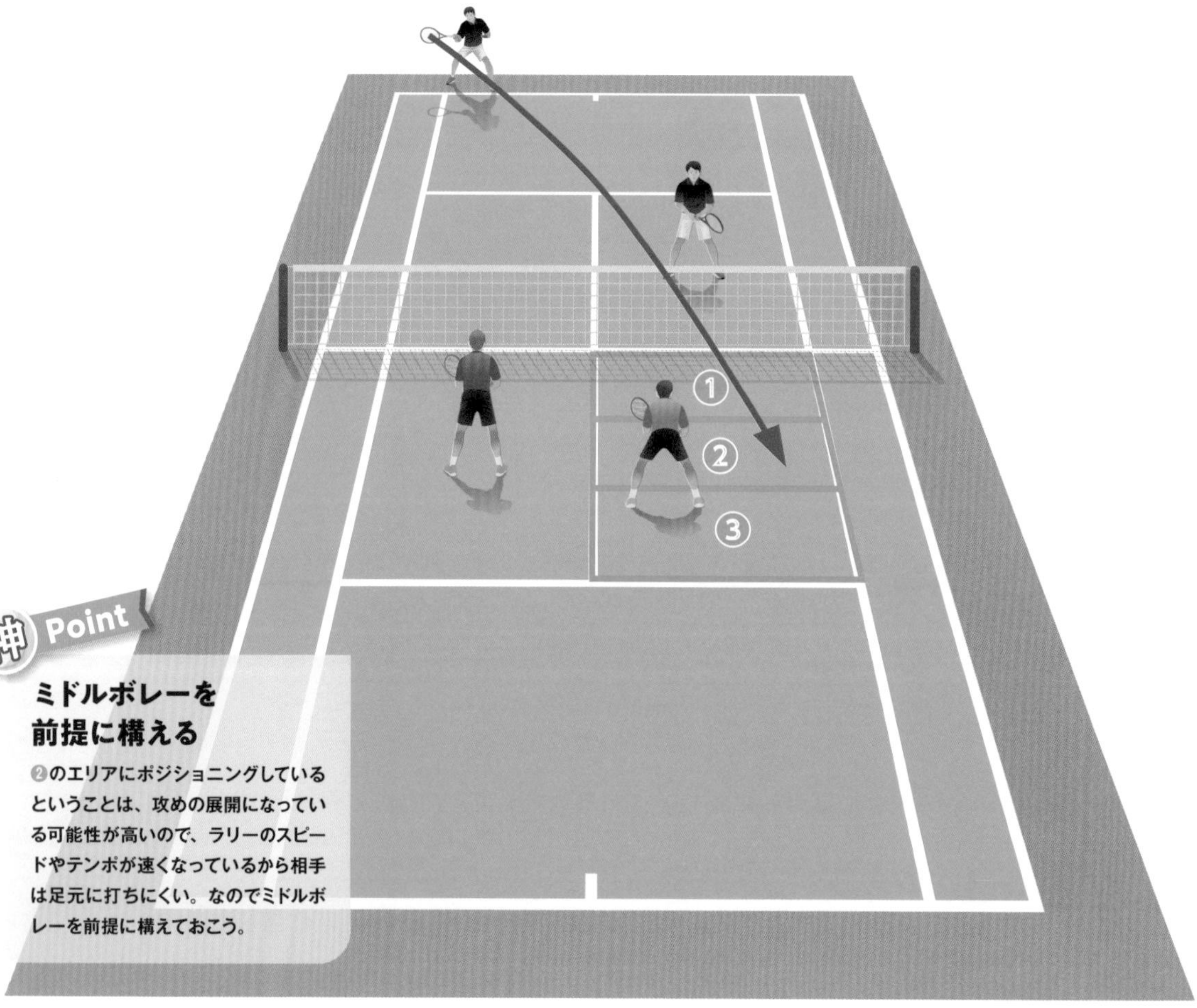


神 Point

### ミドルボレーを前提に構える

❷のエリアにポジショニングしているということは、攻めの展開になっている可能性が高いので、ラリーのスピードやテンポが速くなっているから相手は足元に打ちにくい。なのでミドルボレーを前提に構えておこう。

## 上体を起こしてラケットを縦に動かす

ローボレーを打つ時の構えよりはラケットを少し上げておく。インパクトではラケット面を打ちたい方向に向けてボールを運ぶイメージだ1。ラケットを大きく振ろうとしない2。

**神 Point**

### 横ではなく斜めを向いてボレー

ボレーは横を向いて打つという意識を持っている人が多いが、横を向くとラケットを引いてしまい、タイミングを合わせられない。飛んできたボールに対して、少し斜めを向くように上体をひねると、安定したボレーになる。

## ミドルボレーは打つ前に斜めを向く

サービスボックスを横に3分割した時の❷のゾーンは、前衛の基本ポジションになる。❸よりも前に入ることで、ラケットは少し高く上げ、ローボレーを想定して構えた時より上体はやや起こしておく。一般的な前衛の構えと考えていいだろう。

❷でのボレーはミドルボレーになることが多い。相手からのボールはどのコースに来るかわからないので、フォアでもバックでも対応できるように、ラケットは自分の正面で構える。ボールが飛んできた時は、少し斜めを向くぐらいのイメージで上体をひねり、利き腕とは逆側の足を踏み込んでボールを捉える。ボレーは横を向いてから打つと考えがちだが、それではラケットを引いてしまうことになり、タイミングを合わせづらい。

多少低い球が来ても
重心を低くして
決めに行ったり
アングルボレーを
使って決めに行こう！
❶のエリアは
決めに行く
ポジションなので
ラケットも
少し高くセット！

## ❶のポジションは 決めに行くことが前提

ネットから最も近い❶のゾーンでは、次のボレーで決めに行く。ネット際に落とされたボールを拾いに行き、その流れで❶に入ることも稀にあり、そういう時は守りを固める。

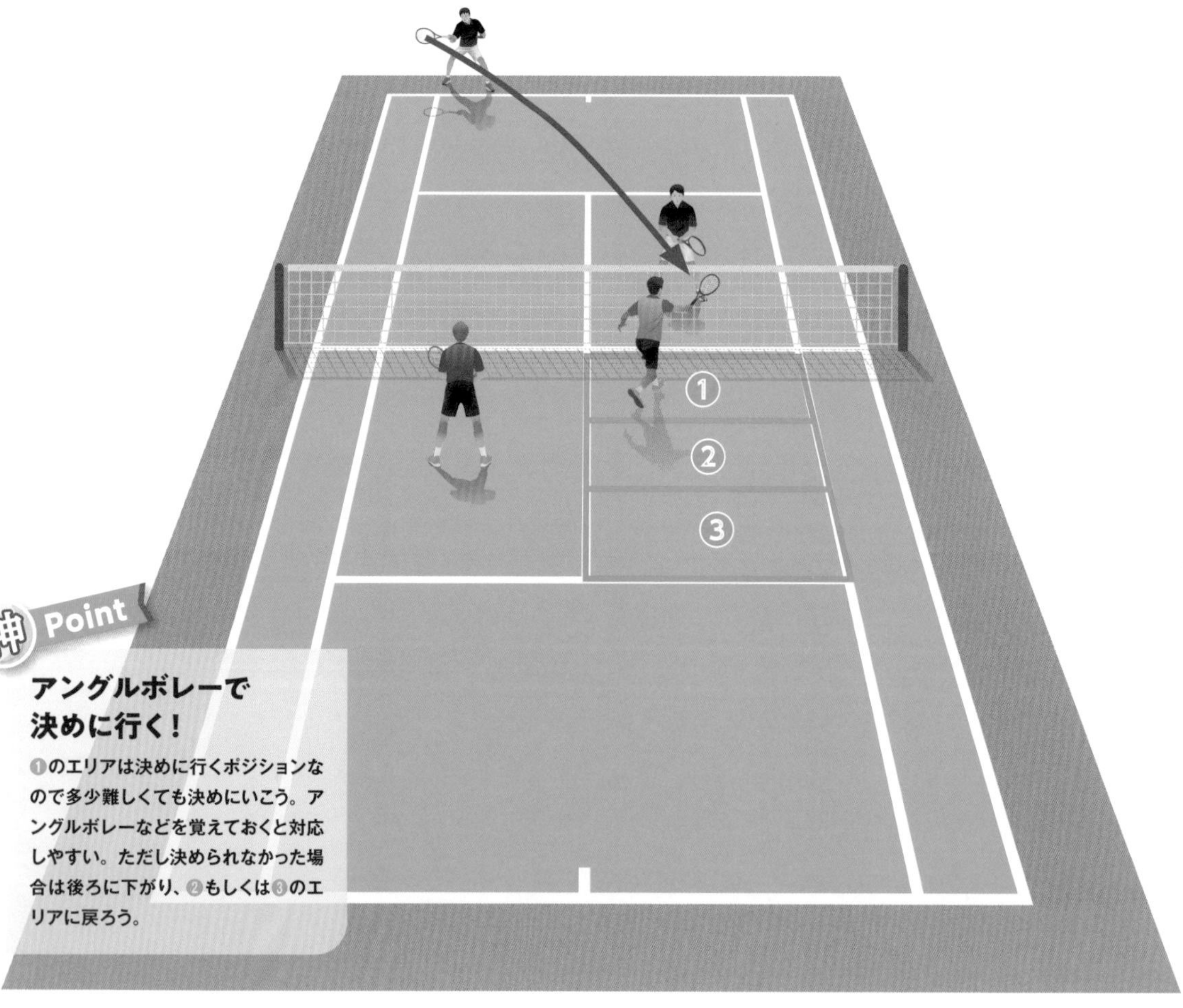
①
②
③

神 Point

### アングルボレーで 決めに行く！

❶のエリアは決めに行くポジションなので多少難しくても決めにいこう。アングルボレーなどを覚えておくと対応しやすい。ただし決められなかった場合は後ろに下がり、❷もしくは❸のエリアに戻ろう。

## 重心を下げてネットの高さに目線を合わせる

**ボレーは、できるだけ自分の顔に近い位置でボールを捉えられる3ことが望ましい。それは結果的にボールをよく見ることになる。腰を落として重心を低くして構えておく2。**

**神 Point**

### 早めの準備で恐怖心を克服する

**決め切るためには重心を下げつつ、ラケットはやや高くセットする。ネットに近づくほど相手との距離が短くなり、「ボールが怖い」と感じてしまう初級者は多いが、ボールをしっかり観察することで恐怖感はなくなる。**

## 顔に近い位置でボールを捉える

サービスボックスを横に3分割した時の❶のゾーンは、ネットから最も近く、基本的には次のボレーで決めに行かないといけない。構えのポイントは、ヒザを曲げて重心を落とし、ネットの最も高い部分と自分の目線の高さとの差をできるだけなくすこと。ネットすれすれのボールが来ても、自分の顔の横でボレーができるような姿勢を取る。前に詰めたとしても重心が高いままでは、腰やそれより低い打点でボレーをすることになり、ミスにつながりやすい。

　ネットに近いということは相手からも近く、とくに初級者は恐怖心を抱いてしまう人が多い。怖がってボールから視線を外す方が危険なので、冷静にボールをよく見て、落ち着いて対応していくことが大切だ。

## ドロップボレー

# 深いボールを軸にしつつ短いボールで相手を揺さぶる

### 相手を後ろに下げたときに有効

相手をコート後方に下げた時、相手は少し後ろ重心でボールを打つことになる。そこから重心を戻して前に行くとなると、走り出しが遅くなる。そういう時に短いボレーが効く。

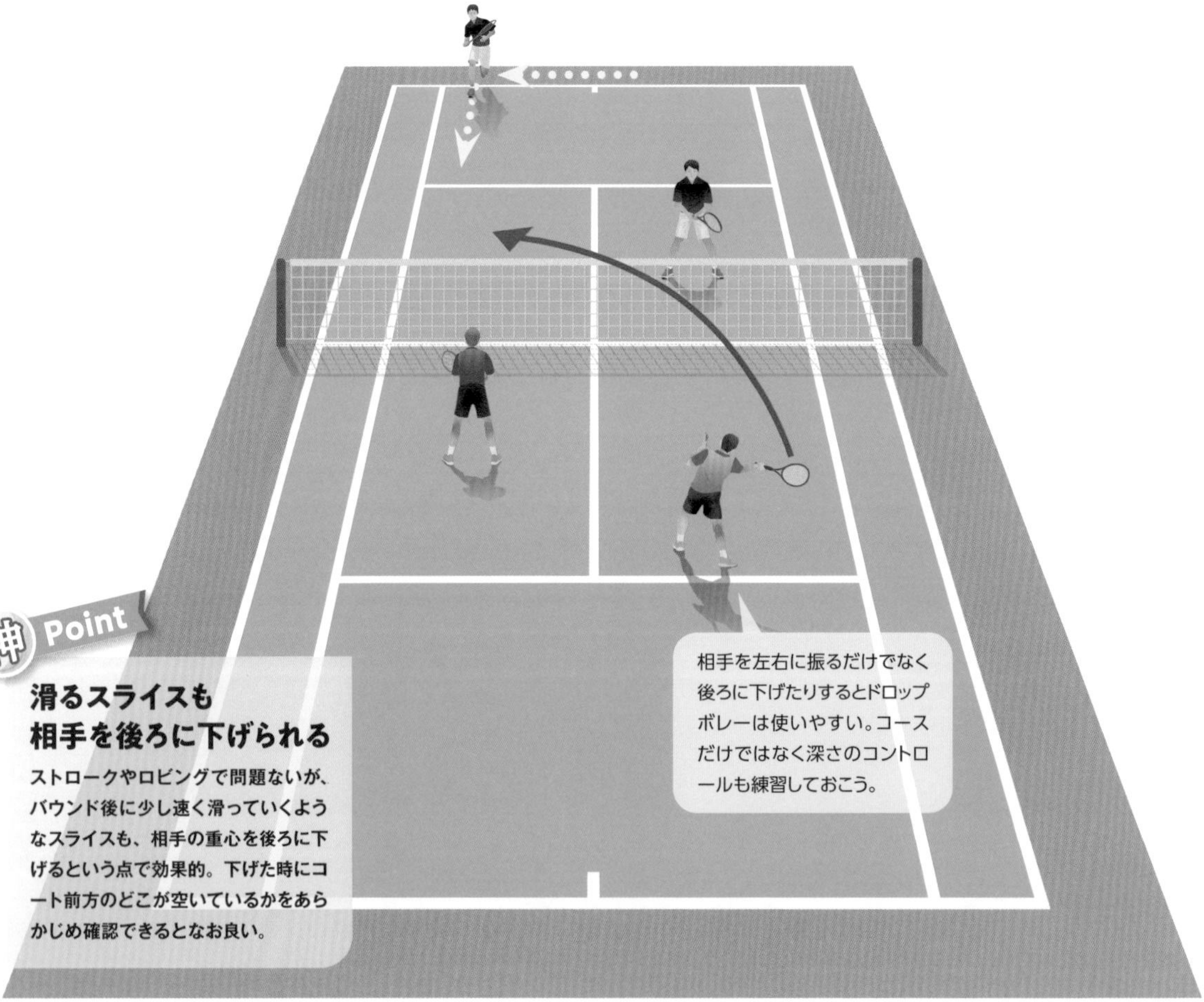

相手を左右に振るだけでなく後ろに下げたりするとドロップボレーは使いやすい。コースだけではなく深さのコントロールも練習しておこう。

神 Point

**滑るスライスも相手を後ろに下げられる**

ストロークやロビングで問題ないが、バウンド後に少し速く滑っていくようなスライスも、相手の重心を後ろに下げるという点で効果的。下げた時にコート前方のどこが空いているかをあらかじめ確認できるとなお良い。

## 相手を押し込んだら ドロップボレーが効く

**ストロークやロビングで相手を押し込んだ時は*1*、ドロップボレーのチャンス。できるだけ相手に悟られないようなフォームから、ネット近くの空いた所にうまく落とす*3*。**

神 Point

### 通常のラリー中の短いボレーは効かない

**普通に相手とストロークで打ち合っている中で、急にボレーをちょんと落としてもあまり効かない。相手も打った後にすぐ構えて、どこにでも走れる準備をしており、当然、前に落とされる可能性も考えているからだ。**

### 相手を後方に下げたら ネット近くが空く

　ストロークでは深いボールを軸にしつつ、浅いボールを織り交ぜると、相手は揺さぶられて十分なフォームで打てなくなる。ボレーも同じで、短いコースを突けると効果は大きい。短いボレーのうち、ネット際に落とすボレーをドロップボレー、角度をつけたボレーをアングルボレー（ショートアングル）と言う。

　短いボレーは、まず相手を後ろに下げている場面で有効だ。たとえば相手が雁行陣の後衛なら深いストロークでコートの外に押し出す。平行陣の相手ならロビングでベースライン付近まで下げる。そうすることでネット近くにスペースができるので、ドロップボレーやアングルボレーでちょんと落とせばいい。決められた相手は心理的なダメージが大きい。

前衛は
そこを見逃さず
流れてきた時の
ために準備
しておこう！
相手が
振り遅れると
ストレートに
流れてきやすい

## 相手の打点が振り遅れたときに有効

ラリーで振り遅れた相手は、その瞬間に重心がやや後ろになる。そこを見逃さずにネット近くに落とせれば、相手は前への動き出しがワンテンポ遅れて拾うのが難しい。

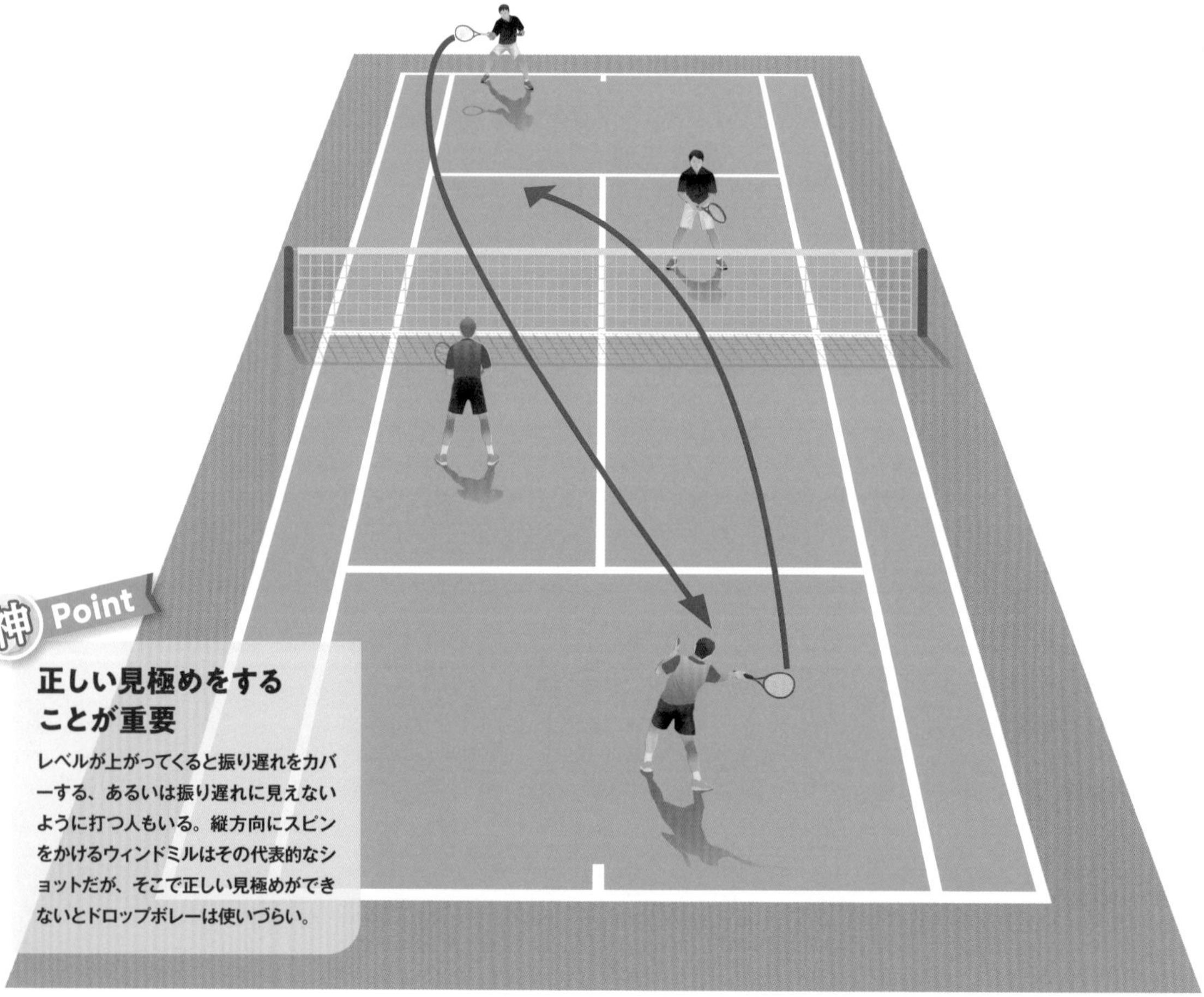

神 Point

### 正しい見極めをすることが重要

レベルが上がってくると振り遅れをカバーする、あるいは振り遅れに見えないように打つ人もいる。縦方向にスピンをかけるウィンドミルはその代表的なショットだが、そこで正しい見極めができないとドロップボレーは使いづらい。

# 相手を走らせたときに有効なショット

相手からすると、たとえばクロス展開のラリーからストレートにロビングで振られた場合、なんとか追いついて拾ったボールをドロップボレーで落とされたらなかなか拾えない。

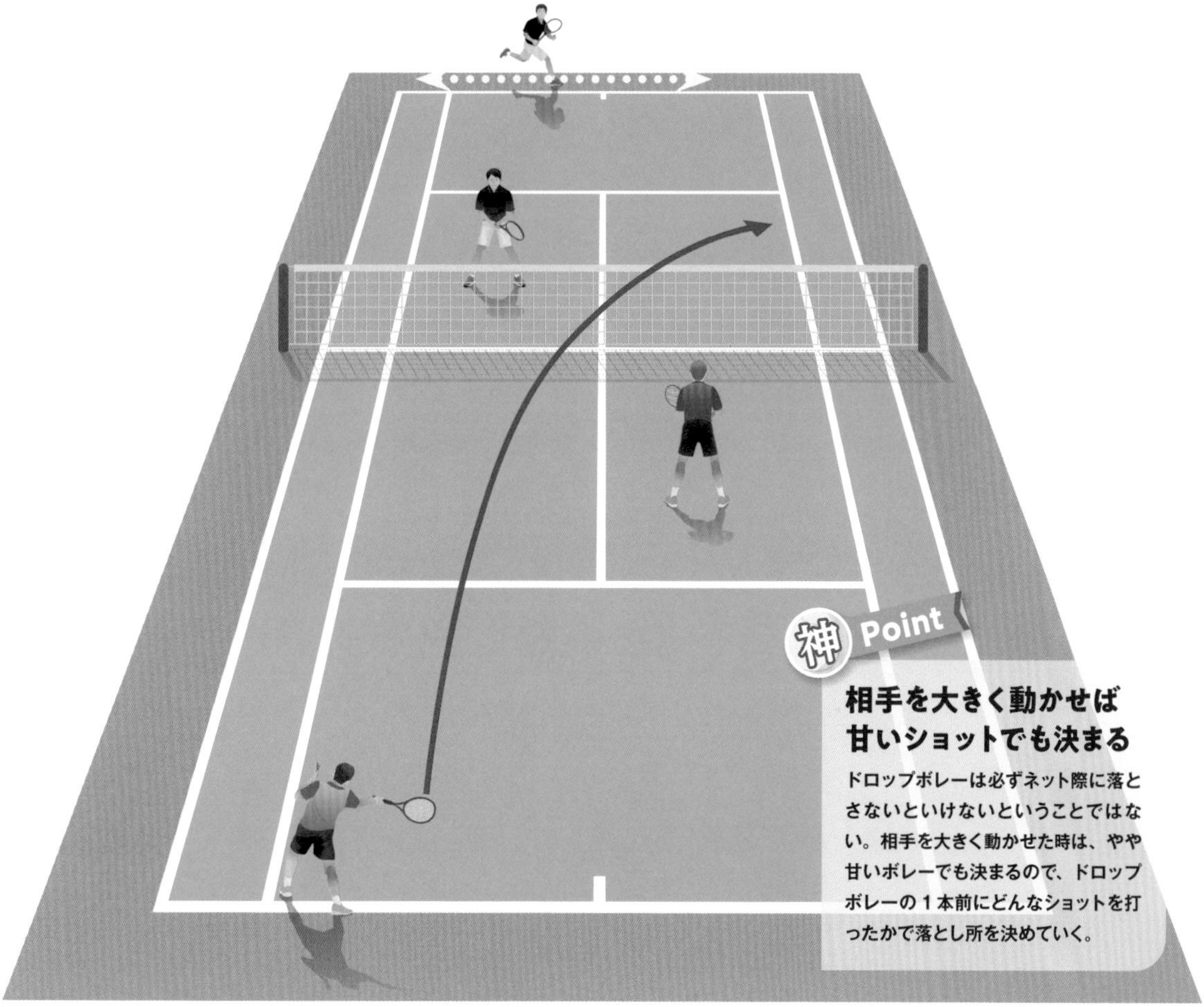

神 Point

**相手を大きく動かせば甘いショットでも決まる**

ドロップボレーは必ずネット際に落とさないといけないということではない。相手を大きく動かせた時は、やや甘いボレーでも決まるので、ドロップボレーの１本前にどんなショットを打ったかで落とし所を決めていく。

## 相手を振って動かすと決まりやすい

ドロップボレーやアングルボレーが決まりやすい場面は他にもある。相手からすると重心が後ろになり、前に動くのがどうしてもワンテンポ遅れることになる。ただし、振り遅れたことを相手に悟らせずに打てる人もいるので、その点に関しては正しい見極めが必要になる。

もう1つ、相手を振って大きく動かしている時も、短いボレーが有効になってくる。走らされた側は、そこから切り返して前に行くのは難しい。たとえばクロス展開のラリーからストレートにロビングで振った場合、相手がようやく追いついて拾ったボールをドロップボレーで落としたらなかなか拾えない。

いずれにしても、ドロップボレーの1本前にどう打ったかで落とし所を決めていく。

打ち方でバレバレにならないように打ち込む構えからドロップを打てるようにしよう!
相手は打ち込まれると思い少しポジションが下がるのでそこがチャンス!

## チャンスボールのときに有効なショット

浮いた甘いボールが来た時、相手はスマッシュやハイボレーでセンターに叩いてくるだろうと予想することが多い。そんな場面で短いボレーを落とすと簡単に決まりやすい。

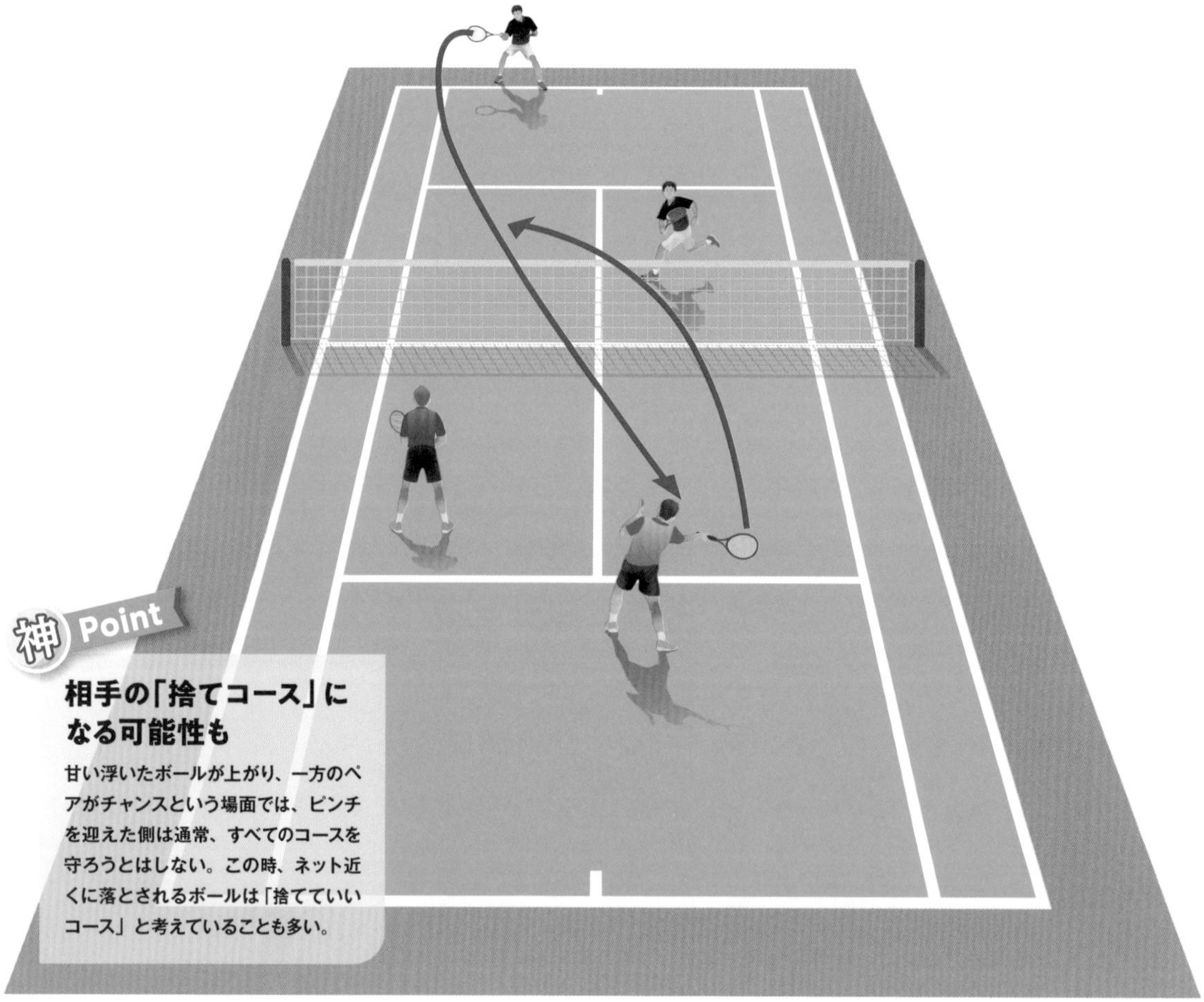

神 Point

### 相手の「捨てコース」になる可能性も

甘い浮いたボールが上がり、一方のペアがチャンスという場面では、ピンチを迎えた側は通常、すべてのコースを守ろうとはしない。この時、ネット近くに落とされるボールは「捨てていいコース」と考えていることも多い。

# 余裕があるときにドロップボレーを活用

こちらが余裕がある状態の場面では、相手は強いボールを打って来ると思って警戒する。その裏をかくように短くボレーで落とすと2、相手は反応できない。あるいは反応が遅れる。

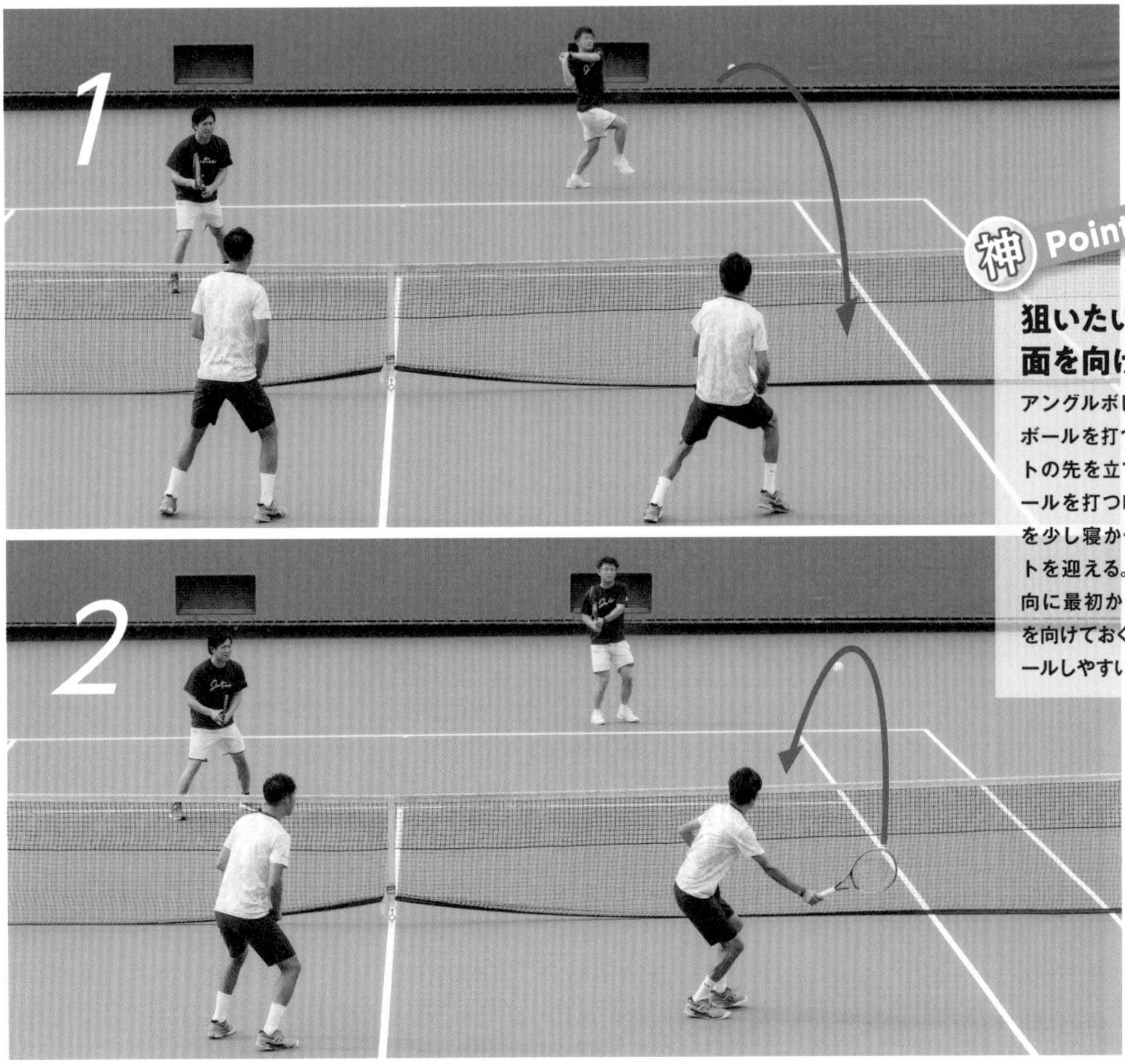


**神 Point**

**狙いたい方向に面を向けておく**

アングルボレーは、高いボールを打つ時はラケットの先を立てて、低いボールを打つ時はラケットを少し寝かせてインパクトを迎える。狙いたい方向に最初からラケット面を向けておくと、コントロールしやすい。

## チャンスの時に相手の意表を突く

ドロップボレーやアングルボレーは、相手から甘いボールが来た決定的チャンスの場面でも効果がある。相手からの浮いたボールに対し、ペアの前衛がしっかり構えたら、相手はセンターに強いボールを叩いてくるだろうと予想する。その瞬間にドロップボレーで沈めたり、ショートアングルに落としたりできれば、相手はまず対応できない。

また、ボールを打つのに時間や余裕がある時も、ドロップボレーを使っていきたい。人は自分が想定している展開と違った展開になると、一瞬動きが止まる。たとえばスマッシュの構えを作って、相手に「スマッシュが来る」と意識させた上で短いボレーを落とすわけだ。一瞬動きが止まった相手は前への動き出しも遅れることになる。

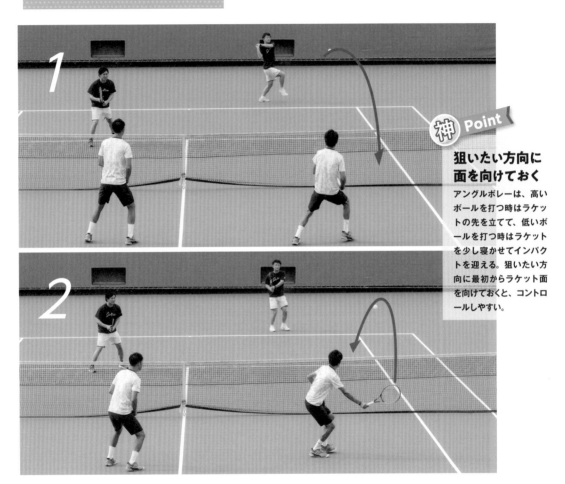

COLUMN

# 誰でもいつからでもうまくなる

テニスを続けていると、短期間で急にうまくなる時期があります。

出会う指導者や仲間、環境などいろいろな要因が影響した結果だと考えられますが、1ヶ月や2ヶ月ぐらいの短期間で一気に伸びる人がいるのは事実です。

僕は高校生になるタイミングでそれを体験しました。中学生までは京都の予選2回戦で負けるような選手だったのが、高校生になって１ヶ月経った時には、いつの間にか京都1位の選手になっていました。当時を思い返すと、地味な練習ばかりでしたが、それによって基礎が固まり、レベルアップできたような気がします。この高校に行ったらうまくなれるという良い意味での勘違いが良い方向に進んでいった面もあったかもしれません。

MJ の場合、全国レベルの練習に参加した時、急激にうまくなりました。それが 23 歳、社会人になってからの話です。

そのように誰もが、いくつになってからでもテニスが上手になる可能性を持っています。それまで粘るというか、ちょっと面白味に欠けるような地味な練習でも我慢して続けることが大切だと思います。

レッスンや YouTube などで日頃から僕たちを応援してくださっている方も、ぜひ他の方の指導を受けてみることもお勧めします。いつも同じ人ばかりでなく、いろいろな人から意見やアドバイスを受けられる環境があると、より向上するきっかけをつかみやすいはずです。

# PART 4 ダブルスの練習法

## ストレートアタックに慣れる練習

# 速く飛んでくるボールを壁のように返す感覚を磨く

### サービスボックスを横に3分割して行う

サービスボックスを横に3分割してネットに近いエリアから❶❷❸とし、前衛は❷か❶に立って始める。ストレートアタックを❸で受けることはないので、❸は考えなくていい。

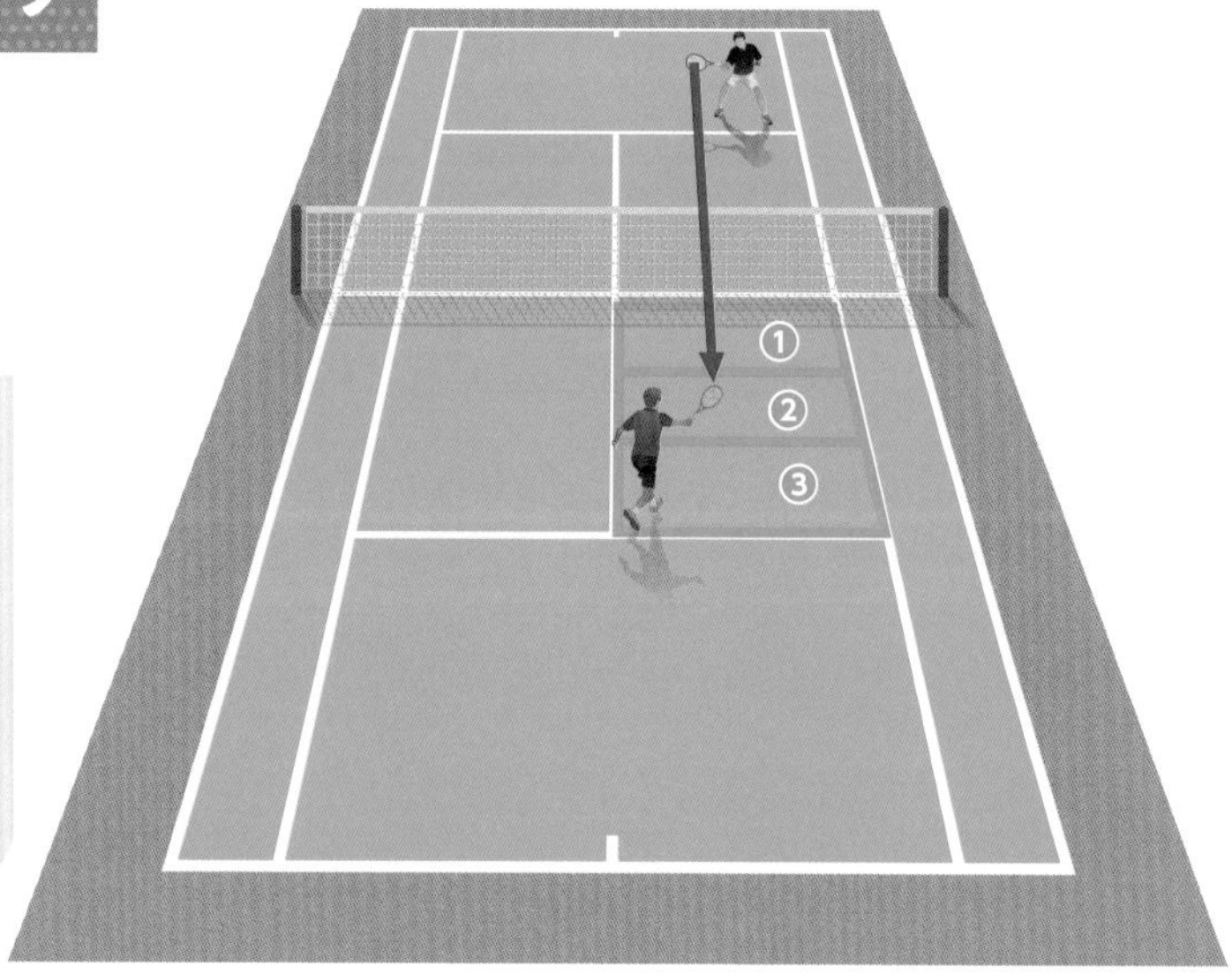


神 Point

**止めることができるとラリーが有利になる**

ストレートアタックを止めることができると、相手後衛は「ストレートを通すのは難しい」と感じて、クロスかロビングしか打てるコースがないと考える。そうなればラリーを有利に運べて、前衛はよりポーチに出やすくなる。

### しっかりブロックしてできればコースを狙う

ストレートアタックとは、後衛が正面にいる相手前衛に攻撃するショットのこと。後衛の側から考えると、ストレートのコースが空いたから打つというだけでなく、相手前衛にストレートを警戒させてポーチに出づらくさせる狙いもある。

ここでは、ストレートアタックに慣れるための前衛練習を行う。サービスボックスを横に3分割してネットに近いエリアから❶❷❸とし、前衛は❷か❶に立つ。基本的にストレートアタックを❸の位置で受けることはない。球出しはベースラインとサービスラインの間ぐらいからやや速めにボールを出し、それをしっかりブロックするようなボレーで、できればコースを狙う。速く飛んでくるボールを壁のように返す感覚で練習する。

## 両脇に余裕を持たせ上体をやや前に構える

構える時は、両脇に空間を作るように余裕を持たせ、少しお尻を突き出して上体をやや前に倒す*1*。リラックスして構えることで、ラケットがスムーズに出やすくなる。

神 Point

### インパクトはグリップから当てにいく

速いボールを壁のように返す感覚で練習する。インパクトは、グリップからボールに当てにいくイメージで、ラケットのヘッドの方から打ちにいこうとしない。しっかりブロックするようなボレーで、できればコースを狙う。

※右図とは反対側のコートで行っています

動きながらのボレー

# バランスを崩さずにコントロールも意識する

## 2人で対角に立ち横移動していく

２人で対角になるようにシングルスラインとサービスラインの交わる位置に立ち、ボレーボレーを行いながら、サービスライン上を横に移動する。相手とは互い違いになる。

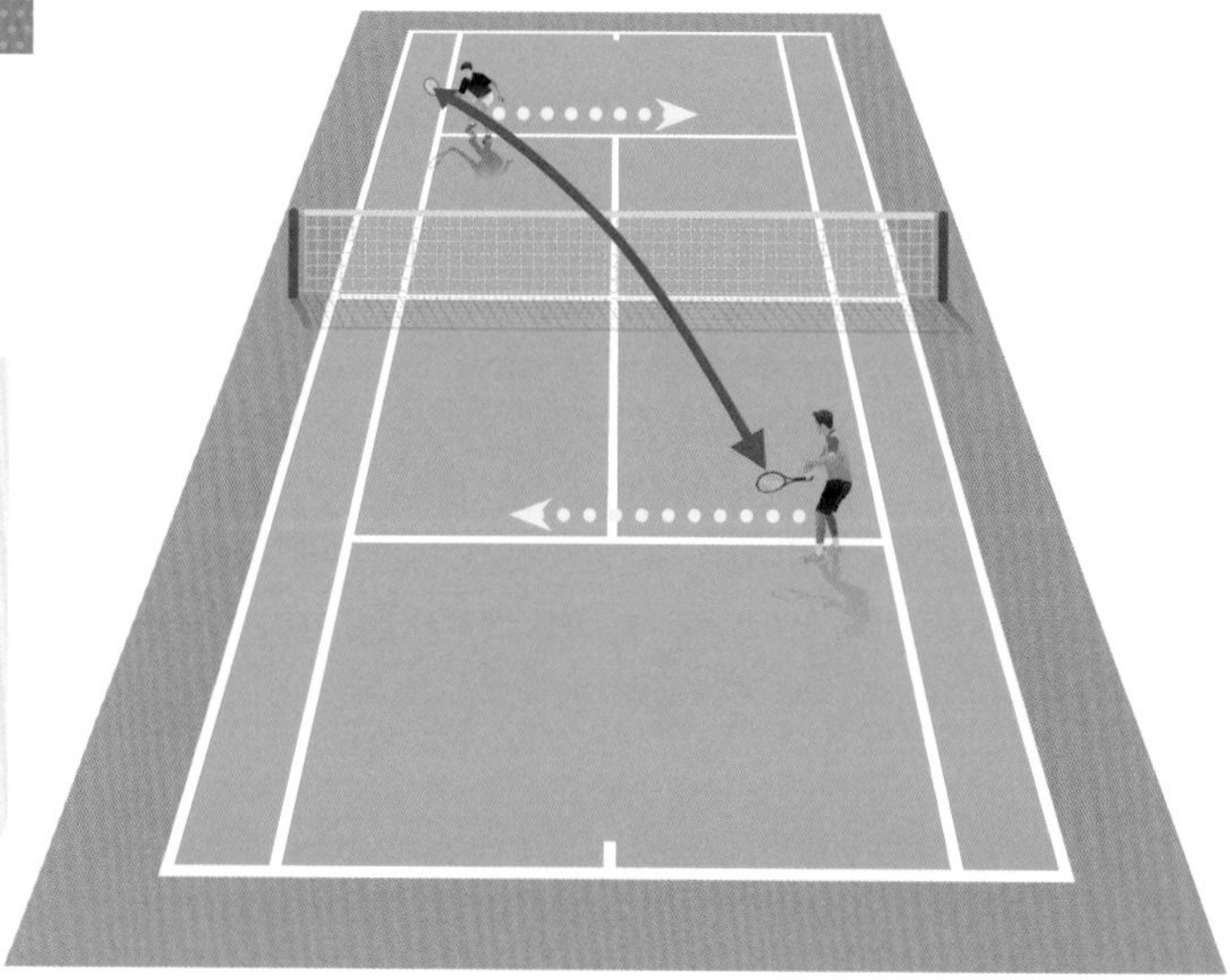

神 Point

### ボレーボレーができることが前提

横に移動しながらのボレーボレーになるため、ある程度ボレーボレーを続けられることが前提になる。初級者はまずその場でボレーボレーを行い、何往復か続いた所で動き出すなど、段階的にチャレンジすることでも効果がある。

### 相手と交差しながらボレーボレー

ネットを挟んで互いにボールを落とさず、ノーバウンドで打ち合う練習が「ボレーボレー」。ウォーミングアップなどで行うことが多いが、ここではやや難易度を上げて、より実戦に近い動きを身につける。

2人で対角になるような形で、シングルスラインとサービスラインの交わる位置に立つ。そこでボレーボレーをしながら、ともにサービスライン上を横に移動する。逆側の交わる位置まで行ったら、また戻ってくる。フォアボレーとバックボレーのどちらを使ってもいい。横に動くのでバランスを崩さないようにボレーをし続けることと、相手も同じように横に動くので1球ずつ違うコースに配球していくコントロールを身につけることが目的になる。

## 相手に合わせて配球していく

意識したいのは、横に動いてバランスを取りながらボレーをすることと、動きながら違うコースに配球していくボレーを身につけること。まずは相手が打ちやすいボールを返そう。

神 Point

### いろいろな体勢でボレーができるように

フォアボレーとバックボレー、どちらを使ってもいい。いろいろな体勢で打てるボレーを身につけたい。途切れたら途中から続けても、最初からやり直してもいい。ライン上を1往復しようなどの目標を持って行う。

## 決まったタイミングで出るポーチ

# 飛び出すタイミングをあらかじめ決めておく

### 出ない時も前後の動きでタイミングを探る

後衛同士でラリーを続けてもらい、3回目でポーチに出るなどと決めておく。出ない時もその場で止まっているのではなく、小さく前後する動きを繰り返し、タイミングを探る。

神 Point

**常に前後に動き前に入ってからポーチ**

ペアの後衛が打ったら少し前に入り、相手後衛が打った時にポーチが無理だと思ったら下がる。つまり、常に前後に動きながら、相手が打つ瞬間に1歩前に入り、そこからボールに飛びつくまでに3つの動きが必要になる。

### 慣れてきたら出たい瞬間に出る

ポイントを取りに行くポーチは、ポジショニングや打ち方も重要だが、それとともに「いつ飛び出すか」というタイミングも大切な要素になる。相手のストロークから遅すぎれば当然ボールに届かず、速すぎても空いたコースを抜かれてしまう。

ここでは、ポーチに出るタイミングを覚える前衛の練習を行う。2人の後衛にラリーを続けてもらう中、あらかじめ決めておいたタイミングでポーチに出る。たとえば相手後衛が3回目に打ったボールを取りに行く。

ある程度できるようになったら、出られるタイミングを自分で探して取りに行く。相手後衛はロビングで返しても、ストレートを抜いてもいいとすると、むやみに出ていけないので、より実戦に近い練習になる。

## 2人で行う パターンもある

相手後衛が打つストロークに対して、自分はボレーでラリー続ける。後衛には3球目に空いたコースに打ってもらい、その方向にすばやく飛び出してポーチを決める。

神 Point

### 3人で行う練習の方がより実戦に近い

2人でもできるが、後衛同士のラリー中にポーチに出る3人練習の方が実戦に近い。このタイミングで出ましょうというより、出られるタイミングを自分で探して出る方が難しい反面、ポーチに出るタイミングを覚えやすい。

# つなぐボレーと決めるボレーを使い分ける

## 前衛の前後の動きを鍛えるのが狙い

1人がベースライン付近に、1人がサービスラインの少し後ろに立ち、ストロークとボレーでラリーを行う。前衛は徐々に前に詰めるが、ネットから遠いボールはしっかりつなぐ。

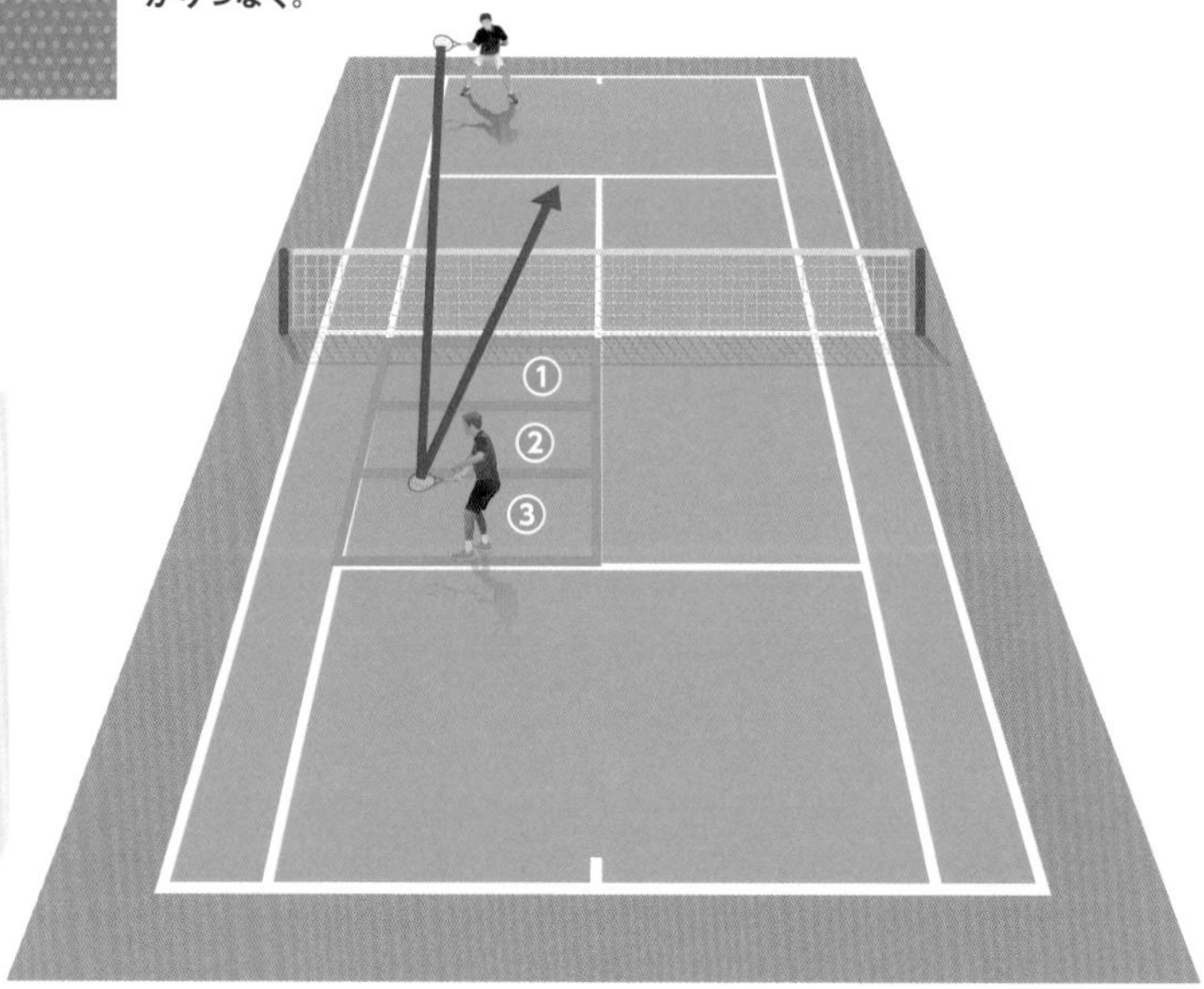


**神 Point**

### 後衛はいろいろなコースや速さで打つ

ストロークを打つ側は、同じコースや同じリズムで打つだけでなく、相手の左右やボディを狙ったり、足元に落としたり、スピードのあるボールを打ったりすると、前衛を鍛えられる上に自分のストローク力も磨ける。

## 良いポジションを取り確実に決めに行く

ボレーで相手のストロークを仕留める時、自分がネットから離れたポジションに立っていると、なかなか1本で仕留めることはできない。決めるのが難しいボレーはしっかりつなぎ、前でより良いポジションを取ってから確実に決めていく。

ここではベースライン付近の後衛が打つストロークをボレーでつなぎながら前に詰め、最後はネット近くで決める。スタート位置はサービスラインの少し後ろ。2人でラリーをし、練習者の前衛はボレーをするたびに少しずつ前に詰める。サービスボックスを横に3分割してネットに近いエリアから❶❷❸とした時、❸まではつなぎ、❷や❶に入ったら積極的に決めに行く。相手がいない方向に打ったり、ネット際に落としたりする。

## ネットに近くなったら積極的に決めに行く

サービスボックスを横に3分割した時、ネットに近い2つのエリアに入ったら積極的に決めに行く。高い所から叩けるボールは叩き、意表を突いてネット際に落としてもいい。

## ローボレーではラケットを早めにセット

ネットから遠い位置では、足元を狙われることが多い。ローボレーは自分から攻めることは難しいため、ボールが落ちてくる場所をすばやく見極め、早めにラケットをセットする。

## どんなボールにも対応できるボレーを

つなぐボレーと決めるボレーのどちらも練習できる。しっかり使い分けができると、ネットプレーの幅が広がる。相手のどんなボールにもうまく対応できるボレーを身につけよう。

## 自分の今いる位置を正確に把握する

自分がどのポジションにいるかを正確に把握すること。ネットから遠いのに無理をして決めに行けばミスをするリスクが高く、近いのにつないでいるだけではもったいない。

## ドロップボレーの感覚

# 飛んでくるボールの速度を半減させる感覚を磨く

### まずはボールの威力をなくす

インパクト直後にラケットを寝かすようなイメージでふっと力を抜くと、ボールの勢いをなくすことができる。面を上に向けたままインパクトすると、ボールが後ろに飛んでしまう。

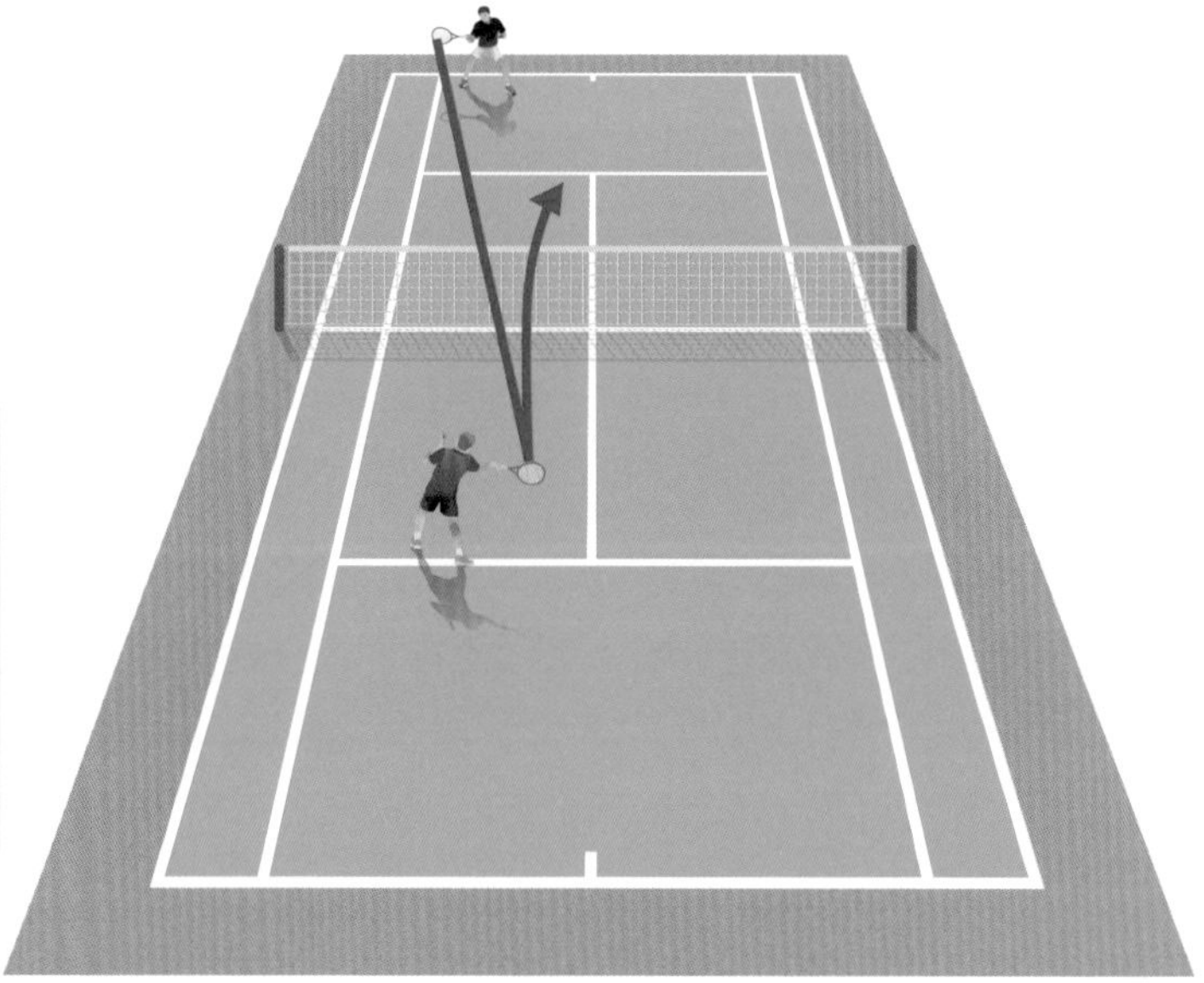

**神 Point**

**一気に力を抜いてから少しずつ加えていく**

ドロップボレーは、インパクト時の力を徐々に抜いていくのではなく、最初に一気に抜いてから、少しずつ力を足していく方が上達しやすい。フォア側もバック側も同じレベルでできるように感覚を磨いていきたい。

## まずは自分の真横にボールを落とす

ネット際に落とすドロップボレーは、相手がベースライン付近にいて、相手のコート前方にスペースがある時に狙っていきたいショット。しかし、ボールに威力やスピードがあると、普通にラケットに当てただけでは近くに落ちず、飛んでくる反動で遠くに飛んでしまう。

ドロップボレーでは、飛んでくるボールの速度が時速60キロなら30キロ以下に半減させるような感覚を身につけたい。そこでまずはボールの威力をなくす練習として、飛んできたボールを自分の真横に落とす。慣れるにしたがって、落とす位置を横からやや前に、もっと前にと徐々に力を足していく。ドロップボレーは最初に一気に力を抜き、そこから足していく方が力の使い方がうまくなる。

## フォームは気にせず最初は遊び感覚で

ボールの勢いを半減させられるように自分の真横に落とす。最初はボレーのフォームなどは気にせず、遊び感覚でいい。繰り返すことで自分なりの感覚が身についていく。

## サービスボックス内の半分より手前に沈める

できるようになったら、少しずつ力を加えて、斜め前、さらに前に落とし、ネットの向こう側にも落とせるようにする。相手コートのサービスボックス内の半分より手前に沈めたい。

## ロビングからの展開練習

# 相手の状況を見極めて次のプレーを選択する

### 相手の状況を見て攻めか守りを判断

ロビングの対応に入った相手が打ちにくそうなら前に出てプレッシャーをかける。相手が難なく対応して打ちやすそうなら、そのまま後ろでラリーに持ち込んで仕切り直す。

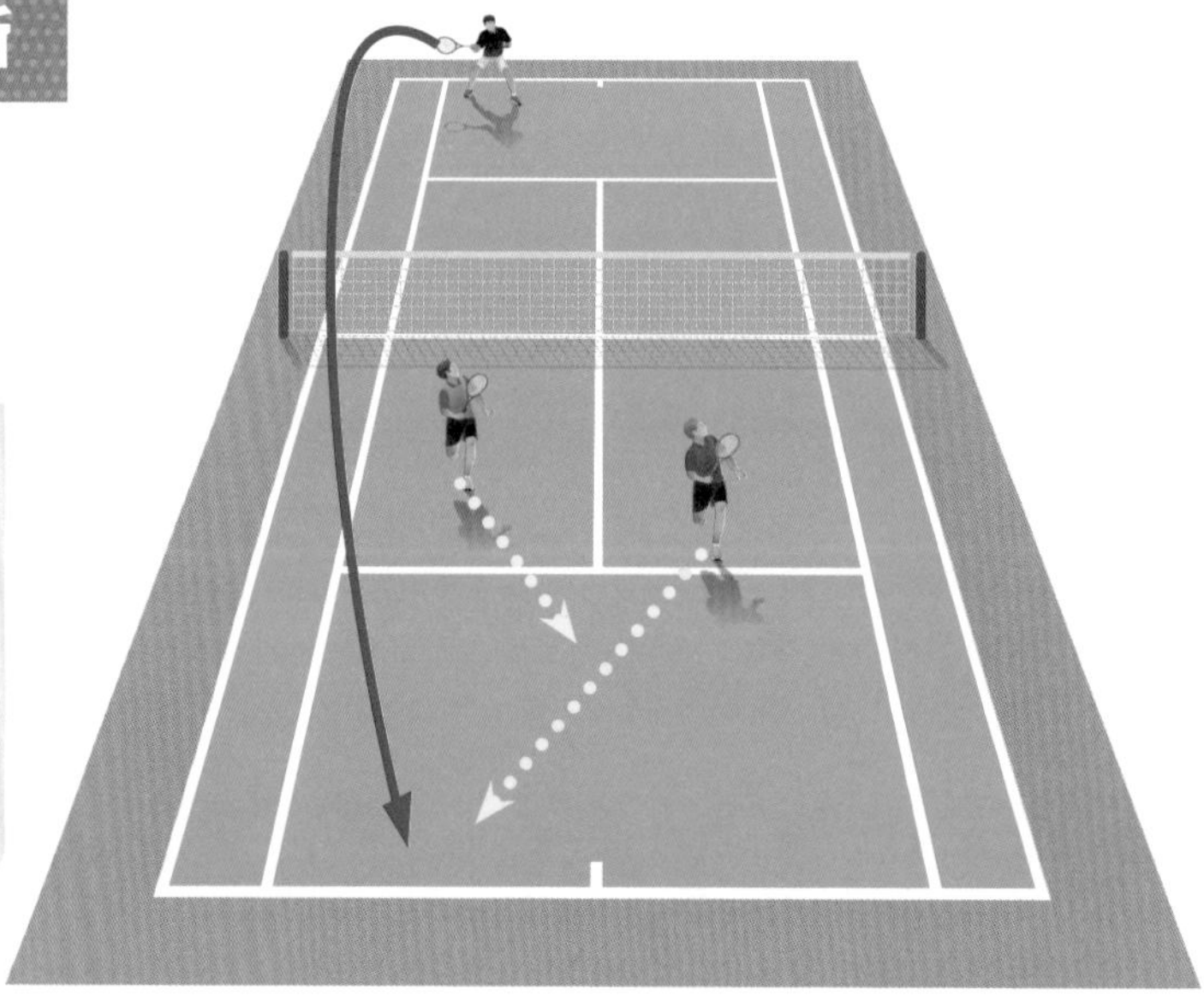

**神 Point**

**ロビングを打った後の状況判断を正しく**

相手が打ちにくそうにしているのに、ベースライン付近にとどまっていても仕方ない。逆に相手が打ちやすい状況で前に出ると、サイドやセンターを抜かれたり、ロビングで後方を狙われたりする。判断を間違えないこと。

### ロビングを打った側は相手の対応を見る

どちらかがロビングを上げてからラリーを続ける。ロビングを打った側の練習にも、打たれた側の練習にもなる。

ラリーの中でロビングが入ると、主に打たれた側は陣形を崩しやすいが、どちらのペアもそこからどうしていくかをすばやく判断することが重要だ。

ロビングを打った側は、相手が対応しやすそうか、対応しにくそうかを見極める。打ちにくそうなら前に出てプレッシャーをかけ、逆に打ちやすそうなら、そのまま後ろでラリーに持ち込んで仕切り直す。ロビングを打たれた側も、ボールを追いながらの対応にはなるが、相手のポジションを確認し、前に攻めてきているならロビングで返したり、後ろで守っているなら後衛に返したりする。

## ロビングを追いながら相手を確認する

ロビングを打たれた側も、ロビングの対応をしつつ、相手の動きを確認する。前に攻めてきているならロビングで返し、後ろで守っているならストロークで後衛に返す。

神 Point

### 平行陣では後衛が追いかける

平行陣を採っている時にロビングを上げられたら、基本的に後衛が対応する。クロス展開のラリーからストレートに上げられた時も、後衛がペアの後ろに回り込んで対応する。ここでペアの前衛は空いた逆サイドのカバーに入る。

## ダブルスをゆっくり行う

# ゆっくりした展開で相手やペアの動きをよく見る

### 1 相手のミスを誘う

ゆっくりしたボールや展開で試合を行い、相手のミスを誘うようなテニスを目指す。ここでは強打でエースを取ろうとしないこと。相手が嫌がるコースに配球していこう。

## 広い視野でプレーできるように

　強いボールや速いボールは打たずに、ゆっくりしたボールや展開で試合形式を行う。ゆっくりプレーすると、ラリーがよく続くだけでなく、相手やペアの動きをしっかり見ることができ、広い視野でテニスができるようになる。つまり、ボールに集中するというより、自分以外の3人の動きに集中し、その上でより良い配球やプレーを繰り出していくのが目的になる。

　したがってこの練習では、バシバシと強打を決めに行くことはしない。エースを狙いに行かず、相手のミスを誘うようなテニスを目指したい。

　ゆっくりしたボールや展開なので、ラリー中にもいろいろなプレーの選択肢が出てくる。それが速い展開になった時にもできるようになるのが理想だ。

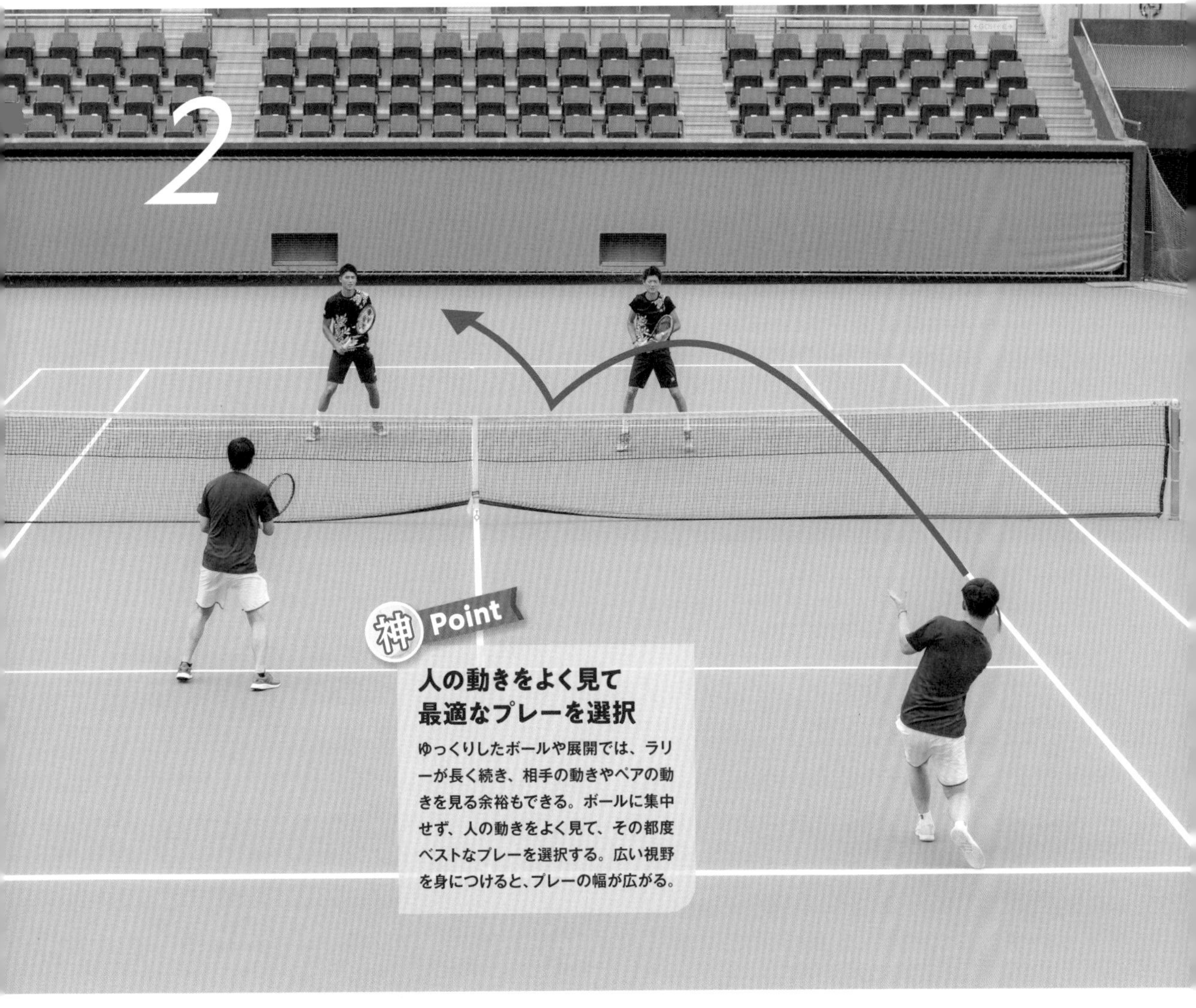


神 Point

**人の動きをよく見て最適なプレーを選択**

ゆっくりしたボールや展開では、ラリーが長く続き、相手の動きやペアの動きを見る余裕もできる。ボールに集中せず、人の動きをよく見て、その都度ベストなプレーを選択する。広い視野を身につけると、プレーの幅が広がる。

## ポーチボレーからの試合

# ポーチは打って終わりではなく打った後が重要になる

### 拾われても次で確実に決める

ポーチでしっかり強く打てたら、拾われても次はチャンスボールが来る確率が高い。そこで確実に決められるように、少し頑張ってでも広い範囲を取りに行ける準備をしておく。

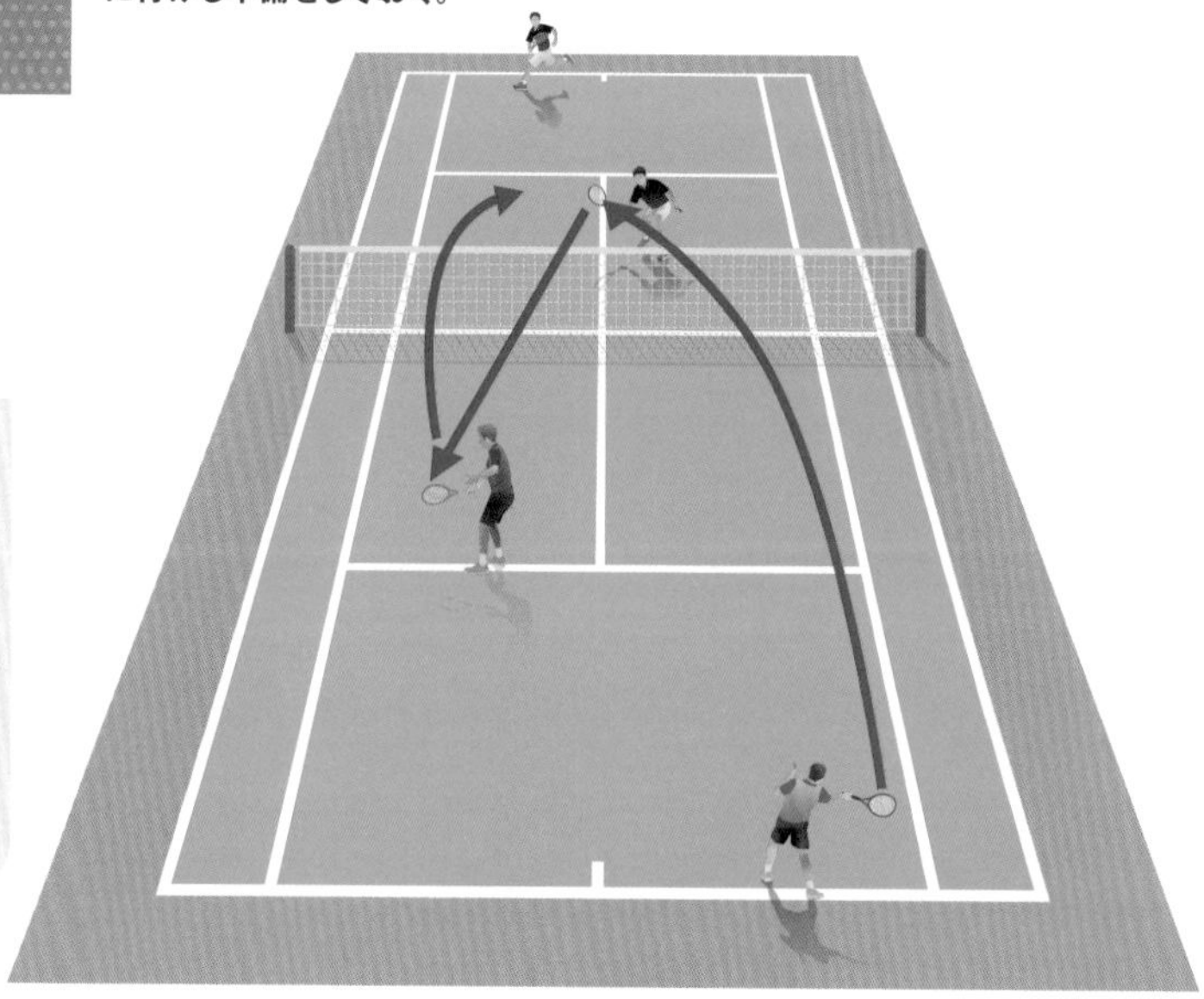

**神 Point**

**ポーチを取った位置で次のポジションが決まる**

ポーチに出た後、どこにポジションを取るかは、どの位置でポーチを取ったかによる。基本的にはそのまま抜けて行き、逆サイドで構えるが、センターラインより手前でのポーチなら元のポジションに戻った方が早い。

### 次にどう動くかを明確にしておく

　ポーチを1本決める練習では、決めて終了で良いが、試合ではそのポーチを拾われてラリーが続くケースが少なくない。1本では決まらないことを想定し、ポーチをした人は次にどう動くかを明確にしておく必要がある。ポーチでしっかり強く打てたら、次はチャンスボールが来る確率が高いので、自分が取れる範囲はもちろん、少し頑張ってでも広い範囲を取りに行く感覚で構えておく。ポーチは打ったら終わりではなく、打った後の方が大事になる。

　ここではポーチに出る前衛は、相手の足元や相手が嫌がりそうなコースにボレーをし、1本で決めなくていい。ポーチに出る距離が遠ければ、そのまま今いる側のサイドを守り、近ければ最初にいたサイドに戻る。

## 後衛は前衛の動きを見てから動く

前衛が遠い距離のポーチを打った時は、ペアの後衛も逆サイドに移動し、そのサイドをケアする。後衛はペアの前衛がポーチの後にどちらに行くかによって、今いるサイドを守るか、逆サイドを守るか判断しないといけない。

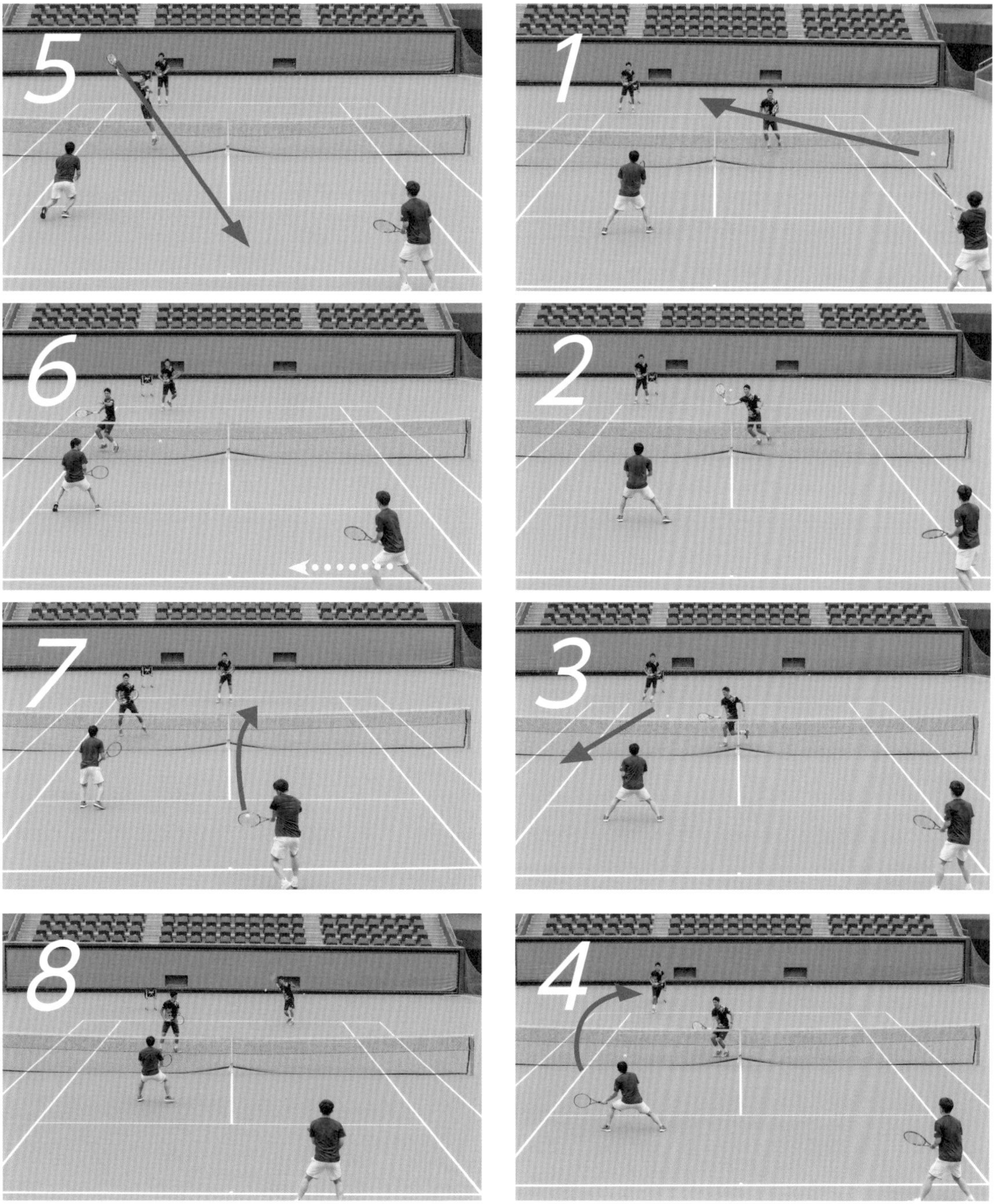

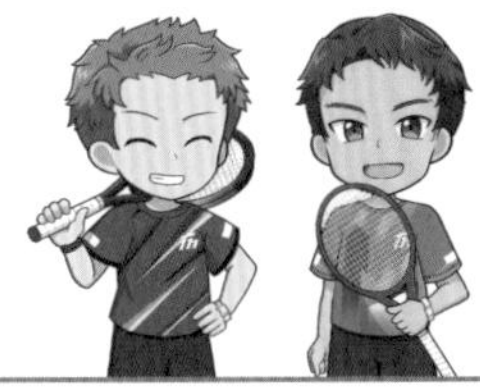

## サーブを下から開始する試合

# リターンで攻められた後どのように盛り返すかを考える

### 球出しはノーマルなボールを上げる

リターン側から攻めてもらうため、サービスは下からただ入れるだけで良い。ボールに回転をかけたり、難しいコースを狙ったりせず、リターン側が打ちやすいボールを入れる。

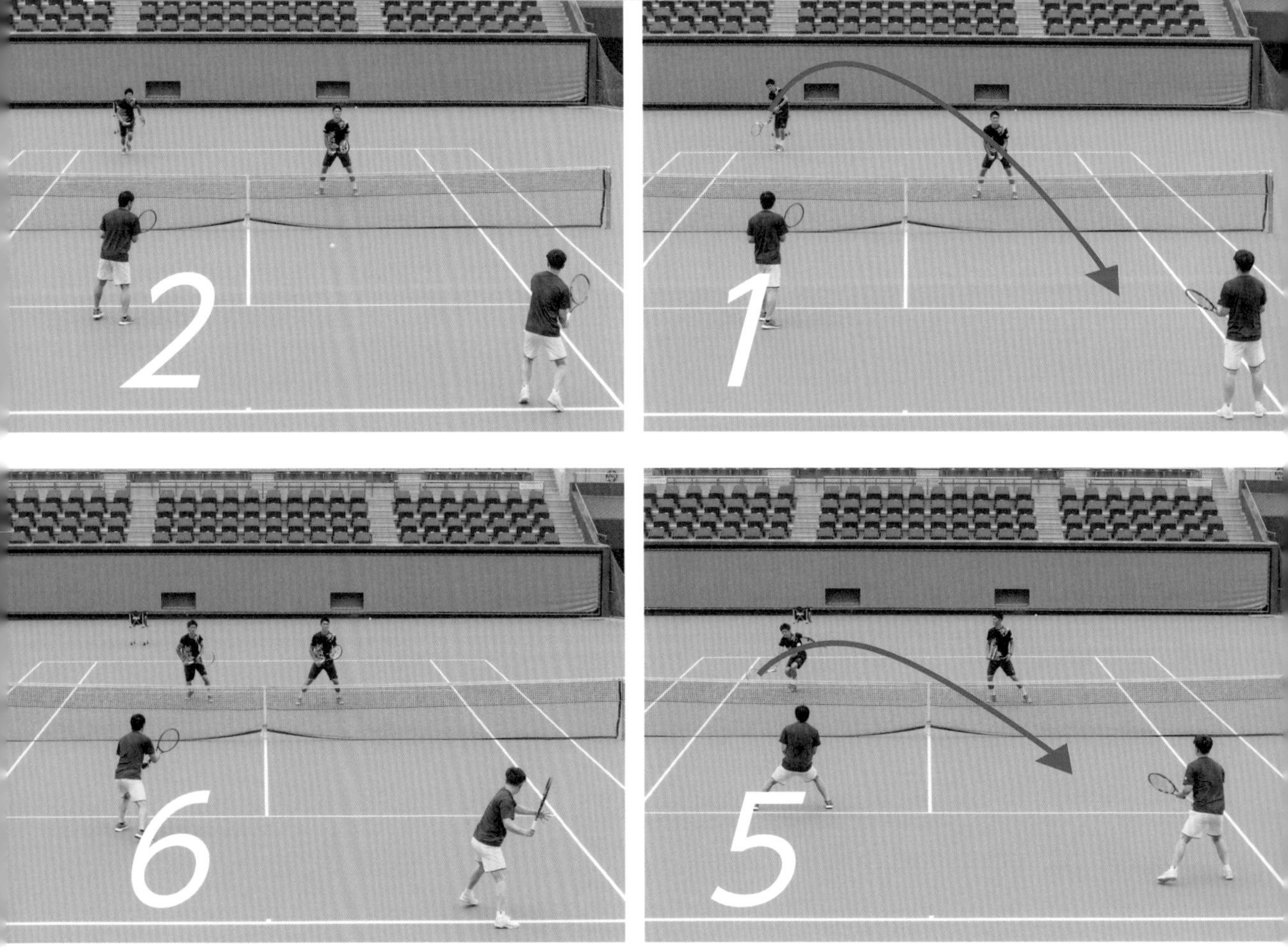

## 1球目のミスが減り練習効率が上がる

試合展開の練習を普通にサービスから行うと、初級者はリターンミスで終わり、ラリーまで至らないことが多い。とくにサービスが得意な人から始めると、そうなりやすい。その状況を避けるために、最初のサービスを下から打って開始する。そのサービスはボールに回転をかけたり、難しいコースを狙ったりせず、リターン側にとって打ちやすい易しいボールを入れる。

いつもサービスから始めると、どうしてもサービス側が有利になるが、下からサービスを打つことで、リターン側が1球目から攻めていける。サービス側が不利な状態からいかに盛り返していくかを身につけるのが目的になる。この練習をすると1球目のミスが大幅に減るので、効率よく試合形式の練習ができる。

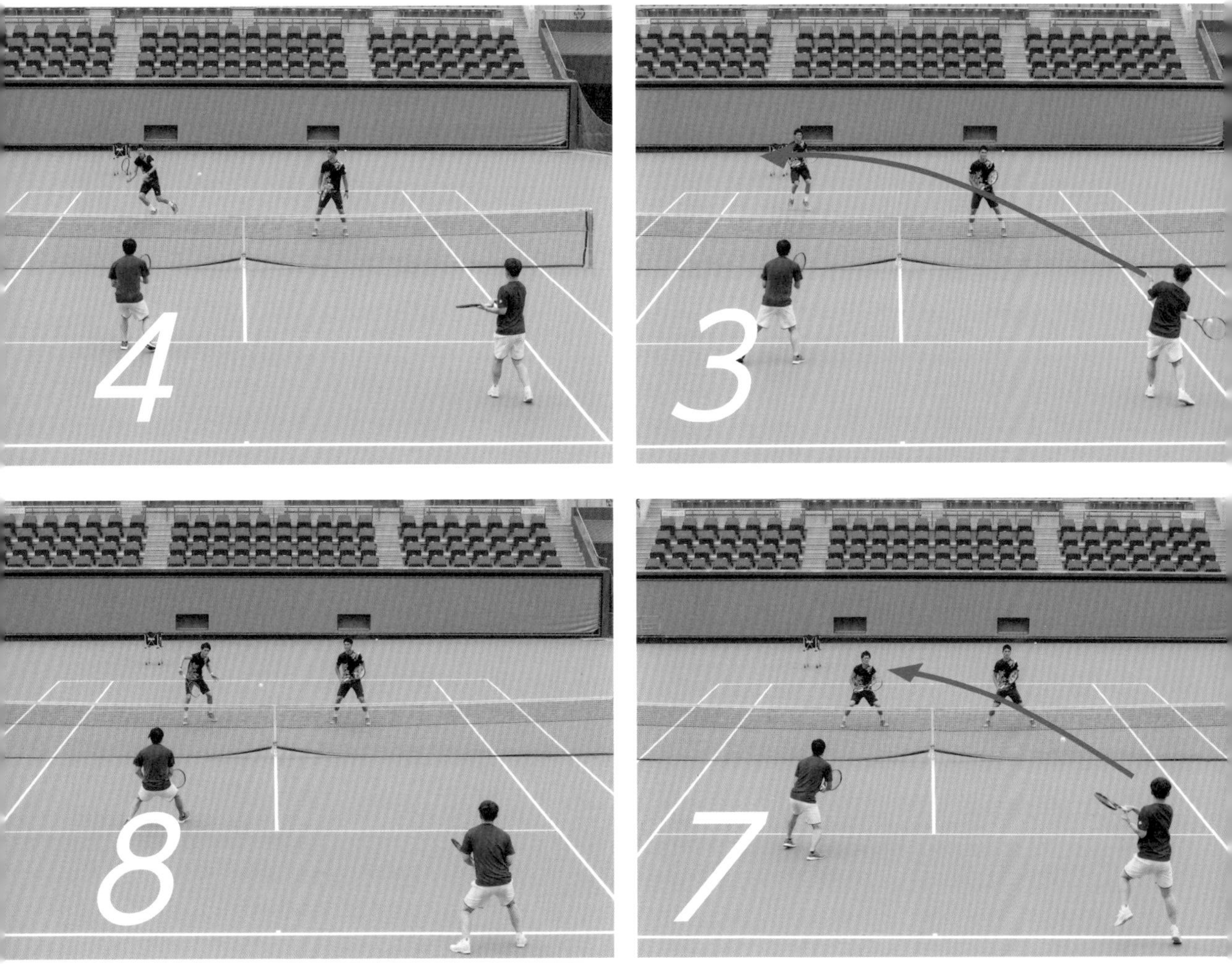

ボレーボレーで勝負

# 相手の足元に入ったら1歩前に詰める

## 足元に入ったら1歩詰めるが鉄則

相手の足元にボールが入ったら1歩前に詰める。相手からすると、下から上に打たなければいけないため、次のボールは浮いてくることが多い。そこを逃さずに決めていく。

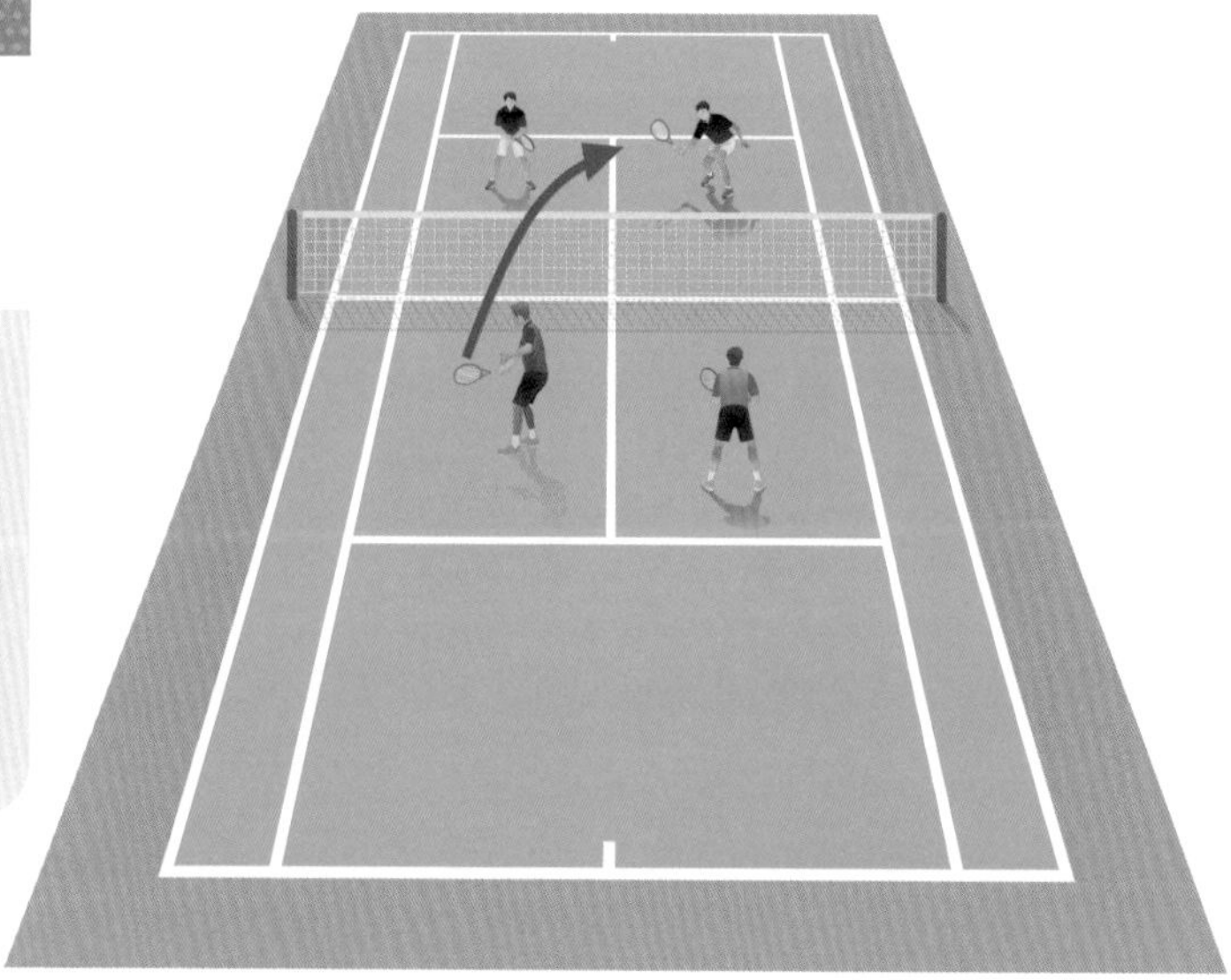

神 Point

### 浮いてきたボールはしっかり決める

相手のボールが浮いてきた時に前に詰めていないと、次にまたつながないといけないため、もったいない。相手が足元のボールを打ちにくそうにしていたら、前に1歩詰めてプレッシャーをかけ、次のチャンスをものにする。

## ボレーに欠かせない要素が詰まった練習

ボレーボレーを4人で行う。相手のボレーヤーの足元にボールが入った時は、1歩前に詰めるのが鉄則なので、この練習でも相手の足元にボールが入ったら、打った人は1歩前に詰める感覚を持つ。足元に入ると、次に浮いてくることが多いので、そこをきっちり決めていく。

初級レベルでは試合で両ペアが平行陣になる展開は少ないが、中級以上になると増えてくるので、ボレーボレーの状況に慣れることも大切。ボレーボレーでは相手からの距離が近いため、すぐに構えないといけないことが実感でき、コンパクトにボレーを打つ技術も身につく。ボールが飛んでくる時間が短いので、足がよく動くようにもなる。ボレーがうまくなりたい人は積極的にトライしてほしい練習だ。

## 相手と距離が近いが落ち着いてプレーする

相手との距離が短い状況で行うボレーボレーは、すぐに構えることと、すばやく足を動かすことが重要。最初は焦ってしまうが、落ち着いてプレーすることを心掛けよう。

**神 Point**

### ボレーボレーはダブルス上達につながる

コンパクトにボレーをする技術も身につく。ボレーボレーには、ダブルスで必要なたくさんの要素が詰まっている。ボレーがうまくなりたければ、積極的に取り入れてほしい。ウォーミングアップにも適している。

# EPILOGUE

みなさん、『テニスダブルス神レッスン』はいかがだったでしょうか？

本書を通して、みなさんが少しでも「テニスが上達した」と感じることができたり、実際に試合で良いプレーをして勝てたりする機会が増えたら幸いです。

大人のテニスは、本書で何度も触れている通り、いかに戦術で相手を上回れるかが大切になります。スピードやパワーに頼らないからこそ、何歳になっても楽しめるという魅力がテニスにはあります。

僕たち自身、今も試合にチャレンジしており、勝ちたい気持ちがあふれ出る中で、そうした大人のテニスを勉強してきました。試合に出場して学び、レッスンで多くの方に指導しながら学んできました。

本書でお伝えした内容は、現時点での100％を詰め込んだつもりです。でも、これからも学び続けていかないといけないと感じています。テニスもダブルスもそれほど奥が深い競技だと思います。

長く続けていれば、うまくいかないこともありますが、ぜひ「テニスが好き」という気持ちだけは常に大切に持ち続けてください。

そして、僕たちのYouTubeチャンネル「ともやんテニスch」とともに、これからもレベルアップしていきましょう！

## profile

### ともやん（左）

テニスの技術指導や試合の様子を取り上げるYouTubeチャンネル『ともやんテニスch』では、メインコーチを務める。関西の「西の丘ローンテニスクラブ」やオンラインレッスン「TMテニススクール」など、テニスコーチとしても活動中。本名は真下友也。インターハイ、全日本ジュニアテニス選手権出場経験あり。ボレーを中心としたオールラウンドなプレー、指導が得意。

### MJ（右）

YouTubeチャンネル『ともやんテニスch』でアシスタントコーチを務める。メインコーチのともやんと共にダブルスの技術指導や試合の様子を動画で発信している。本名は松岡準。京都市テニス選手権で優勝経験あり。社会人になってから大幅に競技力が向上した経験に基づき、オンラインレッスン「TMテニススクール」などでも活動中。


STAFF

カバーデザイン　小口翔平+青山風音(tobufune)
本文デザイン　シモサコグラフィック
撮影　高波邦行
図版イラスト　楢崎義信
キャライラスト　竹チズ、まんぷる
構成・編集協力　城所大輔(多聞堂)
執筆協力　小野哲史
撮影協力　勝川和真、長尾貴之
企画協力　白間大陸
校正　鷗来堂
編集　大澤政紀

# テニスダブルス 神《かみ》レッスン

2023年12月14日　初版発行

著　者　ともやん、MJ
発行者　山下　直久
発　行　株式会社KADOKAWA
〒102-8177　東京都千代田区富士見2-13-3
電話0570-002-301（ナビダイヤル）
印刷所　図書印刷株式会社
製本所　図書印刷株式会社



●お問い合わせ
https://www.kadokawa.co.jp/（「お問い合わせ」へお進みください）
※内容によっては、お答えできない場合があります。
※サポートは日本国内のみとさせていただきます。
※Japanese text only

定価はカバーに表示してあります。


ISBN 978-4-04-114429-9　C0075